STEFAN HOLTEL

KI-VOLUTION

STEFAN HOLTEL

KI-VOLUTION

Künstliche Intelligenz einfach erklärt für alle

REDLINE | VERLAG

Bibliografische Information der Deutschen Nationalbibliothek
Die Deutsche Nationalbibliothek verzeichnet diese Publikation in der Deutschen Nationalbibliografie. Detaillierte bibliografische Daten sind im Internet über
http://dnb.d-nb.de abrufbar.

Für Fragen und Anregungen:

info@redline-verlag.de

1. Auflage 2020

Nymphenburger Straße 86
D-80636 München
Tel.: 089 651285-0
Fax: 089 652096

Redaktion: Desirée Simeg
Umschlaggestaltung: Marc Fischer

Umschlagabbildung: BAIVECTOR/Artificial Intelligence Logo/ Shutterstock

Satz: Röser MEDIA GmbH & Co. KG, Karlsruhe

Druck: GGP Media GmbH Pößneck

Printed in Germany

ISBN Print 978-3-86881-799-7

ISBN E-Book (PDF) 978-3-96267-229-4

ISBN E-Book (EPUB, Mobi) 978-3-96267-230-0

Inhalt

Tabellenverzeichnis

Abbildungsverzeichnis

Was Sie erwartet. Und was nicht.

- Das Orchestrion wurde um die letzte Jahrhundertwende erfunden. Es war ein Apparat, der das Spielen von Musikinstrumenten automatisierte. Der Musiker wurde überflüssig; Die Automation des Musizierens war geboren. Um dieselbe Zeit entstand mit dem Phonographen die erste Möglichkeit, Musik aufzuzeichnen. Beide Maschinen veränderten die Beziehung zwischen Menschen und die Kunst des Musizierens.
- Künstliche Intelligenz ist die Erfindung der Automation des Entscheidens. Sie verändert die Beziehung zwischen Mensch und Maschine – diesmal aber für das Denken und Handeln. Radikal und unumstößlich.
- Wissenschaftler streiten seit über 100 Jahren darüber, was menschliche Intelligenz sei. *Faktor g* nannte sich der erste Versuch, natürliche Intelligenz zu definieren. Trotzdem wollen sich Akademiker wie Praktiker bis heute nicht auf eine eindeutige Definition festlegen. Seit 1955 weitet sich der Zwist über die Intelligenz des Menschen auch auf die Intelligenz der Maschinen aus. Zum Glück ist das eine wie das andere egal, um beim Thema künstliche Intelligenz, kurz KI, mitzureden. Denn man muss nicht wissen, was sie ist. Man muss nur wissen, was sie tut.
- Dieses Buch ist eine Einführung in die künstliche Intelligenz - aber eine ungewöhnliche. Es verschont Sie mit Fachbegriffen; Algorithmen werden nur allgemein beschrieben und technische Finessen zum Programmieren bleiben außen vor. Stattdessen erzähle ich eine Geschichte über die künstliche Intelligenz, die Sie noch nicht gehört haben. Und ich erkläre danach ein Denkinstrument, mit dem Sie über künstliche Intelligenz nachdenken und mitdiskutieren können, ohne ins Fegefeuer der KI-Technik zu fallen. Zum Schluss geht es darum, wie jedes Unternehmen dieses Denkinstrument nutzen kann, um die vielfältigen Konsequenzen künstlicher Intelligenz für die organisationale Praxis zu meistern.

Das Orchestrion des 21. Jahrhunderts

»Ich habe etwas darin gefunden, das mich an einige neue Orte geführt hat.«

- PAT METHENY

Künstliche Kunst

Pat Metheny ist Gitarrist. Einer meiner Lieblingsmusiker einer melodischen Variante des Jazz. Ich folge seinem Oeuvre seit Jahrzehnten. Als Namensgeber der Pat Metheny Group tourt er durch eine Nische der Musikwelt. Aber er verfolgt auch Soloprojekte. Dort sucht Metheny nach experimentellen Zugängen zur zeitgenössischen Jazzmusik. Eines dieser Projekte nennt sich »Orchestrionics« und startete im Jahr 2009.[1] Metheny erfüllte sich einen Jugendtraum: Der Jazzgitarrist verband die Idee des mechanischen Orchestrions aus der Zeit der 19. Jahrhunderts mit Technologien, die erst im 21. Jahrhundert verfügbar waren. Das Ziel des Musikers war eine Plattform, um andersartige Kompositionen zu schreiben, nie dagewesene Improvisationen zu ergründen und radikale Aufführungsformate zu erproben.

Dafür baute Metheny Musikinstrumente, deren Klang einerseits auf akustisch oder akustik-elektrischen Mechanismen beruhte. Andererseits ordnete er Luftdruckschläuche und Magnetventile so an, dass er parallel zum eigenen Musizieren das Bedienen anderer Instrumente aussteuern konnte.

Während das Zusammenspiel vieler solcher Instrumente die Grundlage eines mechanischen Orchesters bildet, improvisiert Metheny selbst mit der Jazzgitarre über den von ihm mechanisch erzeugten Klangteppich. Er fragte sich, wie dieses Zusammenspiel aus Musikmaschinen und Musikern seine Idee des Solospiels befeuern würde.

Etwa um das Jahr 1880 entsteht mit »mechanischen Klavieren« eine neue Gattung von Musikinstrumenten: Eine Papierrolle wird perforiert, die beim Vorbeiziehen an einer Mechanik die Klaviertasten anschlägt. Der nächste Schritt besteht darin, die Idee der über Lochbänder codierten Musik auf andere Instrumente zu übertragen. Damit kann die gesamte Palette einer Orchesterbesetzung mechanisch bespielt werden. Das Orchestrion ist geboren.[2] Die Blütezeit des Orchestrions geht fließend über in den Beginn einer anderen Ära: die Erfindung der Tonaufzeichnung. Metheny erkennt in diesem Übergang eine »*interesting middle zone*«: Die erste Technik macht den Musiker überflüssig, die zweite konserviert die Qualitäten der musikalischen Interpretation.

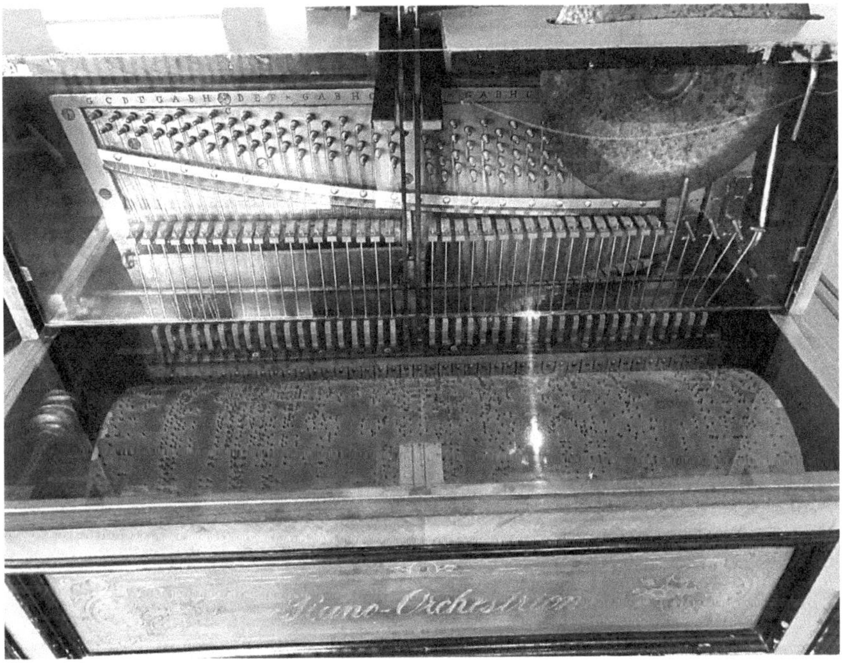

Abbildung 1: Piano-Orchestrion im Deutschen Museum

Ab dem Jahr 1978 experimentiert Metheny mit dem Übereinanderlegen kurz nacheinander aufgezeichneter Takte, was eine Ensemble-Musik möglich macht. Im Studio funktioniert das gut, erweist sich aber als wenig praktikabel bei einem Live-Konzert. Aber selbst das, was heute als Sampling (in Echtzeit übereinandergelegte Rhythmen) gang und gäbe ist, hätte Methenys Ansprüchen nicht genügt. Über die Jahre sinniert er über eine Musiktechnologie, die sich aus der direkten mechanischen Interaktion akustischer Instrumente entwickeln soll.

Metheny will akustische und elektrische Instrumente miteinander verbinden. Ihm geht es nicht um Entweder-oder, sondern um Sowohl-als-auch: Musiker spielen zusammen mit Musikmaschinen. Darum sucht er Experten, die ihm diese Art von Instrumenten bauen können. Im Laufe der Jahre schart er ambitionierte Erfinder und Techniker um sich. Damit wächst die Palette seiner Instrumente. Das »Orchestrion für das 21. Jahrhundert« nimmt Gestalt an.

Wie kaum eine andere Musik steht Jazz in der Tradition, Grenzen auszuloten und neue Spielformen und Kompositionsstile zu entwickeln. Jazz zeigt, wie rastlose Seelen es verstehen, die Wurzeln dieser Musik durch neue Möglichkeiten ihrer jeweiligen Zeit evolutionär weiterzubringen. Methenys Instrumentenbauer loteten die technischen Möglichkeiten aus. Derweil experimentierte der Jazzer mit Prototypen, um zu verstehen, was möglich war und wie er das Zusammenspiel der Musikautomaten mit seinem Spiel in Einklang bringen konnte.

Grenzen hinausschieben

In Erklärungen bezieht sich Metheny mit der Bedeutung seines Projekts auf einen Vordenker der künstlichen Intelligenz: den Unternehmer und Erfinder Ray Kurzweil.[3] Dieser sagte, dass neuartige Werkzeuge es dem Menschen erlauben würden, die Grenzen des Möglichen immer weiter hinauszuschieben. Hier trifft der Jugendtraum von Pat Metheny auf die Geschichte der künstlichen Intelligenz: Automaten wie das Orchestrion produzieren neue Musik. Die Automaten der künstlichen Intelligenz produzieren neue Gedanken.

Die Erkundung, die Metheny mit dem Orchestrion unternahm, betraf das Ausbalancieren von Entscheidungen, im Musikkontext zwischen Mensch und Maschine. Er fragte sich, welche Entscheidungen ein Musiker an eine »Instrumentmaschine« übertragen sollte, wo ein Musiker die Kontrolle behalten sollte und an welchen Stellen Zufälle zu neuen Entdeckungen führen könnten und so weiter. In diesem Experiment hat der Jazzmusiker sein Verhältnis zu Musikinstrumenten neu verortet. Er schob dafür die Grenzen des Machbaren durch Technik weit hinaus. Metheny fragte sich für die Domäne der Musik, wie Maschinen den Jazz verändern könnten.

Künstliche Gedanken

Metheny arbeitet sich daran ab, wie es sich anfühlt, mit Maschinen Musik zu machen. Wir werden ähnliche Fragen aufwerfen, richten sie aber an die Domäne des Denkens und Handelns. Wir sprechen heute davon, dass Maschinen »denken wie Menschen«. Was heißt das genau? Die Möglichkeit, dass eine Maschine den Vorgängen und Tätigkeiten eines Gehirns nacheifert, begeistert und erschreckt gleichermaßen. Denn es tun sich schnell eine Reihe von Fragen auf:

- Welche Konsequenzen hat es, wenn Maschinen denken? Müssen wir ihnen Eigenschaften zubilligen, die wir bisher Menschen vorbehalten, zum Beispiel Verantwortung – oder sogar Bewusstsein?
- Wie fühlt es sich an, wenn maschinelles Denken das menschliche überflügelt? Ist das Fortschritt oder müssen wir uns Sorgen machen oder sogar fürchten?
- Welche Konsequenzen wird Maschinendenken nach sich ziehen? Für den Benutzer dieser Maschine? Für die Unternehmen, in denen Menschen und Maschinen sich zuarbeiten? Für die Gesellschaft, die von diesen Entscheidungen geprägt oder abhängig sein wird?
- Wie können wir die Chancen nutzen? Können wir die Risiken begrenzen oder müssen wir tatenlos zusehen, was die künstliche Intelligenz anrichtet?

Die Fähigkeit zum Musizieren lässt sich ermessen an der Fingerfertigkeit des Musikers und seinem Talent, das Notenblatt zu lesen und zu interpretieren. Die Fähigkeit zu denken lässt sich ablesen am Intelligenzquotienten (IQ). Damit hätten wir ein gutes Maß, um auch die Intelligenz von Maschinen zu vermessen. Oder vielleicht doch nicht?

Wenn wir die Automation von Musik auf die Idee der Automation von Denken übertragen, stoßen wir auf ein Problem: Musikalische Fertigkeit lässt sich zurückführen auf das Fingerspitzengefühl, ein Instrument so zu bedienen, dass die Interpretation von Notenmaterial gelingt. Denken müsste sich demnach erklären lassen als eine »Fingerfertigkeit des Denkens«. Und die gilt es durch Intelligenztests zu ermitteln. Solch ein Test ergibt den Intelligenzquotienten, ein Maßstab, der die Intelligenz eines Menschen im Vergleich zur Gesamtbevölkerung repräsentiert. Liegt der IQ bei 100, ist die Person durchschnittlich intelligent. Und wie erkennt man, wie intelligent Maschinen sind? Die Antwort liegt auf der Hand: Wenn der Intelligenzquotient die Intelligenz eines Menschen misst und künstliche Intelligenz die natürliche simuliert, sollte sie ebenfalls durch Intelligenztests abzugreifen sein.

Laut einem Test liegt mein IQ bei 133[4]. Damit gehöre ich laut Auswertung zu den 14 Prozent der Teilnehmer, die man als »begabt« bezeichnet (IQ von 120 bis 140). Das Ergebnis schmeichelt mir – sonst hätte ich es unterschlagen –, aber es ist leider wertlos. Denn der Intelligenzquotient ist nur sehr begrenzt geeignet, um etwas über die Intelligenz eines Menschen zu erfahren, geschweige denn über künstliche Intelligenz. Warum das so ist, erfahren Sie im nächsten Abschnitt.

Faktor g und künstliche Intelligenz

Nischenbegabung

In dem Film *Rain Man* aus dem Jahr 1988 spielen Tom Cruise und Dustin Hoffman die Brüder Charlie und Raymond Babbit: Der Erste ist ein selbstverliebter Autohändler, der Zweite ein autistischer Savant mit einer besonderen Begabung. Eine Szene spielt in einem Restaurant. Die Bedienung lässt einen Behälter mit Zahnstochern fallen und Raymond erkennt schlagartig, dass auf dem Boden 246 Zahnstocher verstreut liegen.[5]

Das Savant-Syndrom beschreibt Menschen, die eine geistige Behinderung zeigen und damit an alltäglichen Tätigkeiten scheitern. Gleichzeitig überraschen sie mit Inselbegabungen im Erinnern, Musizieren, Rechnen oder bei Fremdsprachen.[6] Künstliche Intelligenz ist so etwas wie die technische Lösung einer Inselbegabung: Sie zeigt Fähigkeiten, die für sehr eng begrenzte Aufgaben »übermenschlich« zu sein scheinen.[7] Im Umkehrschluss müsste gelten: Eine Inselbegabung zeigt Intelligenz. Aber das ist keineswegs der Fall!

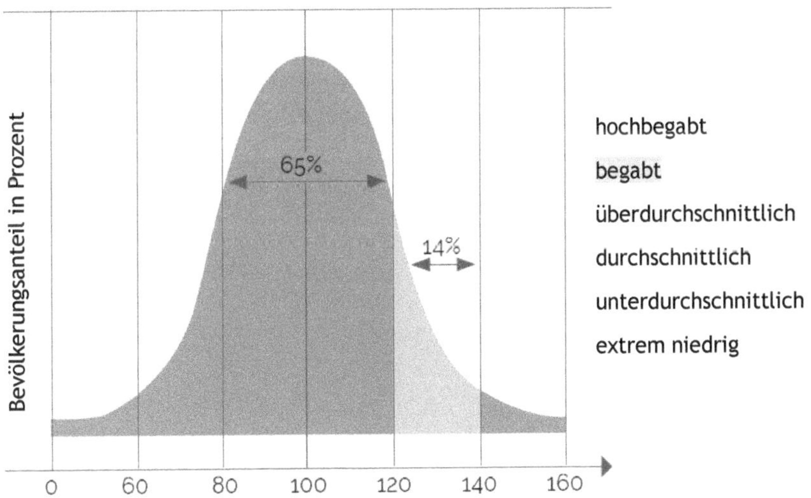

Abbildung 2: Statistische Verteilung des Intelligenzquotienten in der Gesamtbevölkerung

Sie selbst haben Intelligenz. Ihre Kinder haben Intelligenz geerbt. Meine reicht zumindest, um dieses Buch zu schreiben. Doch selbst Forschern, denen man schon von Berufs wegen Intelligenz zugesteht, quälen sich mit der Frage: Was ist Intelligenz überhaupt?

Die Anfänge des Begriffs reichen zurück ins Jahr 1904. Der britische Psychologe Charles Spearman lässt Probanden mehrere kognitive Tests durchführen. Dabei entdeckt er, dass bestimmte Faktoren über alle Tests leicht voneinander abhängen.[8] Daraus folgert Spearman, es müsse etwas geben, das das Ausmaß an Intelligenz einer Person erfasst. Er nennt dieses Phänomen *Faktor g*.

Spearmans Idee ist von Anfang an umstritten und es gibt weitere Versuche, um der Intelligenz auf die Schliche zu kommen, aber bis heute hat sich keine Definition durchgesetzt. Auch im 21. Jahrhundert wird weiter zur Intelligenz geforscht. Das hat viele Gründe.

Intelligenz lässt sich nicht so einfach von anderen Fähigkeiten der Psyche abgrenzen: Ist jemand schon intelligent, wenn er schnell rechnen kann? Oder wenn er kreative Lösungen für Probleme entdeckt? Oder sich besonders gut in andere hineinversetzen kann?

Moderne Ansätze unterteilen Intelligenz gerne in mehrere Domänen wie die mathematische, die sprachliche oder die emotionale.[9] Tatsächlich nahm der Variantenreichtum an Vorschlägen zur Definition von Intelligenz über die vergangenen Jahrzehnte zu. Eine Definition, auf die die Mehrheit der Wissenschaftler sich einigen konnte, kam trotzdem nicht heraus. So verharrt die Forschung in vielen Ansätzen, die das Konstrukt der Intelligenz erklären wollen (siehe Tabelle 1), und es wird klar: Die Beliebtheit des Intelligenzquotienten beruht vor allem auf dem Mangel an brauchbaren Alternativen.

»... Fähigkeit des Individuums, zielgerichtet zu handeln, rational zu denken und sich wirkungsvoll mit seiner Umwelt auseinanderzusetzen«[10]
»... die Art der Bewältigung einer aktuellen Situation, [...], gut urteilen, gut verstehen und gut denken.«[11]
»... allgemeine geistige Anpassungsfähigkeit an neue Aufgaben und Bedingungen des Lebens.«[12]
»... Befähigung zum Auffinden von Ordnung», «Befähigung zum Auffinden von Redundanz«[13]
»... die Fähigkeit zum schlussfolgernden Denken, zum Planen, zur Problemlösung, zum abstrakten Denken, zum Verständnis komplexer Ideen, zum schnellen Lernen und zum Lernen aus Erfahrung.«[14]

Tabelle 1: Einige Definitionen der menschlichen Intelligenz

Fachleute tun sich schwer, den Begriff Intelligenz verbindlich zu verorten. Das experimentelle Problem dahinter entlarvte vor langer Zeit bereits der Psychologe Edwin Boring. Er stellte nüchtern fest: »Intelligenz ist das, was Intelligenztests messen.«[15]

Der Streit über den Intelligenzbegriff dauert in den Humanwissenschaften bereits über 100 Jahre. Trügerischweise hielt solche Unklarheit die Apologeten der künstlichen Intelligenz nicht davon ab, wie selbstverständlich die natürliche Intelligenz als Vorbild für die künstliche zu halten. Deshalb übersetzten sie einfach die verqueren Begriffe aus der psychologischen Domäne in die Maschinenwelt. Und natürlich sagen die Anbieter einschlägiger Software voraus, dass ihre Lösungen irgendwann jede Art von Intelligenztest bewältigen werden.[16] Und das, obwohl sie gar nicht genau sagen können, was Intelligenz eigentlich ist.

So tun als ob

Es ist alles andere als trivial, Intelligenz zu messen. Schnell entgleitet sie einfachen Erklärmustern. Vor allen Dingen scheint sich Intelligenz nicht auf eine einzige Maßzahl eindampfen zu lassen. Gibt es vielleicht Alternativen, um die Intelligenz einer Maschine zu messen? Etwas, das sich nicht auf eine numerische Skala stützt, auf der sich menschliche Intelligenz gefälligst anzusiedeln hätte?

Der Mathematiker Alan Turing macht sich Anfang der 1940er-Jahre einen Namen, weil er maßgeblichen Anteil hatte, die Codiermaschine *Enigma*[17] zu entschlüsseln. Bereits im Jahr 1936 erfindet er die nach ihm benannte *Turingmaschine*[18,19] Es ist zwar nur ein Gedankenexperiment, um die prinzipiellen Grenzen der Computertechnik zu bestimmen. Aber sie hat bis heute Gültigkeit.

In den Nachkriegsjahren wendet sich Turing den philosophischen Fragen der Computertechnik zu und schlägt eine sehr originelle Variante vor, um die Intelligenz einer Maschine zu messen: Der nach ihm benannte *Turing-Test* bezeichnet einen theoretischen Versuchsaufbau, um nachzuweisen, ob irgendeine Maschine eine dem Menschen ebenbürtige Intelligenz aufweise.[20] Im Jahr 1950 formuliert Turing also einen Gedankengang, der die ungelöste Frage nach der Definition von Intelligenz einfach beiseiteschob. Er löste das Problem, indem er es ganz anders formulierte. Das war sehr intelligent! Und ein sehr kluger Gedanke, der uns später noch beschäftigen wird ...

Turing stellte folgende Überlegung an: Ein Mensch stellt Fragen an einen Gesprächspartner. Er kann ihn dabei weder sehen noch hören. Alle Fragen sind erlaubt. Um Fragen zu stellen, bedient der Mensch eine Tastatur. Die Antworten erscheinen auf dem Bildschirm. Der Test gilt als bestanden, wenn der Fragensteller trotz intensiver Befragung nicht entscheiden kann, ob er mit einer Maschine oder einem Menschen kommuniziert.

Seit Turing dieses Konzept formulierte, versuchen Enthusiasten der künstlichen Intelligenz, den Turing-Test zu bestehen. Es gibt Sieger zweifelhafter Wettbewerbe, die behaupten, dass dies bereits gelungen sei.[21] Doch selbst bei großzügiger Auslegung der Spielregeln gilt: Für die Praxis hat der Turing-Test in den letzten Jahrzehnten keine Relevanz gehabt.

Definitionen-Dilemmata

Und damit zeigt sich das Problem: Wissenschaftler streiten seit Jahrzehnten über den Begriff der Intelligenz des Menschen. Wie kann es dann plausibel sein, denselben Diskurs für den Begriff der künstlichen Intelligenz zufriedenstellend zu lösen? Uns fehlt das Fundament, bevor wir einen sinnvollen Gedanken an die Definition von künstlicher Intelligenz verschwenden können!

Statt in Sack und Asche zu gehen und zu verharren und dieses Dilemma mit Demut zur Kenntnis zu nehmen, schwappen die Diskurse um die Fragen menschlicher Intelligenz über in solche zur künstlichen. Ungefragt, unkommentiert und unwidersprochen werden Meinungen, Vermutungen und Annahmen über menschliche Intelligenz verrührt und hineingepfropft in die Definition von künstlicher. Heute steht der Begriff künstliche Intelligenz für ein Sammelsurium halbgarer Übertragungsfehler, die der originäre Intelligenzbegriff über Jahrzehnte um sich angehäuft hat.

Statt erst einmal Klarheit über die Definition des Intelligenzbegriffs zu schaffen, legen wir neben die lange Liste offener Fragen zur menschlichen Intelligenz noch eine zweite. Und die Fragen auf dieser Liste sind *noch schwieriger* zu beantworten als die, für die bis jetzt die meisten Antworten ausstehen. Wie können wir es wagen, eine Definition von künstlicher Intelligenz zu ersinnen, deren Herleitung schon deshalb nicht funktioniert, weil die Annahmen nicht eindeutig sind?

Das alles lässt einen Schluss zu, der uns unruhig machen sollte: Wir werden die meisten Fragen zur künstlichen Intelligenz nicht beantworten können, solange wir viele Antworten zur menschlichen Intelligenz schuldig bleiben. Die Diagnose ist niederschmetternd. Und wie es scheint, ist die Lage aussichtslos.

Wenn es wirklich so schlimm ist, wie ich behaupte: Warum sollten wir uns dann trotzdem um eine Antwort bemühen? Aus einem sehr einfachen Grund: Künstliche Intelligenz hat die Büchse der Pandora verlassen. Wir können uns nicht mehr davor drücken, irgendwie mit diesen Fragen umzugehen – selbst wenn wir sie nicht beantworten können. Die Frage lautet nicht mehr, ob wir Antworten suchen wollen oder sollen. Wir setzen uns mit jedem technischen Fortschritt in der künstlichen Intelligenz mehr unter Druck, welche zu finden, weil wir uns sonst auf die Konsequenzen nicht vorbereiten können. Wir müssen dringend besser verstehen, was künstliche Intelligenz im Alltag anrichten kann, wo ihre Chancen liegen, aber – noch wichtiger – wo sich ihre Risiken auftun. Wenn wir also gezwungen sind zu reagieren, dann sollten wir uns einen anderen Zugang zum Verständnis von künstlicher Intelligenz aneignen.

Der Computerpionier Alan Turing hat vorgemacht, wie man einen Sachverhalt besser durchdringen kann: Man ändert die Prämissen des Problems. Damit revolutionierte er unser Denken über das Wesen der Computertechnik. Wir machen es genauso.

Was dieses Buch erzählt

»Ein Teil dieser Antworten würde die Bevölkerung verunsichern.«

– LOTHAR DE MAIZIÈRE

Der 13. November 2015 geht in die Geschichte ein als Tag mit einem der größten Terroranschläge Europas der neueren Zeit: In Paris sterben 130 Menschen, fast 700 werden verletzt.[22] Fünf Tage später lädt Bundesinnenminister Lothar de Maizière zu einer Konferenz, die im politischen Gedächtnis der Bundesrepublik Deutschland haften bleibt. Es hatte Hinweise auf geplante Terroranschläge in Deutschland gegeben. Das Fußball-Länderspiel Deutschland gegen die Niederlande in Hannover wurde ersatzlos gestrichen. Der Innenminister benannte die Gründe für die Absage der Veranstaltung, wollte aber keine Details öffentlich machen. Deshalb rang de Maizière nach Worten, lavierte herum und sein Stammeln gipfelte schließlich in dem Satz: »Ein Teil dieser Antworten würde die Bevölkerung verunsichern.«[23]

Deutungshoheit um künstliche Intelligenz

Den Diskurs um das Verstehen und Verbreiten künstlicher Intelligenz dürfen wir uns ähnlich vorstellen: Ein Teil dieser Antworten würde die Bevölkerung verunsichern. Denn künstliche Intelligenz ist eine Chimäre. Hier die Verheißung einer nächsten industriellen Revolution: Computer und Roboter als Prophezeiung einer Zukunft ohne Arbeitsfrust, Wachstum ohne Grenzen, permanenter Konsum und blühende Landschaften. Dort der Abgesang auf den Turbokapitalismus, auf alte Gewissheiten der Ökonomie: Aufstand der Maschinenstürmer, Massenarbeitslosigkeit, Spaltung der Gesellschaft, Rückzug in die digitalen Räume, Echokammern, Verzicht und Armut – das Ende der Zivilisation.

Bis jetzt sind die Verheißungen nicht in Erfüllung gegangen, aber wir sind auch von Katastrophen verschont geblieben, die auf den unmittelbaren Einsatz und Gebrauch von künstlicher Intelligenz zurückzuführen wären. Für einige Warner ist es nur eine Frage der Zeit, wann das passiert.[24]

Deshalb gilt in Diskussionen um die künstliche Intelligenz sinngemäß: Ein Teil der Antworten würde Entscheider, Gestalter und Betroffene verunsichern. Der große Unterschied zu de Maizière: Bei der künstlichen Intelligenz mangelt es nicht an Fakten und Informationen, um eine Antwort zu erhalten. Im Gegenteil: Journalisten, Unternehmen und Interessenverbände fluten uns mit Fakten, Meinungen und Prognosen zur künstlichen Intelligenz. Medienwirksame Aufhänger sind typischerweise technische Durchbrüche: »Ein Roboterauto durchquerte gerade den Kontinent«[25, 26]. Aber es drängen auch Themen in die Öffentlichkeit, welche Folgen solche Errungenschaften nach sich ziehen: »Die erste autonome Autoreise quer durch den Kontinent zeigt ein ethisches Minenfeld.«[27, 28]

Künstliche Intelligenz rast unaufhaltsam auf uns zu, und sie ist gekommen, um zu bleiben. Aber es wird keine einfachen Antworten geben auf eine Vielzahl von Fragen, die damit einhergehen. Wie sollen wir uns dieser Herausforderung stellen? Eine gute Strategie könnte sein: Wir stellen erst einmal die richtigen Fragen. Und dann suchen wir gute Antworten. Nicht andersherum.

Dystopien über Automation

Vor einigen Jahren machte eine Studie Furore. Die Ökonomen Carl Frey und Michael Osborne fragten: Wie anfällig sind Tätigkeiten, die bisher von Menschen ausgeübt werden, für Automation? Dafür betrachteten sie den amerikanischen Arbeitsmarkt. Mithilfe eines aufwendigen Forschungsdesigns wurden 702 Arbeitsprofile seziert. Die Autoren zerlegten dafür jede Arbeit in eine Ansammlung von Einzeltätigkeiten. Anschließend verglichen sie, welche Anteile davon bis zum Jahr 2030 Maschinen leisten könnten. Ihre Schlussfolgerung war niederschmetternd: »Nach unseren Schätzungen sind etwa 47 Prozent aller Beschäftigten in den USA gefährdet.«[29] Der Befund erregte weltweit Aufsehen. Keiner hatte damit gerechnet, dass in weniger als drei Jahrzehnten ein derart hoher Prozentsatz an Arbeitsplätzen auf der Kippe stehen würde. Frey und Osborne behaupteten nichts weniger, als dass Roboter und künstliche Intelligenz fast die Hälfte der arbeitsfähigen Bevölkerung hinwegfegen würden. Das hätte verheerende Konsequenzen für Wirtschaft, Politik und Gesellschaft.

Nach Erscheinen der Studie brach ein Glaubenskrieg darüber los, ob die Prognosen stimmten. Denn allen war klar, was es bedeuten würde, wenn die Forscher recht behielten. Deutsche Forscher fühlten sich bemüßigt, die Studie für den hiesigen Arbeitsmarkt zu replizieren, kamen zu ähnlich desaströsen Resultaten und formulierten ähnlich desaströse Konsequenzen.[30,31]

Müssen wir diese Horrorszenarien widerspruchslos akzeptieren? Sollten wir uns besser auf das Schlimmste gefasst machen: Die Übernahme der Herrschaft durch seelenlose Maschinen? Eher nicht. Denn in der Diskussion wurde selten eine wichtige Frage gestellt.. Haben Frey und Osborne überhaupt sauber gearbeitet? Es gibt nämlich Grund zu der Annahme, dass die Ökonomen unzulässige Prämissen trafen. Die Wissenschaftler zerlegten etwa das Tätigkeitsprofil eines Arbeitsplatzes in kleine, abgrenzbare Aktivitäten und betrachteten jeweils die Möglichkeit, jede einzeln zu automatisieren. Aber ist es zulässig, einen Arbeitsplatz »in seine Bestandteile« zu zerlegen, und anschließend wieder alles zusammenzusetzen wie einen Frankenstein? Frey und Osborne könnten über das Ziel hinausgeschossen sein, denn die Automation einzelner Tätigkeiten wird auch die Arbeit an sich verändern, und das wird nicht ad hoc passieren, sondern über lange Zeiträume. Auch die bisherige Praxis spricht gegen ihre Aussagen. Enno de Boer von McKinsey zum Beispiel meint zur Automation von Fabriken: »Einige Hersteller haben Lights-out-Ansätze während des Betriebs für die Nachtschicht eingeführt, mit der Menschen naturgemäß schwer zurechtkommen. Es ist aber sehr schwer, diese letzten 30 Prozent der menschlichen Bediener zu ersetzen.«[32]

Die vollständige Automation von Fabrikarbeit treibt Wissenschaftler seit den 1950er-Jahren um. Bereits der Versuch des Ingenieurs Paul Fitts, einfach die menschlichen und maschinellen Tätigkeiten aufzuteilen, endete in der Sackgasse.[33,34] Eine klare Aufteilung der Tätigkeiten in solche für Maschinen und solche für Menschen war überhaupt nicht möglich.

Zudem hätte es vielen eifernden Zitatoren gutgetan, die Studie von Frey und Osborne überhaupt bis zum Ende zu lesen. Denn auf den hinteren Seiten erklären die Autoren, welche Eigenschaften auf absehbare Zeit *nicht* von Maschinen übernommen werden können:[35]

- Die Fähigkeit, Arme, Hände und Finger sehr präzise zu bewegen und sehr kleine Dinge anzufassen, zu manipulieren oder zusammenzustecken. Und das erst recht in beengten Räumen, in denen man nur in unbequemen Positionen agieren kann.
- Die Fähigkeit, ungewöhnliche Ideen zu entwickeln oder kreative Lösungen für ein Problem zu finden. Darunter fällt jedes theoretische und praktische Wissen für das Komponieren oder Wiedergeben von Musik, Tanz, Film oder die bildende Kunst.
- Die Fähigkeit, sich in andere hineinzuversetzen und intuitiv zu erkennen, warum sie wie reagieren. Andere zusammenzubringen und Differenzen zwischen unterschiedlichen Persönlichkeiten zu vermitteln. Andere zu überzeugen, ihre Glaubenssätze zu überdenken und ihr Verhalten zu ändern. Individuelle Unterstützung anzubieten, etwa für Mitarbeiter, Kunden oder Patienten.

Diese Fähigkeiten, so die Autoren, blieben dem Menschen vorbehalten. Ihre Arbeit schließt mit einem Appell, der den einen Angst machen und anderen Hoffnung geben kann: »Damit Arbeitnehmer aber das Rennen gewinnen, müssen sie sich kreative und soziale Fähigkeiten aneignen«.[36]

Sechs Jahre nach Frey und Osborne behauptete eine Studie der Brooking Institution, dass bis zu 25 Prozent der amerikanischen Arbeitsplätze ein hohes Risiko tragen, durch maschinelle Automation überflüssig zu werden.[37] Das ist nur noch die Hälfte der von Frey und Osborne prognostizierten Arbeitsplatzverluste – obwohl sich die Technik in der Zwischenzeit rasant weiterentwickelt hat. Es bleibt also wohl noch viel zu erforschen, was die langfristigen Konsequenzen hoher Automation angeht. Lassen wir uns überraschen!

Wenn Sie herausfinden wollen, ob Ihr eigener Job durch die zunehmende Digitalisierung oder durch Automation überflüssig werden könnte, probieren Sie den *Job Futuromat 2020* aus.[38] Sobald sie eine passende Berufsbezeichnung eingeben oder auswählen, spuckt die Suchmaschine drei Zahlen aus: die Anzahl dieser Jobs in Deutschland, die durchschnittliche Entwicklung des Monatsgehalts sowie eine Einschätzung über die potenzielle Automatisierbarkeit dieses Jobprofils und die Wahrscheinlichkeit dafür, dass er in Zukunft automatisiert wird.

Allerdings wissen Sie jetzt besser, wie sie die Ergebnisse in den Diskurs um die Vernichtung von Arbeitsplätzen einordnen müssen …

Prognose oder Pragmatismus?

Wenn die Voraussagen über die Auswirkungen der Automation so ungenau sind: Warum hilft es trotzdem, sie zu kennen? Weil wir sie einerseits kritisch lesen und andererseits begründet hinterfragen können. Das bedeutet: Indem Sie ein Verständnis dafür entwickeln, was künstliche Intelligenz ist und wie sie Ihre Arbeit und Ihren Alltag verändern wird, gehen Sie anders mit diesen Prognosen um. Je mehr Sie darüber wissen, desto besser können Sie Analysen einordnen und darauf reagieren. Auch wenn Sie ein Teil der Antworten immer noch verunsichern wird ...

Typische Einführungen in die künstliche Intelligenz verlangen dem Leser viel ab. Besser für ihn, er bringt Vorkenntnisse in der Datenverarbeitung mit, oder er versteht sich als ein Laie, der nicht vor Technik zurückschreckt. Dieser Leser ist vergleichbar mit dem Autofahrer, der selbst einen Blick unter die Motorhaube wirft und in der Werkstatt mit dem Kraftfahrzeugmechaniker fachsimpelt. Denn um die Technik der künstlichen Intelligenz nur im Ansatz zu begreifen, muss man in kurzer Zeit viele Fachbegriffe kennenlernen und laufend in einem komplexen Fachgebiet verorten. Das fordert viele Leser heraus und lässt sie nicht nur an künstlicher Intelligenz zweifeln, sondern auch an ihrer eigenen.

Dieses Buch ist keine Facheinführung in künstliche Intelligenz. Stattdessen soll es Ihr Gehör schulen: für das Grundrauschen, das künstliche Intelligenz für Arbeit und Alltag erzeugt, seitdem sie vor Jahrzehnten auftauchte. Denn dieses Grundrauschen nimmt zu. Es wird lauter und es wird bleiben.

In diesem Buch liefern Schlagworte und Fachbegriffe zur künstlichen Intelligenz lediglich Anlässe, sie zu relativieren. Wir werden sehr wenigen, aber sehr präzisen Signalen im weißen Rauschen der künstlichen Intelligenz nachgehen, mit deren Hilfe wir bessere Fragen zur künstlichen Intelligenz stellen und klügere Antworten finden können.

Also, was lernen Sie durch dieses Buch? Inwiefern wird es Ihnen helfen? Hier die Schlüsselaussagen in Kürze:

- **Künstliche Intelligenz ist die Automation des Entscheidens.** Wenn Sie heute eine Konferenz besuchen, präsentieren benannte oder selbsternannte Experten gerne künstliche Intelligenz. Sie schwelgen in Aussagen wie: »Künstliche Intelligenz wird dem Internet vergleichbar alle Lebensbereiche revolutionieren.« Die meisten bleiben aber die Antworten schuldig. Es wird nicht erklärt, was das genau für Arbeit und Alltag bedeutet. Und noch wichtiger: wie man praktisch damit umgeht. Deshalb das Wichtigste: Glauben Sie nicht an das Versprechen vermeintlich letzter Antworten auf die großen Fragen der künstlichen Intelligenz. Es gibt keine Sicherheit! Wir werden viele Dinge noch lange nicht verstehen. Alle müssen aus den Fehlern lernen, die wir heute begehen. Niemand kann mit Sicherheit wissen, wie sich Wirtschaft, Gesellschaft und Politik in den nächsten fünf oder zehn Jahren durch künstliche Intelligenz verändern werden.
- **Metaphern sind hilfreiche Sprachkonstrukte.** Mit ihnen können wir einfach über schwierige Themen reden. Wir denken mit Metaphern über Dinge nach, die sonst durch Fachwörter vermauert sind und dem Laien verschlossen bleiben. Die Metapher »Automation des Entscheidens« eignet sich, um sehr präzise über künstliche Intelligenz nachzudenken. Sie erhalten dadurch Hinweise, wie Sie den Arbeitsalltag mit künstlicher Intelligenz gestalten sollen oder können. Mit dieser Metapher lässt sich jederzeit feststellen, wo Sie sich gerade befinden und welches die nächsten plausiblen Schritte sein könnten.
- **Die Automation des Entscheidens ist ein Denkwerkzeug.** Mit ihrer Hilfe können Sie viele Probleme aus der organisationalen Praxis mit künstlicher Intelligenz thematisieren, ohne vorher Experte dafür geworden zu sein. Jeder versteht diese Metapher ohne Vorkenntnisse, dabei vereinfacht sie nur vordergründig die komplexe Materie. Richtig anwendet erschließen sich damit neue Einsichten in die künstliche Intelligenz, und so vergrößern sich die Spielräume des Handelns. Sie lernen, mit mehr Klarheit und Zuversicht durch die Ära mächtiger Entscheidungsmaschinen zu navigieren. Mit der Automation des Entscheidens bleiben Sie auf Kurs!

Dieses Buch bietet jedoch keine leicht verdaulichen Antworten, es ist kein Fastfood für künstliche Intelligenz. Das hat einen guten Grund, und Entscheider kennen ihn: Unter dem dünnen Firnis simpler Lösungen lauert oft das Grauen der Orientierungslosigkeit. Sobald die Kratzer auf dem Furnier halbgarer Entscheidungen nicht mehr zu leugnen sind, die auf unverstandenen Fakten beruhen, fallen sie uns auf die Füße. Ein Problem, das vorher schon groß war, metastasiert und wird unlösbar. Vorgebliche Lösungen sind oft Rohrkrepierer und die Domäne der künstlichen Intelligenz bietet dafür zahlreiche Beispiele.

- Leuchtturmprojekte für künstliche Intelligenz bleiben Einzelmaßnahmen. Sie entstehen in einem Umfeld von Wunschdenken, getürkten Annahmen über die Rentabilität und übermäßigen Ressourceneinsatz.[39] Oft sind sie ungeeignet, als Schnittmuster für ein Portfolio vieler Anschlussprojekte zu dienen. Sie werden ihrem Namen insofern gerecht, als dass sie Leuchtsignale senden, wie man es *nicht* machen sollte. Allerdings müssen die dann auch richtig gedeutet werden.
- Weitreichende Visionen zur strategischen Bedeutung künstlicher Intelligenz überleben oft nicht die Berichtsperioden von Analysten und Anspruchsgruppen. Strategische Weichenstellungen zu künstlicher Intelligenz verstolpern sich oft im Tagesgeschäft und werden kurzfristigen Zielen geopfert. Prioritäten verschieben sich und mit viel Tamtam angekündigten Strategien geht vielfach die Puste aus. Das ohnehin anfangs diffuse Ziel wird einkassiert. Schnell füllen dann neue Marktmoden die Lücken, die fehlendes Verständnis und fehlende Weitsicht hinterlassen haben.
- Viele Probleme der künstlichen Intelligenz werden in der ersten Euphorie und Aufbruchsstimmung von Projekten übersehen oder kleingeredet. Aber sie sind nicht einfach weg, sondern drängen mit Macht zurück, sobald die künstliche Intelligenz zum Beispiel das komfortable Laborklima verlassen hat und der steifen Brise des Tagesgeschäfts trotzen muss. Visionäre Ideen, die mit viel Verve gestartet wurden und als Prototypen funktionieren, scheitern an dem Sturm, der über ein Projekt in der Praxis seiner organisationalen Umsetzung hereinbricht. Ideen werden geboren, aber bestehen nicht den Test der Zeit.[40]
- Oft will ein Unternehmen mit dem Skalpell präzise Schnitte setzen, um mittels künstlicher Intelligenz organisationale Phantomschmerzen zu operieren. Die Resultate enttäuschen oft. Manche Ideen mögen an der richtigen Stelle ansetzen, aber welche Konsequenzen chirurgische Eingriffe haben können, wird nicht bedacht. Und die Nachsorge misslungener Projekte der künstlichen Intelligenz setzt niemand gerne auf seiner Agenda.

Diese und noch mehr Gründe schreien danach, dass sich Entscheider selbst kümmern müssen. Künstliche Intelligenz ist Chefsache.

Wenn Sie dieses Buch lesen, werden Sie etwas mitnehmen, das ungleich wertvoller ist als wirkungsloses Wunderpulver: ein Denkwerkzeug, das Ihnen hilft, die falschen von den richtigen Fragen zu unterscheiden, wenn Ihr Unternehmen künstliche Intelligenz thematisiert. Richtige Antworten liefern Experten. Doch es braucht den Willen und die Fähigkeit, kluge Fragen zu stellen, damit Fachleute kluge Antworten anbieten können.

Dieses Buch ist eine Quelle, auf die Sie regelmäßig zurückgreifen können, um sich Inspiration zu holen. Sie lernen auf einfache Art und Weise komplexe Fragen der künstlichen Intelligenz aufzugreifen und im richtigen Kontext zu beantworten. Und das alles ohne Vorkenntnisse über Datenverarbeitung oder künstliche Intelligenz.

Eine andere Geschichte der künstlichen Intelligenz

- Der Fliehkraftregler einer Dampfmaschine und neuronale Netze funktionieren nach denselben Prinzipien: Technik trifft automatisch Entscheidungen. Beides sind unterschiedliche Beispiele für dieselbe Idee.
- Wenn Daten das »neue Öl« der digitalisierten Gesellschaft sind, dann sind Algorithmen der künstlichen Intelligenz die Datenraffinerien. Sie destillieren Wert aus Daten und schaffen neues Wissen.
- Künstliche Intelligenz erzeugt nicht einfach Probleme, die man mit genug Zeit und Geld lösen kann. Die Probleme künstlicher Intelligenz sind nicht nur kompliziert, sondern komplex. Genauer gesagt: außerordentlich komplex. Und noch schlimmer: Sie sind sogar bösartig. Darum ist es so schwer, sie zu lösen.
- Der wahre Wert von künstlicher Intelligenz ist unverstanden, weil uns Vorbilder und Analogien fehlen. Zu Beginn des 20. Jahrhunderts wurde beim Übergang von der Dampfmaschine zum Elektromotor das Potenzial von Elektrizität jahrzehntelang verkannt. Zu Beginn des 21. Jahrhunderts verkennen wir die tatsächlichen Potenziale der künstlichen Intelligenz. Und das wird noch lange so bleiben.
- Über künstliche Intelligenz kursieren viele Missverständnisse. Deren ständige Wiederholung macht es schwierig, sich ein objektives Bild von der Situation zu verschaffen. Selbst Experten überschätzen die kurzfristigen Effekte von künstlicher Intelligenz, unterschätzen aber die langfristigen.

Von Fliehkraftreglern zu neuronalen Netzen

»Die Dampfmaschine war das Beste, was dem Pferd passieren konnte.«

– RAIK DALGAS

Im Jahr 1846 entdeckt der Handschriftenforscher Konstantin von Tischendorf in Istanbul ein Buch. Es handelt von Mathematik. Leider versteht er nicht, was es bedeutet. Erst 60 Jahre später gelingt es dem Philologen Johan Ludvig Heiberg, den Text teilweise zu übersetzen. Um die Jahrtausendwende fängt ein Expertenteam an, das Artefakt genau zu untersuchen, und sorgt für eine Sensation. Im August 2006 macht die Gruppe mit Röntgenstrahlen Text erkennbar, der unter den sichtbaren Zeichen der Buchseiten schlummerte: Aufzeichnungen, die von Archimedes stammen und die Grundzüge der modernen Integralrechnung vorwegnehmen. Das Buch ist ein Beispiel für ein *Palimpsest*.[41]

Als Palimpsest bezeichnet man Manuskriptseiten oder -rollen, die einmal beschrieben wurden. Dann wurde das Geschriebene abgekratzt oder abgewaschen. Oder es wurde versucht, die Tinte mit Zitronensäure zu löschen. Warum dieser Aufwand? In der Antike galt Schreibmaterial als Luxusprodukt, daher recycelte man Pergamentbücher. Diesem Umstand fielen antike Texte wie die des Archimedes zum Opfer. Oft wichen sie den Heiligengeschichten des Mittelalters. Recycling war die einfachste Möglichkeit, sich wieder mit ausreichend Blankopapier einzudecken.

Das Überlagern von Texten bei einem Palimpsest beschreibt ganz gut, wie sich unser Verständnis von künstlicher Intelligenz verändert. Was wir heute unter dem Begriff »künstliche Intelligenz« verstehen, hat im übertragenen Sinn Ähnlichkeit mit dem Vorgehen bei der Herstellung eines Palimpsests: Vor einigen Jahrzehnten erblickt der Begriff »künstliche Intelligenz« das Licht der Fachwelt. Damals scheint es, der passende Begriff zu sein für ein kleines Teilproblem der Informatik, das einige Wissenschaftler mit einem Namen versehen wollen. Doch je länger sie sich abmühen, desto klarer wird: Die Experten können sich auf keine Definition einigen. Stattdessen überlagern immer neue Definitionen die früheren. So geht das viele Jahre weiter und führt zu einer Kakophonie von Meinungen und Ausdeutungen über künstliche Intelligenz. Also gilt es, diese Schichten des »Palimpsests der künstlichen Intelligenz« freizulegen.

Die Geburt eines Mythos

Im Jahr 1955 prägt eine Gruppe junger Wissenschaftler um John McCarthy und Marvin Minsky den Begriff »Künstliche Intelligenz« (*artificial intelligence*).[42] Sie führt ihn ein, um das Ziel einer Veranstaltung zu formulieren, die später als die Geburtsstunde der künstlichen Intelligenz bezeichnet werden wird. Es ist die legendäre *Dartmouth-Konferenz*[43]. Der Anspruch der Wissenschaftler ist nichts Geringeres, als damit die Ära der »Wissenschaft und Technik der Herstellung intelligenter Maschinen[44]« einzuläuten.[45] Experten spekulieren zum ersten Mal darüber, ob und wann Maschinen wahrhaftig werden denken können. Optimisten versprechen sogar einen »allgemeinen Problemlöser« (*general problem solver*[46]). Dieser soll die Menschheitsprobleme einfach in Grund und Boden rechnen.

In den nächsten Jahren etabliert sich der Forschungszweig der künstlichen Intelligenz. Die Vorhersagen des Jahres 1958 sind großspurig: Bereits zehn Jahre später würde ein Computer Schachweltmeister werden, einen mathematischen Beweis erbringen und sogar Musik von ästhetischem Wert komponieren.[47] Doch trotz intensiver Bemühungen bleiben Fortschritte und Resultate weit hinter dem eigenen Anspruch zurück.

In Deutschland treffen sich erst im Februar 1975 an der Universität Bonn zum ersten Mal Wissenschaftlicher zum Thema künstliche Intelligenz.[48] Ende der 1970er-Jahre bricht der *KI-Winter*[49] über die Forscher herein. Er bezeichnet den Beginn des Eingeständnisses jahrelanger Misserfolge und den vorläufigen Stillstand der Arbeit. Den Apologeten einer rosigen Zukunft schwant, dass künstliche Intelligenz ein weit größeres Problem sein würde, als es der Ankündigung der Dartmouth-Konferenz in den 1950er-Jahren zu entnehmen war.

Huskies und Wölfe

Im Jahr 2016 programmieren drei Forscher der University of Washington eine Software. Diese schaut sich Bilder an und entscheidet, ob ein Husky oder ein Wolf darauf zu sehen ist.[50] Zu Beginn der Trainingsphase kann die Software nur raten, welches Tier zu erkennen ist, aber mit der Zeit sinkt die Fehlerrate: Immer besser unterscheidet die Software Huskies von Wölfen. Sie erkennt Muster, aufgrund derer sie sich mit großer Sicherheit festlegt. Das Programm benutzt ein Verfahren, das heute für künstliche Intelligenz verwendet wird: ein neuronales Netz. Damit lässt sich jede Art von Daten nach festgelegten Kriterien kategorisieren.

Eine vergleichbare Fähigkeit besitzt auch eine Maschine, von der man nicht auf Anhieb vermuten würde, dass sie nach denselben Prinzipien arbeitet wie ein Algorithmus: die Wattsche Dampfmaschine. Aber wieso? Was hat ein Algorithmus, der Huskies von Wölfen unterscheidet, mit einer Maschine gemeinsam, die thermische Energie aus Verbrennung in Bewegungsenergie umwandelt? Die Antwort finden wir in einer kognitiven Funktion, die in beiden Fällen zwingend benötigt wird: Sowohl der Algorithmus wie auch die Dampfmaschine teilen sich die Eigenschaft des *automatischen Entscheidens*.

Im Falle des Algorithmus ist das bereits klar: Wenn eine Maschine Tierbilder kategorisieren kann, dann ist das sicher so etwas wie automatisches Entscheiden. Aber was entscheidet eine Dampfmaschine? Deren Zweck ist, die im Brennstoff gespeicherte Energie mittels Wasserdampfs in die Bewegung eines Schwungrads zu übersetzen. Dafür braucht sie aber ein Bauteil, dessen Relevanz in einem Vortrag über die Funktion der Dampfmaschine vielleicht spät fallen würde, das aber entscheidend ist. Es ist der Fliehkraftregler.

Abbildung 3: Wattsche Dampfmaschine im Deutschen Museum

James Watt hat sich den Fliehkraftregler im Jahr 1788 vom Mühlenbau abgeschaut. Dort gab es einen Mechanismus, der den Gleichlauf von Wasser- und Windmühlenrädern garantierte. Der Fliehkraftregler hält die Drehzahl der Dampfmaschine durch zwei frei an einer Stange rotierende Gewichte konstant.[51] Die Gewichte steuern ein Ventil, über das der Zufluss von Wasserdampf automatisch geregelt wird. Fliehkraftregler sind damit nicht nur der Vorläufer der modernen Regelungstechnik im Maschinenbau, sondern machten Dampfmaschinen zu Geräten, die sogar in Echtzeit »automatisch entscheiden«.

Das macht aus Dampfmaschinen so etwas wie »Protomaschinen« für einen zentralen Wirkmechanismus der künstlichen Intelligenz, nämlich die neuronalen Netze.[52] Denn deren Lebenszweck ist ausschließlich das automatische Entscheiden.

Automatisches Entscheiden ist keine Eigenschaft, die zwingend in Silikon gegossen ist. Jede Anordnung von Metallteilen, die mechanischen Prinzipien folgend dieselben Funktionen erfüllt, kann Daten interpretieren und daraus plausible Entscheidungen sogar in Echtzeit ableiten. Als Charles Babbage sich im Jahr 1837 die *Analytical Engine*[53] ausdachte, basierte sein Design auf Zahnrädern

Abbildung 4: Zuse Z4 (Nachfolger der Z3) im Deutschen Museum

Die Analytical Engine ist konstruiert wie die heute bekannten Computer. Sie besitzt eine arithmetische Logik, kennt bedingte Verzweigungen und ist in der Lage, Informationen zu speichern. Babbage erweckt jedoch keine seiner Konstruktionen zum Leben und die Idee einer Rechenmaschine verschwindet wieder. Erst mehr als 100 Jahre später greift Konrad Zuse seine Ideen wieder auf. Im Jahr 1941 baut er die Z3 aus mechanischen und elektrischen Komponenten.[54]

Fliehkraftregler	**Neuronales Netz**
Hält die Drehzahl der Dampfmaschine konstant	Erkennt Muster in Bildern
Automatisiert den Gleichlauf einer Dampfmaschine	Automatisiert das Unterscheiden von Bildinhalten
Aus mechanischen Teilen gebaut	Als Software geschrieben

Tabelle 2: Fliehkraftregler und neuronale Netze im Vergleich

Warum leuchtet es nicht unmittelbar ein, dass eine Dampfmaschine und ein neuronales Netz nach denselben Prinzipien funktionieren? Zunächst ist der Fliehkraftregler der Dampfmaschine zwar notwendig für ihr Funktionieren, dieses Detail steht aber nicht im Fokus, wenn man sich eine Dampfmaschine anschaut. Der zweite Grund ist aber gewichtiger: Computer wurden erdacht als »Allzweckmaschinen« (*General Purpose Machines*).[55] Dagegen treffen Dampfmaschinen, mechanische Uhren oder ein Lichtschalter nur sehr begrenzt Entscheidungen: das Laufrad regulieren, die aktuelle Zeit melden, Licht an- oder ausschalten. Computer dagegen wurden konstruiert, um jede komplexe Art von Entscheidung zu simulieren. Ein Computer kann also die Entscheidungen eines Lichtschalters simulieren, die Entscheidungen einer mechanischen Uhr ebenfalls – und natürlich die Entscheidungen eines Fliehkraftregler (im letzteren Fall eine kybernetische Schleife).

Der Urahn einer modernen Entscheidungsmaschine entstand in den 1940er-Jahren. Plötzlich gab es da etwas, das sehr, sehr komplexe Entscheidungen treffen konnte. Konrad Zuse hatte den Computer erfunden. Und künstliche Intelligenz denkt heute lediglich das weiter, was mit der Analytical Engine von Charles Babbage (gut ausgedacht, nicht gebaut) und der Z3 von Konrad Zuse (gut ausgedacht, gut gebaut) begann.

Doch wenn künstliche Intelligenz einfach nur Maschinen sind, die automatisch entscheiden, warum dann die Begriffsverwirrung? Um das einzuordnen, holen wir ein bisschen aus. Wir verschaffen uns ein Bild davon, wie es zu dem schillernden Begriff der künstlichen Intelligenz kam und warum er heute so schwammig benutzt wird.

Das ist künstliche Intelligenz. Ist es das?

Kluge Köpfe grübeln seit Jahrzehnten, ob das Simulieren des Denkens das Wesen von künstlicher Intelligenz angemessen beschreibt. Anbieter einschlägiger Angebote für künstliche Intelligenz überbieten sich mit Definitionen – schließlich sind sie ihren Kunden eine Erklärung schuldig, warum es ausgerechnet ihr Produkt braucht. Leider sind diese Definitionen sperrig und liefern nur bedingt Nutzen (siehe Tabelle 3).

accenture[57]	»Künstliche Intelligenz ist eine Sammlung von Technologien, die eine Maschine oder ein System in die Lage versetzen können, zu erfassen, zu verstehen, zu handeln und zu lernen.«
IBM[58]	»Jedes System, das in der Lage ist, menschliche Intelligenz und Denkprozesse zu simulieren, soll über ‚Künstliche Intelligenz' (KI) verfügen.«
Oxford English Dictionary[56]	»Theorie und Entwicklung von Computersystemen, die in der Lage sind, Aufgaben zu erfüllen, die normalerweise menschliche Intelligenz erfordern, wie z. B. visuelle Wahrnehmung, Spracherkennung, Entscheidungsfindung und Übersetzung zwischen Sprachen.«
SAS[57]	»Künstliche Intelligenz (KI) ermöglicht es Maschinen, aus Erfahrungen zu lernen, sich an neue Eingaben anzupassen und menschenähnliche Aufgaben auszuführen.«

Tabelle 3: Beispiele für Definitionen der künstlichen Intelligenz

Wissenschaftler oder Ingenieure, die sich auf solche Definitionen berufen, verfolgen eines oder beide dieser Ziele:[58]

- Sie wollen Maschinen bauen, die »so tun, als ob sie denken wie Menschen«. In diesem Fall geht es um das Simulieren kleinerer oder größerer Anteile dessen, was wir als intelligente Fähigkeiten des Menschen bezeichnen würden. Dabei erheben sie nicht den Anspruch, das menschliche Denken verstehen zu wollen. Man unterstellt diesen Maschinen, »schwache KI« *(Weak AI*[59]*)* zu besitzen.
- Sie wollen Maschinen bauen, die »so denken wie Menschen«. Die »generelle künstliche Intelligenz« (*Artificial General Intelligence*[60], kurz AGI) ist der heilige Gral ambitionierter Forscher. Damit ist Maschinenintelligenz gemeint, die alle Fähigkeiten menschlicher Intelligenz umfasst. Dafür müsste sie in der Lage sein, alles zu verstehen, zu erlernen und vor allem zu erleben, was ein Mensch beziehungsweise jeder Mensch jemals konnte, heute kann oder zukünftig können wird. Generelle künstliche Intelligenz ist ein beliebtes Thema von Zukunftsstudien und ein dankbares Sujet der Science-Fiction. Ihre Entstehung liegt aufgrund der bereits aufgeführten Gründe zumindest nicht in der nahen Zukunft. Das hindert aber eine Reihe von Forschern nicht daran, schon heute Probleme zu wälzen, die irgendwann auf uns niederregnen werden. Zwar sind wir noch viele Jahrzehnte von solchen Szenarien entfernt, aber wenn wir uns nicht gut vorbereiten, kann es sehr unangenehm werden.[61,62]

Obwohl wir also verzweifeln könnten ob der fehlenden Eindeutigkeit einer Definition der künstlichen Intelligenz, dürfen wird doch Hoffnung hegen.

Ein großer Mythos über künstliche Intelligenz besagt, jemand müsse die Technik der künstlichen Intelligenz verstehen: Was ist »maschinelles Lernen« (*machine learning*)? Wie unterscheidet es sich vom »überwachten Lernen« *(supervised learning)*? Warum gibt es auch »unüberwachtes Lernen« *(non-supervised learning)*? Was macht »natürliches Sprachverstehen« *(natural language understanding)* aus? Wofür steht die »Nutzenfunktion« *(utility function)*? Und für Fortgeschrittene: Was macht die »inverse Verstärkung« *(inverse reinforcement)* aus? Wie unterscheidet sie sich von »generativen gegnerischen Netzwerken« *(generative adversarial networks)*?

Diese Fragen zu beantworten wäre in etwa so, als wenn ich Sugo kochen möchte. Ich gehe also zum Einkaufen auf den Viktualienmarkt in München. Endlich finde ich einen Gemüsestand mit einer Auswahl an Tomatensorten und frage den Verkäufer: »Was passt besser, um Sugo zu kochen: Roma oder Marzano?« Statt die Frage zu beantworten, schaut der Verkäufer mich ungläubig an und erläutert akribisch die Anbaubedingungen beider Sorten. Eine Antwort auf meine Frage gibt er mir nicht. Ich kaufe also Roma und grüble bereits auf dem Weg nach Hause, ob Marzano die bessere Wahl gewesen wäre ...

Auf den ersten Blick ist es eine plausible Annahme: Erst wer die Technik künstlicher Intelligenz versteht, kann mitreden. Denn worauf sollten Entscheidungen über ihren Einsatz basieren, wenn nicht einmal geklärt ist, was es damit auf sich hat?

Auf den zweiten Blick zeigt sich aber ein Dilemma: Seit über 100 Jahren streiten Wissenschaftler darüber, was natürliche Intelligenz ist. Der Disput hält bis heute an.[63] Wie sollten wir also Konsens erzielen, was unter künstlicher Intelligenz zu verstehen wäre, obwohl die Wissenschaft seit über 100 Jahren keine Übereinkunft für die natürliche erzielt hat?

Die Lösung dieses Dilemmas ist überraschend einfach. Statt zu fragen: »Was *ist* künstliche Intelligenz?«, stellen wir die Frage: »Was *macht* künstliche Intelligenz?« Mit diesem Kniff ändert sich der Blickwinkel auf künstliche Intelligenz und wir umgehen die leidige Frage nach einer guten Definition. Gelingt es uns, mit diesem Dreh rede- und handlungsfähig zu werden, kann uns die Definition egal sein. Denn es wäre ein Denkinstrument, das in jedem Fall aus der Sackgasse der Definitionen führte.

Im besten Fall sollte es noch weiteren Anforderungen genügen: Einerseits sollten Laien damit leicht über künstliche Intelligenz sprechen können, andererseits sollte es aber die Komplexität von künstlicher Intelligenz nicht verschleiern, banalisieren oder marginalisieren.

Um über künstliche Intelligenz nachdenken zu können, braucht es demnach kein Verständnis darüber, was sie ist. Es reicht zu wissen, was sie tut. Der Bildungsforscher David Perkins sieht das ähnlich, wenn er erklärt, wie Menschen mit kognitiven Maschinen (er nennt das *person-plus*) zusammenarbeiten: »Wir müssen nicht wissen, wie der Verstand das tut, was er tut, um die Eigenschaften einer Person-Plus zu beschreiben. Wir müssen lediglich die Eigenschaften der schwarzen Kiste erkennen und uns fragen, ob Information wie gewünscht fließen wird.«[64] Dieser Perspektivenwechsel erweitert den Verständnishorizont für Einsichten in künstliche Intelligenz, über die Sie staunen werden.

Abbildung 5: Ein Husky wird (nicht) erkannt
(Besse, Castets-Renard, Garivier, & Loubes, 2018, S. 22)

Das Kapitel begann mit einer Studie über das maschinelle Unterscheiden von Bildern, auf denen Huskies oder Wölfe zu sehen sind.[65] Und es endet mit einer überraschenden Pointe: Zunächst sind die drei Forscher mit der Leistung ihres Algorithmus zufrieden. Aber dann stutzen sie. Ihre Analyse zeigt, dass die Software alle Fotos nach Merkmalen klassifiziert, die gar nichts mit den Tieren zu tun hat. Die meisten Bilder mit einem Wolf sind zufällig im Schnee geschossen worden, die Bilder von Huskies dagegen nicht. Und sie stellen fest: Der Algorithmus trifft seine Entscheidung anhand des Schnees. Genauer gesagt auch nicht wegen des Schnees. Tatsächlich haben die Informatiker ein Programm geschrieben, das in fast allen Fällen ihres Trainingssatzes korrekt unterscheidet. Aber nicht zwischen Huskies und Wölfen, sondern Bilder mit weißen Flecken von Bildern ohne weiße Flecken. Für den eigentlichen Zweck ist es also unbrauchbar. Aber noch weit schlimmer: Man hätte im praktischen Einsatz lange geglaubt, dass die Software arbeitet wie gewünscht, bis der Fehler irgendwann aufgefallen wäre.

Nun nehmen wir in den Fokus, was künstliche Intelligenz tatsächlich ausmacht, nämlich Entscheidungen zu automatisieren. Und wie das praktisch geht, damit eröffnen wir das nächste Kapitel.

Raffinerien des 21. Jahrhunderts

»Ich prophezeie, dass die Formel für die nächsten 10.000 Start-ups lautet, dass man irgendetwas nimmt und KI dazu packt.«

– KEVIN KELLY

Der unaufhaltsame Aufstieg von Wagenschmiere

Das Geschäft in und um die Ölförderung ist heute Milliarden Euro schwer. Wenige Entdeckungen haben die jüngere Geschichte geprägt wie das Auffinden, Ausbeuten und Verwerten von Ölfeldern. Sowohl der Wohlstand von Industrienationen als auch die Konsequenzen wären undenkbar, die der weltweite Auf- und Ausbau der Ölindustrie mit sich brachte. Um wenige Ressourcen wird so erbittert gestritten, Politik gemacht oder ein Krieg geführt.

Die moderne Öl- und Gasgewinnung beginnt im Jahr 1847. Der schottische Chemiker James Young entnimmt einer natürlichen Austrittsstelle eine Probe. Daraus destilliert er ein leichtes Öl, das sich für den Betrieb in Verbrennungslampen eignet. Ein dickeres erlaubt das Schmieren von Gelenken und Motoren. Nach weiteren Experimenten patentiert Young seine Öle und Paraffinwachs. Drei Jahre später gründet er zusammen mit dem Geologen Edward Binney die erste kommerzielle Raffinerie. Etwa zur selben Zeit entdeckt der kanadische Geologe Abraham Gesner eine Flüssigkeit, die er »Kerosin« nennt. Dieses Öl befeuert zuerst die Straßenlampen von Halifax, später die in ganz Amerika.

Das späte 18. und frühe 19. Jahrhundert markiert den Beginn des Entstehens großer Ölunternehmen. Einige dominieren die Öl- und Gasindustrie bis heute: John D. Rockefeller gründet im Jahr 1865 Standard Oil und kontrolliert schnell über 90 Prozent der Raffinadekapazität der USA. Im Jahr 1907 gründet William Knox D'Arcy die Anglo-Persian Oil Company (APOC), die 1954 zu British Petroleum (BP) wird. In den 1960er-Jahren gründet sich die Organisation erdölexportierender Länder (OPEC). Sie umfasst heute 15 Mitglieder, die für 44 Prozent der weltweiten Ölförderung verantwortlich zeichnet und über 80 Prozent aller weltweiten Reserven kontrolliert. Innerhalb eines Jahrhunderts hat sich die Förderung und Raffinade von Erdöl aufgeschwungen zu einem der wichtigsten Wirtschaftszweige des Planeten.

Doch was haben die Ursprünge der Ölförderung mit künstlicher Intelligenz zu tun? Der Zusammenhang geht zurück auf eine Analogie, die der Mathematiker Clive Humby im Jahr 2006 bemühte und die seitdem zu einem Bonmot in Vorträgen zur künstlichen Intelligenz avancierte.

Daten als das neue Öl

Humby behauptete: »Daten sind das neue Öl.«[66] . Seine Argumentation geht so: Das Rohöl erlange seinen Wert durch die Raffinade zu Benzin, Gas oder Plastik. So sollten Daten als Rohstoff verstanden werden wie Erdöl. Erst die Analyse veredele Daten; erst die Interpretation in den Kontext spiegele deren Wert wider; erst die Verarbeitung führe zu Einsichten und Konsequenzen, die sonst verborgen geblieben wären.

Humbys Wunsch kann im Jahr 2006 nicht erfüllt werden. Es fehlen die Instrumente, um den zähen Datenrohstoff in großem Stil in ein wertvolles Gut zu destillieren. Die Experimente damals nennen sich »Data Warehouse« oder »Big Data«. Sie gleichen eher den Laborversuchen von James Young, aus der Erde gesickertes und in Tümpeln schwimmendes Öl in seine Bestandteile zu zerlegen.

Um den in Daten vergrabenen Wert zu decodieren, fehlten bis vor Kurzem die Werkzeuge, oder sie sind schwer zu bedienen. Oder die Daten sind nicht verfügbar. All das ändert sich kurz nach der Jahrtausendwende.

Das Internet wird im Jahr 1970 erfunden, aber noch bis in die 1990er-Jahre bleibt es ein Experiment. Etwa ab der Jahrtausendwende ändert sich das rasant: Das Internet entwickelt sich zu einer Datenschleuder. Es macht Daten digital verfügbar, die man für die von Humby vorgeschlagene Verarbeitung braucht. Und diese Daten gibt es sogar in Echtzeit!

Amazons Aufstieg ist ein Beispiel dafür: Mit jedem Einkauf sammelt das Unternehmen Daten über das Kaufverhalten seiner Kunden. Das Unternehmen hat verstanden, was das tatsächlich bedeutet. Der Rest ist Geschichte. Im Jahr 2017 verleiht das *IEEE Internet Computing*-Journal einen Preis für den Artikel, der in seiner zwanzigjährigen Geschichte den nachhaltigsten Einfluss hatte.[67] Er geht an Greg Linden, Brent Smith und Jeremy York, drei Forschern von Amazon, die im Jahr 2003 den Beitrag »Amazon.com Recommendations: Item-to-Item Collaborative Filtering» eingereicht haben.[68]

Etwa zu jener Zeit nimmt eine zweite Entwicklung Fahrt auf, die eng mit der ersten zusammenhängt. Daten sind bis dahin über viele Töpfe verteilt, in vielen Formaten gespeichert und auf Datenträgern gelagert, die nicht miteinander harmonieren. Mit der Verbreitung des Internets bricht sich nun der Wunsch Bahn, Standards zu schaffen, die den Transport und Austausch dieser Datenströme vereinfachen. Das scheiterte bisher an überraschend offensichtlichen Problemen: Bei der Festlegung des Internetprotokolls im Jahr 1983[69] kalkulieren die Entwickler, dass vier Milliarden IP-Adressen für die gesamte Lebenszeit des Internets ausreichen würden (nach heutigen Maßstäben eine Adresse für etwa jeden zweiten Erdbewohner). Damals hält niemand für möglich, dass die Adressen jemals ausgehen könnten. Aber eine Explosion von Maschinen, die mit dem und über das Internet kommunizieren, belehrt eines Besseren. Ein neuer Standard soll das Problem lösen. Das Internetprotokoll Version 6 wird im Jahr 1998 verabschiedet.[70] Es stellt rechnerisch 1500 mögliche IP-Adressen für jeden Quadratmeter auf der Erdoberfläche zur Verfügung. Und ermöglicht damit den uneingeschränkten Datenaustausch zwischen allen Menschen und Maschinen, die im Internet registriert sind.

Industrielle Datendestillen

Künstliche Intelligenz ist ein weiteres Puzzleteil. Nur mit ihr lässt sich der Schatz der in Daten verborgenen Bedeutung finden und heben. Künstliche Intelligenz steht für den Beginn von Datenraffinade in industriellem Maßstab. Wir sind Zeuge der Geburt einer neuen Industrie. Sie entsteht und wächst rund um das Fördern, Veredeln und Nutzen von Daten in großem Stil. Künstliche Intelligenz bietet erstmals die Werkzeuge, Prozesse und Standards an, die dafür notwendig sind.

Erst jetzt werden wir begreifen, wie wir die stetig ansteigenden Datenflüsse für vielfältige Zwecke anwenden können. Wir werden fähig sein, uns die Unmengen von Daten verfügbar zu machen, die jeden Tag produziert werden. Wir werden erst jetzt verstehen, wie neue Einsichten in diese Daten zu Handlungsoptionen führen, die vorher undenkbar waren.

Was wir aber noch nicht verstanden haben: Das Anhäufen von Daten ist kein Wert an sich (Abbildung 6). Erst aus dem Verständnis ihrer Bedeutung entsteht dieser Wert. Es ist das eine, willkürlich Daten aus einem Datenstrom abzugreifen, der niemals versiegt, und in die Zukunft fortzuschreiben. Es ist etwas völlig anderes, aus dieser Vorhersage plausible Entscheidungen abzuleiten, die nicht einfach »mehr vom Immergleichen« sind. Ohne Kontext bleiben die Daten nackte Fakten. Sie liefern uns keine neuen Einsichten.

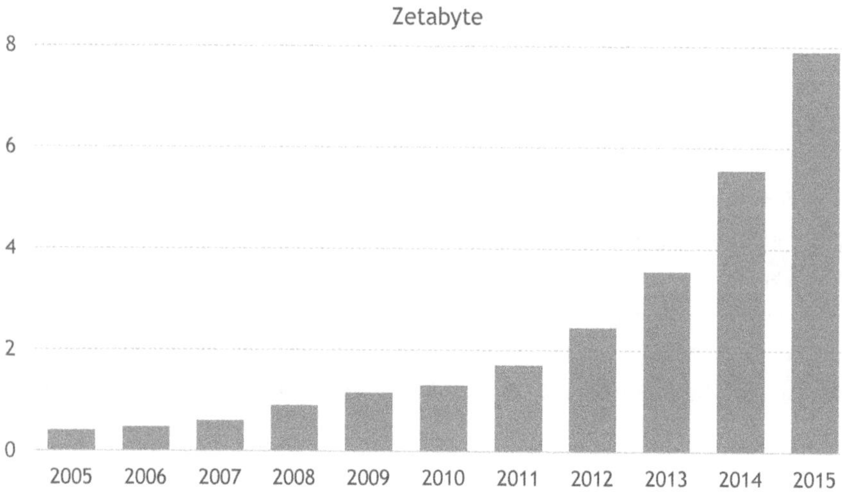

Abbildung 6: Datenwachstum in den Jahren 2005 bis 2015

Jede Vorhersage bleibt eine Hypothese. Wichtig ist, ob sie sich als richtig herausstellt oder als falsch. Es ist der Vorschlag, etwas zu tun oder zu unterlassen. Ein Beispiel: Eine Software erstellt eine Prognose und unterbreitet den Vorschlag, Ihr Vermögen zu 38 Prozent in Anleihen und 62 Prozent in Fonds anzulegen. Der Vorschlag selbst ist folgenlos, wenn keine Anlagepositionen verschoben werden. Relevant ist nicht die Prognose. Denn es ist lediglich die Simulation einer Entscheidung. Erst wenn Sie selbst zur Tat schreiten und die Empfehlungen umsetzen, verwandelt sich die Option in eine Entscheidung. Ob sich die Vorhersage im Nachhinein als gut oder schlecht erweisen wird, werden Sie wahrscheinlich beim nächsten Anlagevorschlag durch eine Maschine einfließen lassen ...

Wir müssen verstehen, dass die Bedeutung von Daten sich aus einem Kontext erschließt, den die Daten selbst in sehr vielen Fällen nicht widerspiegeln. Ein weiteres Beispiel: Ein Algorithmus regelt die Drehzahl einer Gasturbine. Die Maschine soll selbstständig erkennen, ob Schäden auftreten könnten. Damit lässt sich der Wartungsaufwand verringern. Nach einer Zeit des Trainierens wird der Algorithmus zu einer überraschenden Erkenntnis gelangen: Das Risiko für eine Reparatur ist am geringsten, wenn die Turbine gar nicht erst eingeschaltet ist. Der gesunde Menschenverstand sagt uns sofort, warum dieser Schluss unzulässig ist. Aber eine künstliche Intelligenz kann das nicht.

Daten sind Allgemeingut geworden, aber nur ihr Verständnis wird zu einer Währung, mit der man Geld verdienen kann. Dafür ist es notwendig, Daten nicht einfach als Fakten oder gar Einsichten zu akzeptieren. Wir müssen uns die Welt der digitalen Datenflüsse zu eigen machen. Sie sind Teil unseres Alltags und unserer Realität geworden. Der Weg, dafür künstliche Intelligenz zu nutzen, ist allerdings verworren und unübersichtlich. Falscher Fokus, falsche Annahmen, falsche Ziele, falsche Mittel: Alles kann uns in die Irre führen. Wir sind daher gefordert, Missverständnisse aufzuklären und Mythen zu widerlegen, um einen Wandel in die vollumfängliche digitale Transformation anzuführen.

Mit dem Aufstieg von Erdöl zum Treibmittel der Industrialisierung ging dieses Kapitel los, mit Schlangenöl soll es enden. Darunter verstand man im Wilden Westen ein Elixier, das Quacksalber als Heilmittel gegen Gebrechen aller Art anpriesen. Die meisten dieser Angebote waren leere Versprechungen – meist enthielten Schlangenöle noch nicht einmal Schlangenöl! Heute steht der Begriff »Schlangenöl« als Synonym für ein Produkt, das als Wundermittel zur Lösung vieler Probleme angepriesen wird und dessen Nutzen zumindest zweifelhaft ist. Da liegt es nahe, die Frage zu wiederholen: Sind Daten *wirklich* das neue Öl? Oder fallen Unternehmen in vielen Fällen auf die Magie von Schlangenöl herein? Eine Studie bestätigt, dass Hunderte von europäischen Start-ups behaupten, ihre Produkte enthielten künstliche Intelligenz. Belege fanden sich dafür in 60 Prozent der Fälle.[71] Das ist ein starker Indikator dafür, dass von der Begriffsverwirrung um künstliche Intelligenz vor allem diejenigen profitieren, die unlauter im Markt agieren. Ein Grund mehr, sich zu wappnen, um solche Angebote erkennen und aussortieren zu können!

Bösartige Probleme

Ein Mythos ist eine Erzählung oder sagenhafte Geschichte. Die griechische Götterwelt zum Beispiel erschließt sich über diese Art von Text. Mythen stellen Behauptungen auf, die nicht bewiesen werden, trotzdem erheben sie Anspruch auf Geltung. Das steht im Gegensatz zum Logos. Denn ein Logos besagt, dass Wahrheiten gelten, wenn sie begründet werden. Im weiteren Sinn verwenden wir den Begriff Mythos auch, um damit eine falsche Vorstellung von etwas zu betiteln. Damit wären wir wieder bei der künstlichen Intelligenz und ihrem Überbegriff: Digitalisierung.

Denn künstliche Intelligenz ist nur ein kleiner Teil dessen, was das Phänomen der Digitalisierung beschreibt. Ein Puzzleteil. Eines von vielen Dingen, die sich in dem Begriff bündeln. Deswegen müssen Sie verstehen, welche Mythen sich um Digitalisierung ranken – also Behauptungen, die nicht belegbar sind.

Mythen der Digitalisierung

Die Digitalisierung und ihre kleine Schwester künstliche Intelligenz erwecken oft unberechtigte Hoffnungen. Denn vieles, wozu Digitalisierung angeblich in der Lage ist, erweist sich in der Praxis als grottenschlecht, untauglich oder einfach als gebrochenes Versprechen.

Entscheider gehen Risiken ein, wenn sie künstliche Intelligenz als Schlüsselelement für ihr digitales Unternehmen in Stellung bringen. Deshalb sollte so ein Zug bedacht sein. Denn wenn sich Annahmen als falsch herausstellen, auf die ein Unternehmen Wetten laufen hat, kann dies großen Schaden anrichten. Darum ist es notwendig, mit ein paar Mythen über die Digitalisierung aufzuräumen – und erst dann das Bühnenbild zu bauen, in dem die künstliche Intelligenz ihren Platz erhält.

1. **Digitalisierung umfasst mehr als Technik.** Ihr Spezialgebiet, die künstliche Intelligenz, erfährt in den letzten Jahren lediglich mehr Aufmerksamkeit. Tatsächlich bedarf Digitalisierung jedoch einer Haltung, die wir erst erlernen müssen. Wie begegnen wir künstlicher Intelligenz? Wie gehen wir mit ihr um? Wie machen wir uns künstliche Intelligenz zunutze?
2. **Digitalisierung ist kein singuläres Ereignis.** Es ist eher ein Grundrauschen, das beständig lauter wird. Mit künstlicher Intelligenz entsteht ein neues Paradigma, wie und warum Wirtschaft, Politik und Gesellschaft von digitalen Phänomenen betroffen sind und zukünftig noch mehr sein werden. Mit künstlicher Intelligenz zu arbeiten ist keine Sache, derer man sich entledigen kann. Es gilt, sich ein fundamental anderes Verständnis davon zu verschaffen, was eine Maschine kann und ist, wenn sie Dinge tut, die jahrtausendelang dem Menschen vorbehalten waren. Das wird mittelfristig zu Verwerfungen und Verschiebungen führen, die nur vergleichbar sind mit denen durch die Dampfmaschine, das Automobil oder das Telefon.
3. **Digitalisierung ist nach klassischer Lesart des Projektmanagements nicht kontrollierbar.** Solche Methoden wurden entwickelt für eine Welt, die sich langsam drehte und genügend Zeit für Anpassung ließ. Für die Digitalisierung sind diese Instrumente stumpf und ungeeignet, um die neue Qualität von Digitalisierung in den Griff zu bekommen, denn die Eigendynamik vieler Variablen ist zu groß. Die Idee der vollständigen Steuerung bleibt also eine Illusion. Digitalisierung ist nicht zu kontrollieren, lässt sich aber sehr wohl gestalten und steuern. Dafür braucht es allerdings ein neues Leitbild, wie man mit Problemen umgeht, die mit der Digitalisierung einhergehen. Zunehmende *Agilität*[72] im Denken und Handeln ist ein Beispiel, woran wir gerade erkennen, wie dieses Paradigma aussieht.
4. **Digitalisierung ist weit mehr als Best Practices.** Wenn Digitalisierung für ein Unternehmen tatsächlich funktioniert, dann weil die Organisation verstanden hat, ihre Eigenheiten mit den Fähigkeiten zu verschmelzen, die sich mit der Digitalisierung auftun. Das Lernen von anderen beschränkt sich darauf, sich eine Haltung abzuschauen, um

sich eine eigene Schneise durch den Dschungel der Digitalisierung zu schlagen. Es reicht nicht, einfach den Pfaden der anderen zu folgen.

5. **Im Kern bedeutet Digitalisierung nicht Effizienzgewinn.** Sondern gesucht sind Produktivitätssprünge, die sich eher in Potenzen ausdrücken lassen. Künstliche Intelligenz ist eine Technik, die solche Quantensprünge möglich macht.
6. **Digitalisierung ist kein brandneues Phänomen.** Der Begriff »Digitalisierung« entstammt den 1950er-Jahren und bezeichnet eigentlich das Umsetzen analoger Stromsignale in digitale Impulse.[73] Künstliche Intelligenz ist heute lediglich die Speerspitze von Digitalisierung im Verständnis des 21. Jahrhunderts. Tatsächlich entstand die Digitalisierung im modernen Sinn mit dem Bau des ersten Computers bereits in den 1940er-Jahren. Nur ist Digitalisierung heute weit verbreitet und hat Auswirkungen und Konsequenzen für unser Leben.

Alle mittel- und langfristigen Risiken und Chancen der digitalen Transformation drehen sich um künstliche Intelligenz, denn sie ist die Datenraffinerie der Informationsgesellschaft. Doch die bisherige Praxis lehrt: Es gelingt uns noch zu selten, die Vorteile künstlicher Intelligenz zu heben. Und dafür gibt es gute Gründe.

Langweilig und bösartig?

Mit künstlicher Intelligenz geht eine besondere Art von Problemen einher. Sie sind derart unangenehm, dass wir ihnen gerne aus dem Weg gehen, sie kleinreden oder geflissentlich übersehen. Diese Probleme rücken uns regelrecht auf die Pelle. Sie sind nicht lästig, sondern bedrängen uns. Sie sind kompliziert, sie sind komplex. Sie sind regelrecht bösartig.[74] Solche Probleme besitzen Eigenschaften, die sie von langweiligen Problemen unterscheiden (siehe Tabelle 4).

Langweiliges Problem	Bösartiges Problem
Das Problem ist einfach zu formulieren: Was ist 2 + 2?	Das Problem ist schwer zu formulieren: Was ist soziale Gerechtigkeit?
Die Lösung ist eindeutig: 2 + 2 = 4.	Die Lösung ist nicht leicht zu erkennen, selbst wenn es eine gibt: Die Würde des Menschen ist unantastbar.
Die Lösung ist entweder richtig oder falsch: 2 + 2 = 4 ist richtig, 2 + 2 = 5 ist falsch.	Die Lösung ist weder richtig noch falsch: Wann ist die Würde eines Menschen garantiert?
Das Problem ist nicht einzigartig: Jede Addition zweier Zahlen lässt sich rechnen.	Das Problem ist einzigartig: Erst in der Moderne entwickelte sich der Begriff der Würde des Menschen aus vielen Traditionen.

Tabelle 4: Langweilige und bösartige Probleme im Vergleich

Und wie wir gleich sehen werden, ist künstliche Intelligenz dafür bestimmt, bösartige Probleme zu provozieren.

- **Bösartige Probleme lassen sich nicht einfach formulieren.** Oft sind sie gar nicht ohne Weiteres zu erkennen. Es ist auch schwierig, einen Katalog von Anforderungen zu erstellen, den es abzuarbeiten gälte. Warum trifft das auf künstliche Intelligenz zu? Künstliche Intelligenz ist eine »Querschnittstechnik« *(general purpose technology*[75]*)*, die derart viele Bereiche verändert, dass sich daraus keine Einzelprobleme herauslösen lassen. Das bedeutet, die mögliche Lösung an einer Stelle führt zu drei neuen Problemen an einer anderen. Also löst man entweder alle Probleme oder keines.
- **Es ist nicht zu erkennen, ob ein bösartiges Problem gerade gelöst wird oder sogar bereits gelöst wurde.** Das ist immer dann der Fall, wenn es schwerfällt, den Fortschritt in Richtung Lösung akkurat zu bestimmen. Die tatsächliche Wirkung von künstlicher Intelligenz zeigt sich erst durch Ausprobieren. Es gibt Fälle, in denen der Einsatz von künstlicher Intelligenz eine »kambrische Explosion« von Möglichkeiten auslöst. In anderen Fällen quält sich ein Projektteam jahrelang mit einer Frage, deren Beantwortung sich im Nachhinein als unwichtig herausstellt. Das Auswerten der Erfahrung während dieser Zeit verändert aber wieder das Problem – und damit jede Maßzahl, an-

hand derer man steuern könnte, ob sich ein Problem bereits in Luft aufgelöst hat oder man weiter im Trüben fischt. Lösungen für bösartige Problem sind nicht einfach gut oder schlecht oder wahr oder falsch. Sie sind ganz oft »irgendetwas dazwischen«. Ist die Einführung einer Prognosesoftware gut, um die Schwankungsbreite von Währungsrisiken zu verringern? Das hängt davon ab, ob höhere Präzision einen Unterschied macht für den Einkauf von Erdnüssen. Und ob der Algorithmus bei Extremereignissen wie einem Ernteausfall überhaupt funktionieren würde.

- **Anwendungsfälle für künstliche Intelligenz bezeichnen häufig nicht den Idealzustand, den es zu erreichen gilt.** Meist läuft es darauf hinaus, eine gegebene Situation irgendwie zu verbessern. Spätestens dann werden oft die Anfangsversprechen von Leuchtturmprojekten einkassiert.
- **Es gibt keine Checkliste oder ein Formular, um ein bösartiges Problem zu lösen.** Diese Probleme sind einmalig und können sich sogar laufend verschlimmern. Man muss das Problem lösen, während man auf dem Weg ist, es zu tun. Vergleichbar mit einer Operation am offenen Herzen – mit allen damit verbundenen Chancen, aber auch Risiken. Viele Organisationen agieren so bei ihren Ideen, wenn sie aus künstlicher Intelligenz Nutzen schlagen wollen. Für diffuse Beschreibungen soll künstliche Intelligenz etwas verbessern, von dem vorher nicht einmal der Idealzustand beschrieben war. Es fehlt ihnen eine einfache Liste von Kriterien, nach der sie bemessen könnten, ob künstliche Intelligenz ihr Problem überhaupt lösen kann. Statt Checkliste hilft hier nur Versuch und Irrtum.
- **Bösartige Probleme rühren meist von vielen Ursachen her.** Die Angemessenheit jeder Ursache hängt von der Perspektive des Problemerklärers ab. Das trifft in hohem Maße auch auf künstliche Intelligenz zu: Experten für künstliche Intelligenz interpretieren die Technik anders als Entscheider. Deshalb wird die technische Antwort auf ein Problem stets anders ausfallen als die wirtschaftliche oder strategische. Der Techniker ist zufrieden mit der Prognosegenauigkeit, der Verkauf wundert sich, warum der Umsatz trotzdem nicht steigt.
- **Jedes bösartige Problem ist das Symptom eines weiteren Problems.** Die Technik der künstlichen Intelligenz ist anfällig dafür, ein Problem zu lösen, aber sofort neue zu schaffen, selbst wenn diese erst später sichtbar werden. Ein Beispiel: Im Alltag sind wir uns einig, dass es eine Tugend ist, Vorurteile zu vermeiden, also Voreingenommenheit oder Ignoranz, die uns daran hin-

dert, einen Sachverhalt neutral zu betrachten. Doch wenn ein Algorithmus zum Beispiel Bewerbungen vorsortiert, kann es sein, dass er dabei Vorurteile übernimmt, die in seinen Trainingsdaten verborgen waren und zunächst unentdeckt geblieben sind. Amazon ist genau das passiert (mehr dazu in »Die Architektur einer Entscheidung«).

- **Uns fehlen die Methoden, um mit bösartigen Problemen umzugehen.** Tatsächlich haben wir noch keine guten Instrumente entwickelt, um die Bedeutung und Wirkung von künstlicher Intelligenz zu verstehen. Es ist ein Phänomen, das viele Konsequenzen in vielen unterschiedlichen Domänen nach sich zieht.
- **Jeder Versuch der Lösung eines bösartigen Problems bleibt einmalig.** Denn jeder von ihnen verändert sofort die Umstände, verringert mögliche Optionen oder schafft ungeahnte neue. Deshalb können neue Erkenntnisse zur künstlichen Intelligenz nur aus guten Experimenten abgeleitet werden. Manchmal kann der Wert von künstlicher Intelligenz durch Experimente ermittelt werden, aber den meisten Unternehmen scheint der Nutzen zu gering im Verhältnis zum Aufwand.[76]
- **Jedes bösartige Problem ist einzigartig.** Und das ist auch künstliche Intelligenz. In der Menschheitsgeschichte gab es noch nichts, das dieser Technik ähnlich gewesen wäre, lediglich viele Fantasien darüber.[77,78,79] Damit können Entscheider nicht auf Analogien oder frühere Erfahrungen zurückgreifen, um mit künstlicher Intelligenz genauso umzugehen, wie sie es bereits durch das Lösen vergleichbarer Probleme gelernt haben.

Wie sich zeigen lässt, ist künstliche Intelligenz im organisationalen Kontext anfällig, bösartige Probleme zu erzeugen. Wenn Unternehmen nicht aufpassen, können diese Probleme ungeahnte Nöte hervorbringen. Solchen Problemen kann man sich entweder zuwenden und mit Geschick stellen – oder geht an ihnen zugrunde.[80] Wer sich künstliche Intelligenz ins Haus holt, öffnet sie auch unweigerlich bösartigen Problemen.

Darum braucht es gute Strategien, um diesen angemessen zu begegnen. Welche könnten das sein?

Umgang mit bösartigen Problemen

Es gibt einige Hinweise, wie wir mit bösartigen Problemen umgehen können, die die künstliche Intelligenz aufwirft. Großer Pragmatismus ist deren Klammer. Unternehmen werden die Bösartigkeit künstlicher Intelligenz nicht mit den Vorgehensweisen und Prozessen in den Griff bekommen, die sie heute beherrschen. Organisationen können sich aber zum Beispiel wappnen, um verborgene Aspekte der künstlichen Intelligenz zu enthüllen und anzugehen, solange sie nur kleinen Schaden anrichten. Dabei ist es sicher gut, diejenigen einzubeziehen, die durch die Einführung der künstlichen Intelligenz profitieren werden oder darunter zu leiden haben.

Ein Instrument dafür sind *Jam-Sitzungen*, um Führungskräfte und Interessenvertreter zum Austausch von Perspektiven zur künstlichen Intelligenz zu ermutigen.[81] Oder Unternehmen können Fokusgruppen bilden, um die Technik von künstlicher Intelligenz und die Auswirkungen der Standpunkte von Interessengruppen zu verstehen. Auch *Lego Serious Play* ist ein wertvoller Ansatz, um verborgene Einsichten der Beteiligten zu gewinnen.[82] Nicht alle Parteien werden derselben Meinung sein, wo die Herausforderung von künstlicher Intelligenz liegt. In den Diskursen sollte aber der Raum geschaffen werden, um Auswirkungen beispielsweise auf das eigene Berufsprofil überhaupt zu erkennen und zu verstehen. Nur wenn die Positionen und Bedenken aller Betroffenen gut genug verstanden werden, können verschiedene Interpretationen und Konsequenzen für das Unternehmen sowie deren Bewältigung diskutiert werden. Es braucht den fairen Ausgleich berechtigter Interessen und Sorgen.

Auch wenn sich Unternehmen mit einem bösen Problem auseinandersetzen und verschiedene Strategien ausprobieren, müssen sie doch einem Gefühl der Selbstverpflichtung, einem gemeinsamen Sinn und Zweck treu bleiben.[83] Unternehmen müssen die Identität ihrer Organisation kennen oder danach suchen. Denn nur wenn diese verstanden ist, können sie sich der Frage widmen, wie der Einsatz künstlicher Intelligenz ihre Identität beeinflussen wird. Gehen Unternehmen der Suche nach einer Antwort auf diese Frage aus dem Weg, kann künstliche Intelligenz ohne Vorwarnung die kulturelle Identität verändern und Werte zerstören.

Die Auseinandersetzung mit künstlicher Intelligenz ist eine Herausforderung, die über das Messen von manueller oder kognitiver Leistung bei Maschinen hinausreicht: *»Was beherrschen Menschen in einzigartiger Weise? Was ist der komparative*

Vorteil? Und was ist der Platz neben diesen Maschinen? Als Antwort darauf werden wir den Inhalt unserer Arbeit und unsere Arbeitsprozesse neu überdenken müssen.«[84]

Die Welt von Isaac Newton erklärt jede Wirkung aus einer Ursache. Wenn dies bei künstlicher Intelligenz funktionieren würde, könnten Unternehmen planvoll vorgehen und beurteilen, welche Anpassungsstrategie sie verfolgen sollten. Doch künstliche Intelligenz generiert keine Ursache-Wirkungs-Ketten, sondern eher ein verworrenes Netzwerk unendlicher Abhängigkeiten, die nicht linear erklärbar sind. Deshalb sollten Unternehmen diesen Wunsch besser begraben und sich stattdessen klugen Experimenten widmen, auch wenn sie sich über deren Ausgang nicht sicher sein können.

Lernen können Unternehmen dieses Verhalten von Politikern. Diese konzentrieren sich auf die beste verfügbare Aktion, anstatt unzählige Optionen in Erwägung zu ziehen.[85] Schnell überfliegen sie die Alternativen und treffen Entscheidungen, um zumindest einige Interessengruppen zu bedienen. Politiker erzielen mit dieser Strategie Fortschritte, weil sie die Situation überprüfen, anpassen und laufend verbessern. Ähnlich können Unternehmen zunächst Strategien formulieren, die in vielen Zukunftsszenarien funktionieren würden, und diese konsequent weiterverfolgen, um auf viele mögliche »Zukünfte« vorbereitet zu sein.[86]

Aber es gibt noch weitere Aspekte, die Einfluss darauf nehmen, ob sich die Hoffnungen für den Einsatz künstlicher Intelligenz erfüllen oder zerschlagen. Mehr dazu erfahren Sie im nächsten Kapitel.

Blinde Flecken der künstlichen Intelligenz

»Wir sehen die Computer überall, nur nicht in den Statistiken für Produktivität.«

– ROBERT SOLOW

Henry Ford verfolgt eine Vision: Er will ein Transportmittel verkaufen, das sich jeder leisten kann, das zuverlässig ist und wenig Wartung braucht. Seine Antwort heißt *Ford Model T*, das erste massentaugliche Auto der Welt. Durch Fließbandproduktion kann Ford den Preis für sein Auto von 850 US-Dollar[87] (18 Monatsgehälter) auf weniger als 300 US-Dollar (4 Monatsgehälter) drücken. Deshalb sorgt das Model T zeitweise für 40 Prozent aller Autoverkäufe auf dem amerikanischen Kontinent. Zwischen 1908 und 1927 werden circa 15 Millionen Stück gebaut.[88]

Ein Bonmot, das Henry Ford zugeschrieben wird, lautet: »Wenn ich die Menschen gefragt hätte, was sie wollen, hätten sie gesagt schnellere Pferde.«[89] Woran liegt es, dass Menschen sich eine Zukunft mit Autos nicht vorstellen konnten? Den meisten fehlte einfach die Fantasie. Deshalb griffen sie auf Vergleiche zurück, die ihre Ideen anschlussfähig machten an etwas, das sie aus dem Alltag kannten. Alles andere überstieg ihre Vorstellungskraft.

Auch der Übergang von der Dampfkraft zur Elektrizität dauerte Jahrzehnte. Diese Geschichte zeigt eindrücklich, dass Menschen sich nicht vorstellen können, was durch eine bahnbrechende Technik eines Tages möglich sein wird.

Vom Dampf zur Elektrizität

Um etwa 1880 beginnt ein Strukturwandel in der industriellen Produktion: Bis dahin erzeugten Wasserräder oder Dampfmaschinen die Bewegungsenergie, um Werkzeugmaschinen anzutreiben. Die Drehbewegungen des Antriebsrads wurden über ein System von Gestängen, Treibriemen und Übersetzungsscheiben an Stellen in Fabrikhallen geführt, wo sie benötigt wurden.[90] Die Umstellung auf Elektrizität reduziert nicht nur die für den Betrieb von Maschinen notwendige Energie. Sie macht – was noch wichtiger ist – die Produktion effizienter. Dampfkraft bestimmt um die vorletzte Jahrhundertwende die Produktionsstätten. Sie ist für 80 Prozent der Energieproduktion verantwortlich.

Um das Jahr 1920 übertrumpft Elektrizität dann die Dampfmaschine als Quelle zur Bereitstellung von Bewegungsenergie. Neun Jahre später repräsentiert Elektrizität etwa 78 Prozent der Gesamtkapazität. Der erste Einsatz eines Elektromotors liegt zu diesem Zeitpunkt allerdings bereits 45 Jahre zurück. Und obwohl Elektrizität schon jahrzehntelang benutzt wird, werden die Erwartungen enttäuscht. Die Produktivität steigt nicht deutlich an. Noch erkennt niemand den wahren Wert von Elektrizität und schlägt Nutzen daraus. Dafür muss erst die Fabrikarbeit neu erfunden werden.

Abbildung 7: Maschinenhalle des 19. Jahrhunderts

Zwar ersetzen elektrische Motoren die Dampfmaschinen, aber die Weiterleitung der Bewegungsenergie im Fabrikgebäude selbst bleibt unberührt. Gestänge, Treibriemen, Übersetzungsscheiben, Werkzeugmaschinen – alles bleibt an seinem Platz. Alles erfüllt denselben Zweck. Niemand erkennt, dass der Vorteil von Elektrizität darin besteht, sie durch Kabel an jeden Punkt der Werkshalle leiten zu können. Dadurch eröffnen sich Spielräume für Produktivitätsgewinne. Doch sie bleiben lange verborgen in den Prämissen darüber, was die Fabrikarbeit mit Dampfmaschinen auszeichnet.

- Werkzeugmaschinen sind plötzlich nicht mehr dem Regime der Kraftverteilung über Gestänge und Treibriemen unterworfen. Sie können nach freiem Ermessen in der Werkshalle verteilt werden. Das eröffnet eine Myriade von Möglichkeiten, um Arbeitsabläufe neu zu organisieren. Fabrikplaner können die Maschinen an den besten Ablauf der Bearbeitung von Werkstücken anordnen.
- Der Wegfall von Gestänge und Treibriemen verbessert das Raumklima. Der Höllenlärm stoppt. Dreck und Schmiere, die aus den Treibanlagen auf die Böden tropfen, gehören ab sofort der Vergangenheit an. Die Luftverschmutzung sinkt rapide. Aus diesem Grund zeigen Textilfabriken als Erstes Interesse an Elektromotoren.
- Arbeitsunfälle wie zum Beispiel Quetschungen und Schlimmeres nehmen ab. Denn durch Elektromotoren an Ort und Stelle erübrigt sich die großflächige Anordnung offen liegender Schwungräder und Treibriemen. Elektromotoren erzeugen das Drehmoment an der Stelle, an der es gebraucht wird. Werkzeugmaschinen können nun mit variablen Geschwindigkeiten laufen.
- An der Decke entsteht Platz für Kräne. Vorher mussten schwere Werkstücke von Hand oder mit Karren von einer Maschine zur nächsten geschleift werden. Nun lassen sich diese ohne Mühe in den Produktionshallen über große Strecken bewegen.
- Die Lichtverhältnisse verändern sich eklatant. Wellen, Räder und Gestänge verhängten bisher die Decken einer Werkhalle, es war dunkel und düster. Jetzt werden elektrische Lampen installiert und leuchten die Arbeitsplätze aus. Offene Oberlichter lenken Tageslicht auf die Produktionsflächen. Und mehr Licht bedeutet mehr Sicherheit und weniger Ausschuss.

Mit der Zeit lernen die Hersteller und Fabrikbesitzer, Elektrizität und Elektromotoren immer effizienter in ihre Arbeitsabläufe zu integrieren. Schließlich erfinden sie neue Produktionsmethoden und lösen sich sogar von der Werkhallenarchitektur, die das 19. Jahrhundert und das Zeitalter der Dampfmaschinen geprägt hat.

Doch was hat die Geschichte des Missverständnisses von Elektrizität für die Fabrikproduktion mit dem Einsatz künstlicher Intelligenz zu tun? Wir stehen derzeit an der Stelle in der Geschichte, an der künstliche Intelligenz der Verfügbarkeit von Elektrizität ab den 1880er-Jahren gleicht: Wir haben keinen Schimmer, wie künstliche Intelligenz Arbeit und Alltag wirklich verändern wird. Viele Unternehmen bemühen sich redlich, ihre Prozesse dank künstlicher Intelligenz effizienter zu betreiben. Die Logik lautet: Je mehr künstliche Intelligenz hilft zu automatisieren, desto besser. Doch damit unterliegen sie demselben Denkfehler wie früher die Betreiber von Dampfmaschinen: Künstliche Intelligenz ist nicht einfach der Ersatz für etwas, was es vorher bereits gab. Sie zwingt uns vielmehr, den Aufbau und die Struktur unserer Prozesse infrage zu stellen.

Künstliche Intelligenz ist nicht lediglich die nächste Generation von Computern und Software – sie ist ein Quantensprung in der Informationsverarbeitung. Künstliche Intelligenz wird demnach zu einem Katalysator für Veränderung, die weit über die Technik hinausweist. Das macht es einerseits so schwierig, darüber zu reden. Darin liegt andererseits ihr Potenzial, heutige Produktions- und Wissensprozesse nicht nur einer Retusche zu unterziehen, sondern das Bild von Produktion und Wissen radikal neu zu denken.

Aber wie soll das gehen, wenn wir uns keine Vorstellung davon machen können, was künstliche Intelligenz tatsächlich verändert?

Eine Haltung zu künstlicher Intelligenz

Künstliche Intelligenz führt zu Umwälzungen in vielen Einsatzkontexten. Denn sie ist eine »Technologie für allgemeine Zwecke« *(general purpose technology)*.[91] Solche Technologien erkennt man daran, dass sie viele andere Entwicklungen beschleunigen. Aber nur wenige technische Erfindungen der Menschheitsgeschichte dürfen sich den Titel verleihen, derart weitreichende Konsequenzen nach sich zu ziehen wie etwa das Auto, das Telefon oder der Mikroprozessor. Darum ist weniger wichtig, die Technik der künstlichen Intelligenz im Detail zu verstehen. Vielmehr müssen wir erkennen, was uns generell erwartet. Dann können wir rechtzeitig und angemessen reagieren und damit umgehen.

Leider wird die Bedeutung von künstlicher Intelligenz noch nicht ausreichend gewürdigt. Das zeigt sich sehr gut daran, in welchen Bereichen Investitionen für künstliche Intelligenz getätigt werden (Abbildung 8).

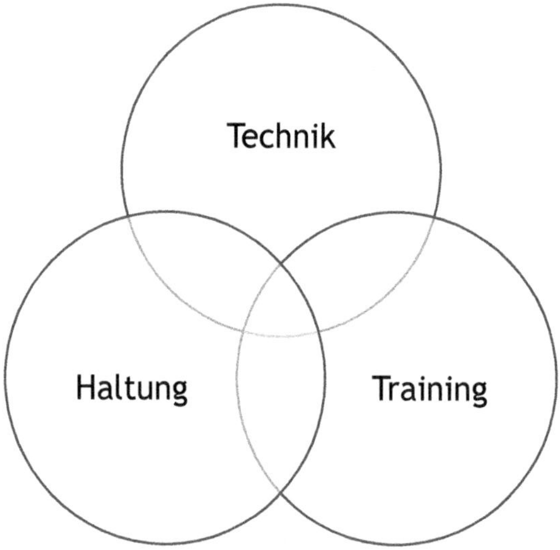

Abbildung 8: Das Investitionsparadox der künstlichen Intelligenz

Die größten Investitionen in künstliche Intelligenz entfallen seit Jahren auf ihre technische Umsetzung (Technik). Der zweitgrößte Block fließt in die Schulung, also um entweder die Technik der künstlichen Intelligenz zu verstehen oder einen Nutzen aus ihrer Anwendung zu schlagen (Training). Derzeit noch völlig unterschätzt werden aber Fragen, die jenseits von Technik entstehen und zu beantworten sind (Haltung). In diesen Bereich investieren Unternehmen überhaupt nicht oder nur marginal.

Diesem Bereich, also der Haltung gegenüber künstlicher Intelligenz, widmen sich überwiegend Disziplinen wie Psychologie, Soziologie und sogar Philosophie und Theologie. Damit streifen sie Fragen, die unser gesamtes Verhältnis zur künstlichen Intelligenz bestimmen werden. Einige Beispiele:

- Die Psychologie wird sich damit auseinandersetzen, wie sich die Interaktion zwischen Mensch und Maschine verändert, etwa ob wir dabei Neugierde oder Angst empfinden, Vertrauen zu Maschinen fassen oder ihnen eher misstrauen. Bis vor wenigen Jahrhunderten waren alle Artefakte, mit denen wir hantierten, passive Werkzeuge: Ein Hammer flößt uns keine Furcht ein – solange niemand mit erhobenem Arm, den Hammerstiel fest umklammernd, auf uns losstürmt. Wir verstehen intuitiv, dass dieses Werkzeug uns keinen Schaden zufügen kann, solange es einfach auf der Werkbank liegt. Aber ein Roboter, der sich selbstständig bewegt, verändert unsere Wahrnehmung. Er könnte uns verletzen, und das unabhängig davon, ob er vorher darüber räsoniert hat. Auch deshalb war es eine Pressemeldung wert, als Robert Williams am 25. Januar 1979 im Alter von 25 Jahren starb: Er ging in die Geschichte ein als das erste Todesopfer eines Arbeitsunfalls durch einen Fabrikroboter.[92]

- Die Soziologie wird Themen stemmen müssen, die sich mit der Rolle von Maschinen in gesellschaftlichen Situationen auseinandersetzt: Wenn Maschinen den Status von »autarken Agenten« *(agency[93])* erhalten, stellen sich für Teams und kleine wie große soziale Gruppen neue Fragen. Intelligente Maschinen greifen in die soziale Interaktion ein und verändern die Kommunikationskultur. Das Aufkommen von *Social Bots*[94] ist der augenscheinliche Beginn dieser Entwicklung. Menschen müssen jetzt lernen, die Identität eines Menschen von durch eine Maschine vorgespielten zu unterscheiden. Im Jahr 2016 führte Professor Ashok Goel ein Experiment durch: Er täuschte seine Studenten, als er die künstliche Intelligenz IBM Watson als seine menschliche Assistentin Jill Watson ausgab.[95] Die meisten vielen wochenlang auf die Simulation rein.
- Auch Philosophie und Theologie werden sich Fragen nach dem Wesen und der Rolle von Maschinen widmen müssen. Es gibt bereits erste Beispiele, welche Fragen das sein können. Im Jahr 2018 zelebrierten Japaner die ersten Beerdigungen von Sony Aibos. Die Spielzeug-Hunderoboter hatten ihr technisches Leben ausgehaucht und erhielten ein buddhistisches Begräbnis.[96] Ein Jahr später lehrte im Kodaiji-Tempel in Kyoto ein Robo-Priester über das Mitgefühl und die Gefahren durch Verlangen, Wut und Ego.[97] Der Versuch, eine Religion der künstlichen Intelligenz zu gründen, scheint dagegen ins Stocken geraten zu sein. Ihr Gründer Anthony Levandowski muss derzeit vor Gericht eine Antwort auf die säkulare Frage geben, ob er KI-Technik von dieser Welt geklaut hat.[98]

Es zeichnet sich immer deutlicher ab: Künstliche Intelligenz präsentiert der Welt eine Herausforderung, die nur interdisziplinär verstanden werden kann. Die alten Rezepte des Einführens und Beherrschens von Technik funktionierten schon bei Auto, Atomkraft oder Internet mehr schlecht als recht. Mit künstlicher Intelligenz betreten wir ein Minenfeld ungeahnten Ausmaßes. Mögliche Produktivitätsgewinne durch künstliche Intelligenz werden wir erst dann realisieren, wenn wir sehr viel mehr Aspekte, die durch künstliche Intelligenz berührt werden, durchdrungen und berücksichtigt haben werden.

Wenn es nach dem Philosophen Günther Anders geht, dann betreten wir mit der künstlichen Intelligenz ein *prometheisches Gefälle*[99]. Diesen Begriff entlehnt er der griechischen Mythologie: Der Titan Prometheus formt die ersten Menschen aus Lehm und zeigt ihnen – gegen den Willen des Göttervaters Zeus – den Umgang mit dem Feuer. Das Menschengeschlecht emanzipiert sich und die Herrschaft über die Natur beginnt. Seit dem Beginn des 20. Jahrhunderts läuft diese Emanzipation laut Anders aus dem Ruder, etwa durch den Bau und den Einsatz der ersten Atombombe. Das prometheische Gefälle erkennt er darin, dass wir zwar Technologie erfinden und beherrschen, aber nicht mehr imstande sind, uns die letzten Konsequenzen ihres Daseins in der Welt vorzustellen und damit umzugehen. Das prometheische Gefälle holt uns gerade bei unserem Umgang mit der künstlichen Intelligenz ein.

Kambrische Explosion

Was treibt die künstliche Intelligenz voran? Einige Ökonomen machen dafür gerne eine Marktdynamik verantwortlich, die aus dem Zusammenwirken mehrerer Technologien befeuert wird:[100] Einerseits werde immer mehr Rechnerleistung für immer weniger Geld verfügbar. Andererseits beschleunigten sich die Verbreitungszyklen für Ideen und Produkte. Beides sind sicher plausible Gründe, warum wir gerade große Fortschritte sehen. Aber diese Analysen streifen Entwicklungen, die einen viel tieferen Grund haben könnten.

Vor etwa 500 Millionen Jahren entwickelte das Leben auf der Erde kurzzeitig eine hohe Dynamik. Das nennen wir heute die »kambrische Explosion«: In einem für die Evolution sehr kurzen Abschnitt von 25 Millionen Jahren verzeichnete das Leben sprunghafte Fortschritte. Einer Theorie zufolge liegt der Grund darin, dass sich in dieser Zeit der Sehapparat entwickelte und damit Tieren Vorteile verschaffte, etwa für das Jagen oder das Finden von Artverwandten.[101]

Es könnte sein, dass sich auch die Technik seit einigen Jahren in einer kambrischen Explosion der künstlichen Intelligenz befindet. Viele Trends und Techniken an vielen Fronten haben eine Reife erlangt, die in Kombination zu sprunghaften

Fortschritten führen könnten.[102] Einige dieser Entwicklungen sind exponentiell, zum Beispiel schnelle Prozessoren und billige Speicher. Andere beruhen auf Umkipppunkten, zum Beispiel Roboterautos, bargeldloses Zahlen und digitale Assistenten.

Künstliche Intelligenz befeuert einen Paradigmenwechsel, der vor etwa 200 Jahren begann: Die Dampfmaschine ersetzte oder vervielfachte die menschliche Muskelkraft. Um die 1940er-Jahre geschah dasselbe für die menschliche Denkarbeit. Beides zusammen wird die Geschichte dieses Jahrhunderts fundamental prägen. Ein weiterer Trend betrifft die Komplexität der Welt an sich. Die meisten Menschen haben nicht die kognitiven und emotionalen Kapazitäten, um ohne Hilfe im Alltag zu bestehen. Arbeit und Alltag sind derart komplex geworden, dass die Grenzen längst überschritten sind, uns zu jedem Zeitpunkt angemessen verhalten zu können und zu wollen.

Künstliche Intelligenz ist etwas qualitativ anderes als ein Mehr an Rechenleistung und Daten. Künstliche Intelligenz ist nicht quantitativ (mehr Daten, mehr Durchsatz), sondern qualitativ. Sie verändert in nachhaltiger und unumkehrbarer Weise das Verständnis und Wesen von Maschinen überhaupt. In diesem Umfeld sehr großer Umwälzungen müssen wir uns die Deutungshoheit zurückholen: Derzeit besitzen sie hauptsächlich technische Koryphäen, aber nicht Otto Normalverbraucher. Diskurse über künstliche Intelligenz sind heute gespickt mit Fachjargon. Wer nur den gesunden Menschenverstand dagegensetzt, findet sich schnell in der zweiten Reihe wieder. Selbsternannte oder eingesetzte Experten kontrollieren die Diskurse und präjudizieren die Entscheidungen über Sinn, Zweck und Einsatz künstlicher Intelligenz. Die Fachsprache bleibt Laien verschlossen – und damit sind sie auch von den Diskursen ausgeschlossen.

Künstliche Intelligenz ist ein bewegliches Ziel

»Jede ausreichend fortgeschrittene Technik ist von Magie nicht zu unterscheiden.«

– ARTHUR C. CLARKE

Im Jahr 1977 führen die Psychologen Lynn Hasher, David Goldstein und Thomas Toppino eine Studie durch.[103] Sie präsentieren Probanden 60 triviale Fakten, etwa »Der erste Luftwaffenstützpunkt wurde in New Mexico gegründet« oder »Im Jahr 1925 wurde Basketball zur olympischen Disziplin«. Die Befragten sollen entscheiden, ob diese wahr oder falsch sind. Nach zwei und drei Wochen wiederholen die Forscher die Befragung. Allerdings werden nur 40 Trivias durch neue ausgetauscht, 20 bleiben dieselben. Jedes Mal werden die Probanden gebeten, die Wahrheit einer Aussage einzuschätzen. Je höher die Zahl, desto wahrscheinlicher die Aussage. Das Ergebnis: Das Vertrauen in Aussagen, die einmal genannt werden, ist gleichmäßig verteilt. Das war auch zu erwarten. Allerdings wächst der Glaube an Aussagen, die jede Woche wiederholt werden, von anfangs 4,2 in der zweiten Woche auf 4,6, in der dritten noch einmal auf 4,7. Die Forscher ziehen den Schluss, dass das Wiederholen von Aussagen dazu führt, dass sie eher für wahr gehalten werden – und zwar unabhängig davon, ob sie das tatsächlich sind.

Hasher und ihre Kollegen bezeichneten dies als »illusorische Wahrheitswirkung« *(illusory truth effect)*, und eine Studie im Jahr 2015 ergab, dass selbst besseres Wissen nicht davor schützt.[104] Dieser Effekt spielt eine große Rolle etwa bei Wahlkampagnen, in der Werbung oder als Mittel der politischen Propaganda. Warum aber auch für das Verständnis von künstlicher Intelligenz?

Dystopien der künstlichen Intelligenz

Die illusorische Wahrheitswirkung beruht darauf, dass Menschen neue Informationen in zweierlei Hinsicht abklopfen: Erstens überprüfen sie, ob eine Information Platz in ihrem bisherigen Verständnis der Welt. Zweitens aber auch, ob die Information sie an irgendetwas erinnert.

Die erste Bedingung ist plausibel: Menschen vergleichen neue Information mit dem, was sie bereits wissen. Viele Menschen haben bereits Kenntnisse über und Erfahrungen mit Computern. Also ist es leicht, die Entwicklungen der künstlichen Intelligenz an diesen Wissenskorpus zu koppeln. Außerdem macht es Wiederholung (durch eigene Bestätigung sowie den Zuspruch anderer) einfacher, neue Informationen schneller zu verarbeiten, was die Wirkung verstärkt, dass das Wiederholen einer Aussage beweiskräftig wirkt.

Gleichzeitig bewerten Menschen, wie glaubwürdig ihre Quellen schon einmal waren. Wer in der Vergangenheit vertrauenswürdig war, der sollte es auch jetzt und in Zukunft sein. Die zu Beginn des Kapitels erwähnte Studie zeigte einen überraschenden Befund: Vertrautheit kann sich von Rationalität abkoppeln.[105] Diese Abkopplung kann so stark sein, dass Menschen eine falsche oder unbewiesene Tatsache einfach deshalb glauben, weil sie oft wiederholt wird.

Die Komplexität des Phänomens künstliche Intelligenz ist prädestiniert dafür, Prognosen abgeben zu können, deren Bestätigung oder Widerlegung noch lange dauern wird oder niemals möglich ist. Die Ökonomen Frey und Osborne etwa behaupten, wie bereits erwähnt, dass künstliche Intelligenz bis zum Jahr 2030 zum Verlust von 47 Prozent aller Arbeitsplätze führen könnte.[106] Diese Voraussage kann nicht bewiesen werden, aber sie lässt sich – zumindest bis zum Jahr 2030 – ständig wiederholen. Auch der Computerpionier Ray Kurzweil argumentierte für eine Beschleunigung der technischen Entwicklung, die er allerdings nicht so genau auf einem Zeitstrahl taxiert. Er sagt voraus, dass der Fortschritt von Computern, Genetik, Nanotechnologie, Robotik und künstlicher Intelligenz exponentiell verlaufe. Deshalb spekuliert er darauf, dass dies zu einer *Singularität* führen würde (der Punkt, an dem eine Maschine so klug wäre wie ein Mensch) und künstliche Intelligenz kurz danach mächtiger werden würde als die Intelligenz aller Menschen zusammen. Er sagte auch voraus, dass die maschinelle mit der menschlichen Intelligenz ab einem bestimmten Punkt verschmelzen würde.[107]

Die zweite Dynamik der illusorischen Wahrheitswahrnehmung ist komplizierter: Künstliche Intelligenz beschäftigt sich mit Dingen, die uns nach eigener Erfahrung und eigenem Ermessen vordergründig sehr vertraut sind. Menschen haben ein Gehirn. Sie produzieren Gedankengänge und bilden Annahmen über die Welt. Allein: Es sind oft unzulässige Projektionen.

Wir diskutieren zum Beispiel heute darüber, wer die Verantwortung trägt für Unfälle, die ein Roboterauto verursacht. Doch die Frage, ob das Roboterauto diese Verantwortung tragen kann, ist streng genommen eine unzulässige Projektion. Denn Maschinen können erst moralischen Standards genügen, wenn sie einen eigenen Willen haben, solche einzuhalten oder zu missachten. Das hält Forscher trotzdem nicht davon ab, sich damit zu beschäftigen, wie man Maschinen Moral beibringen könnte.[108]

Wenn wir darüber spekulieren, wann künstliche Intelligenz die menschliche übertrifft, vergleichen wir meist Äpfel mit Birnen. Aber viele glauben, es gibt nur Äpfel oder nur Birnen. Das ist ein großer Fehler.

Der abgeschätzte Fortschritt

Sprunghafte Fortschritte in der künstlichen Intelligenz werden die Geschichte der Menschheit formen, wie das wenigen Techniken vor ihr gelungen ist. Das Ausmaß können wir uns nicht einmal ansatzweise vorstellen. Das nahm die Universität Stanford zum Anlass, ein Projekt von epochalen Ausmaßen zu starten. Allerdings werden sowohl Sie als auch ich sein Ende nicht mehr erleben, denn es soll 100 Jahre dauern. »Die künstliche Intelligenz ist eines der weitreichensten Vorhaben in der Wissenschaft und eines, das jeden Aspekt des menschlichen Lebens verändern wird.«, meint Universitätsdekan John Hennessy: »[...], wir fühlen uns verpflichtet und qualifiziert, einen Dialog darüber zu beginnen, welche Konsequenzen die künstliche Intelligenz für unsere Kinder und Kindeskinder haben wird.«[109] Auf einer Konferenz im Jahr 2009 entstand die Idee, sich über viele Jahrzehnte der Frage zu widmen, welche Rolle künstliche Intelligenz für alle Bereiche des Lebens spielen würde. Sechs Jahre später startete der Informatiker Eric Horvitz das Projekt AI100[110]. Es ist der erklärte Wille, sich über diesen langen Zeitraum jenen Fragen zu widmen, die das Eindringen von künstlicher Intelligenz in unser Leben aufwerfen wird. Zusammen mit dem Bioingenieur Russ Altman organisiert Horvitz Studien, die die Auswirkungen von künstlicher Intelligenz auf Politik, Wirtschaft, Gesellschaft, Ökologie und das Gesetzwesen untersuchen.

Die erste Studie[111] von AI100 zum Stand der Technik von künstlicher Intelligenz erschien im Jahr 2016, die nächsten sind in Arbeit.[112] Ein Teilprojekt von

AI100 strebt danach, den technischen Fortschritt von künstlicher Intelligenz zu bestimmen und zu prognostizieren. AI Index[113] ist der Versuch, alle verfügbaren Daten zu ermitteln, die den Fortschritt der Techniken künstlicher Intelligenz thematisieren, diese zu sichten und zu verdichten. Ein wichtiger Aspekt der produzierten Berichte sind Prognosen über die Fähigkeiten von künstlicher Intelligenz.

So lobenswert der Versuch ist, Voraussagen über die Kompetenzen künstlicher Intelligenz abzugeben, sie werden manchmal Opfer eines Phänomens, das schon der Computerpionier J. C. R. Lickleder formulierte: »Menschen überschätzen, was in einem Jahr passieren kann, und unterschätzen, was in fünf oder zehn Jahren passieren kann.«[114] Beispiele dafür gibt es bereits. Im Jahr 2012 erklärte etwa der Computerhersteller IBM, seine künstliche Intelligenz Watson würde ein Studium der Medizin beginnen. Die Fachwelt horchte auf. Vier Jahre später scheiterte das Programm aber weiter, mit dem Wissensstand eines 13-jährigen Schülers in Naturwissenschaften mitzuhalten.[115]

Vielleicht wollen Sie keiner sein – aber vielleicht werden Sie ein Wegbereiter für künstliche Intelligenz, ohne es darauf anzulegen. Denn wenn ein Unternehmen wettbewerbsfähig bleiben will, dann werden Projekte mit künstlicher Intelligenz auf Herausforderungen treffen, die vieles in den Schatten stellen, was Ihnen das Berufsleben bisher geboten hat. Darauf sollten Sie sich vorbereiten.

Unmenschliche Spielzüge

Im März 2016 schlägt die künstliche Intelligenz AlphaGo den amtierenden Weltmeister im Go.[116] Das Programm führt Lee Sedol vor, gewinnt vier von fünf Spielen und lässt den bisherigen menschlichen Champion geknickt zurück. Bemerkenswert ist nicht die Übermacht der Maschine an sich, sondern die Art der Unterwerfung. Im Unterschied zum Schachduell zwischen Garri Kasparow und Deep Blue im Jahr 1997 gewinnt AlphaGo nicht durch schiere Rechnerleistung. Go beschreiben viele Spieler nicht als Spiel, sondern vergleichen es mit einer Form von Kunst. AlphaGo verzückt die Zuschauer und Kommentatoren, weil es kreativ spielt. Den berühmten »Zug 37« kommentiert der Spitzenspieler Fan Hui so: »Das ist kein menschlicher Zug. Ich habe niemals einen Menschen diesen

Zug machen sehen.«[117] Der Zug überrascht einen Kommentator so sehr, dass er zuerst an einen schweren Programmfehler glaubt.

Was bedeutet dieses Ereignis für die Geschichte? AlphaGo war mehr als ein Meilenstein, um den aktuellen Leistungsstand von künstlicher Intelligenz zu markieren. Es erschütterte weitere soziale und kulturelle Glaubenssätze, die in immer dichterer Folge durch künstliche Intelligenz herausgefordert werden. Diesmal geht es um die Fragen: »Was ist wahre Meisterschaft?« und »Was ist Kreativität?«

Künstliche Intelligenz verstehen – ohne Expertenwissen

- Metaphern sind Sprachkonstrukte, die wir unbewusst täglich verwenden. Sie eignen sich, um komplexe Sachverhalte schnell zu verstehen und darüber zu reden. Künstliche Intelligenz ist ein Sachverhalt, über den man mit Metaphern reden kann.
- Künstliche Intelligenz ist mehr als eine Maschine. Sie interagiert mit Menschen in einer Art und Weise, wie Menschen noch nicht mit Maschinen kommuniziert haben. Deshalb müssen wir verstehen, was es bedeutet, dass »der Mensch in der Schleife« bleibt.
- Eine rationale Entscheidung durchläuft vier Schritte: Daten werden wahrgenommen, dann verarbeitet, bezüglich möglicher Alternativen gewichtet und am Ende wird eine Option gewählt. Das gilt sowohl bei Menschen als auch bei Maschinen.
- Entscheidungen können von Menschen oder Maschinen autark getroffen werden, dazwischen gibt es Abstufungen. Die Verteilung von Anteilen an Entscheidungen zwischen Mensch und Maschine kann auf einer Skala mit sechs Stufen verortet werden. Auf der untersten Stufe trifft der Mensch die Entscheidung, auf der obersten die Maschine. Die Abstufungen erklären das Verhältnis von Mensch und Maschine, wenn beide zusammen an Entscheidungen beteiligt sind.
- Wenn man die vier Schritte zu einer Entscheidung kreuzt mit den sechs Stufen der Automation des Entscheidens, dann erhält man die Matrix der Entscheidungsallokation. An kombinatorisch 4 × 6 = 24 Punkten kann man diskutieren, was ein Mensch oder eine Maschine zu einer Entscheidung beiträgt. Die Matrix der Entscheidungsallokation ist ein Werkzeug, um den Ablauf von Entscheidungen zu verstehen, wenn künstliche Intelligenz daran beteiligt ist.

Die Allmacht der Sprache

»Die Grenzen meiner Sprache sind die Grenzen meines Denkens.«

– LUDWIG WITTGENSTEIN

Im September 1999 erreicht *Mars Climate Orbiter* nach einer zehnmonatigen Reise den roten Planeten. Die NASA-Sonde peilt die Landung an, tritt in die Marsatmosphäre ein – und zerbricht in Stücke. Statt die Ankunft ihrer Sonde auf dem Mars zu feiern, verkriechen sich die Ingenieure in ihre Büros, um den Absturz zu analysieren. Und bald werden sie fündig. Entwicklungskosten von 125 Millionen US-Dollar verpuffen, weil Techniker das metrische Maß mit dem dezimalen vertauscht haben: Das Jet Propulsion Laboratory (JPL) nutzt das metrische System von Millimetern und Metern. Der Hersteller der Raumsonde Lockheed Martin Astronautics aber dokumentiert Beschleunigungsdaten in Inch, Fuß und Pfund. Die JPL-Ingenieure haben einfach vergessen, die Daten für ihre Zwecke umzuwandeln.

Mars Climate Orbiter ging also bereits vor dem Raketenstart auf der Erde verloren. Die Verantwortlichen rechneten aneinander vorbei.[118] Warum entstand dieser Fehler? In ihren Kulturen verwendeten die Ingenieure unterschiedliche Sprachen, um Längenmaße auszudrücken. Und das Benutzen von Metern beziehungsweise Yards war bei den Parteien so selbstverständlich, dass diesem Umstand niemand mehr Beachtung schenkte.

Sprache ist ein zwiespältiges Medium. Das macht sie einerseits zu einem mächtigen Werkzeug für reichhaltige Kommunikation, führt aber andererseits zu Verwirrung, wenn Worte, Konzepte oder Denkgebäude nicht auf denselben Fundamenten ruhen.

Das Medium ist die Botschaft

Sprache ist das erste Medium, mit dessen Hilfe Menschen lernen, sich zu verständigen. Babys sind angewiesen auf Sprache für ihre Sozialisation in die Gesellschaft. Erwachsene nutzen Sprache, um zu tratschen – aber auch, um zu philosophieren. Sprache ist das wichtigste Mittel der Kommunikation zwischen Menschen. Sie ist das Medium, mit dem der Mensch denkt und fühlt. Sie hat sich über Jahrtausende verändert und dabei weiterentwickelt. Sie ist der kleinste gemeinsame Nenner, wenn Menschen sich kennenlernen.

Sprache ist das bevorzugte Instrument, um uns in der Welt zu orientieren und uns die Welt zu erklären. Sie eröffnet einen Reichtum an Nuancen, um über Dinge zu reden und sich auszudrücken. Deshalb ist Sprache auch das größte Problem, um Information zu transportieren. Denn sie ist nicht zementiert, sondern ständig in Bewegung. Sprache entwickelt sich weiter, saugt Einflüsse aus fremden Kulturen auf, ist Sprachrohr von Veränderungen, und sie überspitzt gesellschaftliche Diskurse.

Die Bedeutung und der Nutzen von Sprache entwickeln sich für jeden Menschen anders: Einerseits werden wir durch unsere Muttersprache geprägt, sie fließt durch unseren Alltag und hilft uns, unsere Persönlichkeit zu entwickeln. Andererseits lernen wir Spezialsprachen, die für Fachdomänen entwickelt wurden und nur dort gesprochen und verstanden werden. Jeder von uns erlebt das, wenn der Hausarzt die Rhinitis diagnostiziert und damit den Schnupfen meint.

Das Wissen der Menschheit ist zu Beginn des 21. Jahrhundert derart breit gefächert, dass Themengebiete wie Medizin, Wirtschaft oder Technik von verhältnismäßig wenigen Menschen verstanden werden. Zwar leben auf der Erde 7,8 Milliarden Menschen.[119] Davon arbeiten aber zum Beispiel nur rund 60 Millionen im Gesundheitssektor.[120] Das ist weniger als ein Tausendstel Prozent. Nur knapp über 2000 Wissenschaftler waren in den USA als Astronomen und Astrophysiker tätig,[121] bei einer Gesamtzahl von rund 165 Millionen Arbeitsplätzen.[122]

Eine Expertensprache hilft einer teilweise extrem kleinen Gruppe von Menschen, sich schnell und gezielt mit ihresgleichen auszutauschen. Damit etablieren sich Annahmen über und Erwartungen für ein Fachgebiet, die ein Außenstehender nicht nachvollziehen kann. Mehr noch: Diese kleine Gruppe von Personen bestätigt sich selbst in ihrer Gewissheit, ihr Spezialgebiet sehr gut verstanden zu haben. Dieses »Gruppendenken« *(group think[123])* führt zum Beispiel dazu, dass radikale Ideen im Wissenschaftsbetrieb lange ignoriert werden, bis sie sich durchsetzen.[124]

Marshall McLuhan betrachtete das Problem von einer anderen Seite: *»The Medium is the Message«*.[125] Das Spezialisieren in Fachsprachen funktioniert so lange, wie sich Themen abgrenzen lassen: Ob der Astrophysiker den Mediziner versteht, ist egal – solange der Astrophysiker nicht hustet. Ob der Ökonom goutiert, wie ein Biologe die Welt erklärt, macht keinen Unterschied. Es macht aber einen großen

Unterschied, wenn ein Ding sich nicht in das Korsett der Vokabeln einer einzigen Fachdomäne pressen lässt. Künstliche Intelligenz ist so ein Ding.

Der Begriff »künstliche Intelligenz« ist tief verankert in einem Wortschatz, der sich bis heute aus der Technik bedient. Eine kleinteilige Expertensprache, die ihre Wurzeln im Wissen um Software und Hardware hat. Fachleute beherrschen diese Vokabeln und aus Mangel an Alternativen unterhalten sich nun alle in Begriffen über künstliche Intelligenz, die bereits zur Verfügung stehen. Das ist gefährlich einseitig und unterdrückt oder marginalisiert große Themen, die die künstliche Intelligenz aufwerfen wird. Denn künstliche Intelligenz hat Konsequenzen für viele Arbeits- und Lebensbereiche, unter anderem Politik, Ökonomie, Gesellschaft, Politik, Ökologie und Legislative.[126] Darüber hinaus wirft sie Fragen auf, deren Antworten wir in der Psychologie, Philosophie und sogar Theologie suchen und finden müssen. Diskurse um solche Fragen befinden sich noch in der akademischen Nische. Aber einige Experten sammeln bereits Argumente, warum wir diese Fragen nicht ignorieren dürfen.[127]

Die meisten Laien dagegen betrachten es als unvermeidlich, sich die Techniksprache der künstlichen Intelligenz aneignen zu müssen. Nur dann, so das Kalkül, können und dürfen sie mitreden. Nur so können sie trefflich disputieren über den Nutzen und den Einsatz von künstlicher Intelligenz. Doch das ist ein sehr, sehr großes Missverständnis.

Esperanto oder Pidgin?

Ein polnischer Augenarzt hat eine Idee. Im Jahr 1887 macht Ludwik Lejzer Zamenhof sie öffentlich. Er hat sich eine Sprache ausgedacht, die später als Esperanto Ruhm erlangen wird. Zamenhofs Vision ist groß: Am Schreibtisch entwirft er eine einfache und flexible Grammatik, die als universelles Medium der Kommunikation den Weltfrieden bringen soll. Hans-Diedrich Genscher wird es später einmal so sagen: »Wer miteinander redet, schießt nicht aufeinander.«[128] Zamenhof nennt seine Erfindung die »internationale Sprache« – »*linguo internacia*« in Esperanto –, aber die ersten Enthusiasten finden Gefallen an »Esperanto«. Letzteres wird der offizielle Name dieser Plansprache.

Im Jahr 1905 publiziert Zamenhof *Fundamento de Esperanto* als offizielle Einführung.[129] Französische Esperantisten organisieren den ersten Weltkongress und in anderen Ländern werden Ableger gegründet. Zamenhof selbst schlägt vor, Sprachenforscher sollten die weitere Entwicklung der Sprache begutachten. Die Vereinten Nationen verleihen Esperanto im Jahr 1954 einen offiziellen Status. In den Jahren 1999, 2004 und 2006 wird William Auld für den Nobelpreis nominiert, der in Esperanto schreibt und publiziert. Esperanto wird von rund zwei Millionen Menschen gesprochen. Die Verfügbarkeit des Internets hat die Verbreitung dieser Sprache weiter gefördert.

Doch warum hat sich Esperanto nicht weiter verbreitet? Kritiker bemängeln, die Sprache manifestiere Vorurteile. Sie spiegele eine bestimmte Kultur wider und setze damit andere zurück. Vokabular, Phonetik und Grammatik seien vornehmlich aus europäischen Sprachen abgeleitet, andere Sprachkulturen seien unterrepräsentiert. Esperanto wird auch vorgehalten, es sei nicht geschlechterneutral. Die weiblichen Formen seien unterrepräsentiert. Esperanto spiegele das Frauenbild des späten 19. Jahrhunderts wider.[130]

Aber es gibt noch einen anderen Grund, warum Esperanto nicht wie erhofft die universelle zweite Weltsprache geworden ist: Menschen zögern, eine Sprache zu lernen, die niemand spricht und die wenig praktischen Nutzen verspricht.

Es sind allerdings auch Sprachen entstanden, die diesen Kriterien genügen. Sie heißen Pidgin und man würde sie eher als Sprachfamilie bezeichnen. Pidgin-Sprachen entwickeln sich, wenn Gruppen verschiedene Sprachen sprechen, aber eine Motivation teilen, sich auszutauschen, etwa zum Handeln. Pidgin entsteht zwischen zwei oder mehr Menschengruppen, wenn diese keine gemeinsame Sprachgeschichte haben. Das Vokabular und die Grammatik sind begrenzt. Beides setzt sich manchmal aus mehreren Quellsprachen zusammen.

»Diener-Englisch«[131] (*Butler English*), auch bekannt als »Küchen-Englisch« (*Kitchen English*) ist ein gutes Beispiel. Es entwickelte sich als Sprache zwischen Dienern und Hausherren zu Zeiten der britischen Besetzung Indiens und blieb auch nach dem Ende der Kolonialzeit lebendig. *Inuit Pidgn*[132] wurde die Handelssprache der Eskimos. Und auch die *Internationale Gebärdensprache*[133] kann man als Pidgin bezeichnen. Sie hat heute große Bedeutung, wenn sich Taube und Stumme sprachübergreifend verständigen wollen.

Pidgin ist niemals eine Muttersprache, sondern entwickelt sich immer als Zweitsprache. Sie ist aber ein gutes Vorbild für das, was wir brauchen könnten, um über künstliche Intelligenz zu reden. Mit einer Pidgin-Sprache könnten wir uns austauschen. Viele Menschen könnten mitreden, diskutieren und gemeinsam Lösungen erarbeiten für Probleme, die ja auch alle betreffen. Solch eine Sprache verspricht großen Nutzen: denn jeder lernt sie ohne Anstrengung und ist motiviert, weil er unmittelbar davon profitiert.

Seit Jahrzehnten sprechen wir über künstliche Intelligenz. Aber ein »Künstliche-Intelligenz-Pidgin« ist nicht entstanden. Vermutlich wird das auch nicht mehr passieren. Aber zum Glück müssen wir nicht mehr darauf hoffen, denn eine andere Sprache ist noch besser geeignet. Jeder von uns benutzt sie jeden Tag. In jedem unserer Gespräche spielt sie eine Rolle. Es ist die Sprache der Metaphern.

Metaphern für das Denken

»Die Metapher ist weit klüger als ihr Verfasser und so sind es viele Dinge. Alles hat seine Tiefen. Wer Augen hat der sieht [alles] in allem.«

– GEORG CHRISTOPH LICHTENBERG

Der Virus und das Biest

Die Wissenschaftler Lera Boroditsky und Paul Thibodeau starten ein Experiment. Ihre Versuchspersonen konfrontieren sie sinngemäß mit folgender Lage:[134]

Sie sind Beamter der Stadt Allison und sehen sich folgender Situation gegenüber. Raubüberfälle häufen sich, Hauseinbrüche nehmen zu, die Mordrate hat sich in drei Jahren verdoppelt. Wie sollten Sie darauf reagieren? Die Sicherheitskräfte verstärken, mehr Streifen fahren lassen und die Kriminellen schneller verhaften? Oder besser Jugendhäuser fördern, marode Schulen renovieren und öffentliche Parks instand setzen?

Die Beschreibung ist für zwei Gruppen von Probanden identisch – bis auf eine winzige Ausnahme: In einer Version der ersten Gruppe ist davon die Rede, dass die grassierende Kriminalität eine »Bestie« sei, in der zweiten ist sie ein »Virus«.

Es zeigt sich, dass die Versuchsteilnehmer unterschiedlich reagieren: Sind es »Bestien«, die die Stadt heimsuchen, befürworten sie polizeiliche Maßnahmen, ist es ein »Virus«, das die Stadt infiziert, setzen sie auf soziale Programme. Die Antwort hängt also davon ab, welche Metapher verwendet wurde, um sich in eine Situation hineinzudenken und daraus Schlüsse zu ziehen.[135]

Wir werden diesen unbewussten, psychologischen Effekt nutzen. Die Kernthese dieses Buchs ist, dass eine gut gewählte Metapher hilft, eine hilfreiche Sicht auf die künstliche Intelligenz zu entwickeln. Alle Aspekte der Theorie und Praxis künstlicher Intelligenz können durch eine einzige Metapher adressiert werden: Künstliche Intelligenz ist die »Automation des Entscheidens«.

Wie Metaphern wirken

Metaphern sind Denkwerkzeuge, um sich schwierige Themen mit einfachen Worten zu vergegenwärtigen. Unsere Sprache ist mit ihnen gespickt und sie sind uns selten bewusst. Wir wachsen mit ihnen auf. Sie umgeben uns wie Wasser die Fische.

Linguistisch betrachtet, ist die Metapher ein sprachlicher Ausdruck, bei dem ein Wort (oder eine Wortgruppe) aus dem Kontext einer Bedeutung in einen anderen Kontext übertragen wird. »Die ganze Welt ist eine Bühne und alle Frauen und Männer bloße Spieler«[136] ist zum Beispiel eine Metapher. Sie überträgt Begriffe, Bedeutungen und Konzepte aus dem Bereich Theater auf das Leben. Der Organisationstheoretiker Gareth Morgan schreibt, Metaphern seien »eine Urkraft, durch die Menschen Sinn erschaffen, indem sie das Element der Erfahrung nutzen, um ein anderes zu verstehen«.[137]

Unbewusst strukturieren wir große Teile unseres Denkens mit Metaphern. Sie durchziehen unsere Sprache, ohne dass wir davon etwas merken. Metaphern sind sehr mächtige Sprachwerkzeuge. Sie sind zugleich einfach zugänglich, weil wir gut trainiert sind, in ihnen zu denken und zu reden. Mit Metaphern teilen wir uns mit über Themen, wenn uns »die richtigen Worte fehlen«. Metaphern erweitern unseren Sprachschatz, erweitern den Denkhorizont und sind oft ästhetischer Genuss (»Ich bin so wild nach deinem Erdbeermund.«[138]). Sie schaffen Einsichten, die sonst verborgen blieben. Sie zwingen uns, jedes Ding aus anderen Blickwinkeln zu betrachten und damit besser zu verstehen.

Warum brauchen wir Metaphern? Wären Sprachen ohne Denkfiguren nicht einfacher zu erlernen und zu nutzen? Im Gegenteil. Ohne Metaphern – und ihre Verwandten, die Allegorien, Parabeln und Gleichnisse – wären wir sprachlos. Denn was bliebe übrig, wenn es diese Denkfiguren nicht gäbe? Sprache wäre das Aneinanderreihen logischer Aussagen: Die Welt ist eine Welt. Die Bühne ist eine Bühne. Aber nicht: »Die Welt ist eine Bühne!« Das Herz pocht. Das Herz pocht unruhig. Das Herz pocht schnell. Aber nicht: »Sie bricht mir das Herz!«

Uns bliebe ein Reichtum verschlossen, den eine gute Metapher bietet, um über das Sprachspiel Verständnis für einen komplexen Sachverhalt zu erlangen. Deshalb gilt: Je einfacher und allgemein verständlicher eine Metapher ist, desto eher wird sie verstanden. Entstammt die Metapher dem Alltag, hat der Rezipient unmittelbar Zugriff darauf und kann sie nutzen. Sie entfaltet geradewegs ihre Wirkung. Einige Beispiele:

- »Die Evolution ist der Baum des Lebens.«[139] – Charles Darwin
- »Wir brauchen die Kernkraft als Brückentechnologie, bis wir eine Anschlusstechnologie gefunden haben.« – Angela Merkel, März 2011
- »Der Krieg ist eine bloße Fortsetzung der Politik mit anderen Mitteln.«[140]
- Das Internet ist eine Datenautobahn.[141]
- Religion ist Opium für das Volk.[142]
- Nanotechnologie verwandelt die Erde in graue Schmiere.[143]

Aber auch Metaphern stoßen an Grenzen. Es liegt in ihrem Wesen begründet: Eine Metapher hilft, über eine Sache in den Begriffen einer anderen Wissensdomäne zu sprechen. Diesen Transfer können sie aber nur bis zu einem bestimmten Grad leisten. Denn es ist ja gerade die Idee. Metaphern eröffnen neue Einsichten, die aufeinander aufbauen oder sich ergänzen. Aber Metaphern können auch zu welchen verleiten, die sich widersprechen. Eine gute Metapher formt unsere Gedanken in spezieller Weise. Sie lenkt unseren Blick direkt auf jene Aspekte, die sich am schnellsten intuitiv über die Wahl der Metapher erschließen. Das bedingt zwingend eine »einseitige« Sicht. Besondere Aspekte treten ins Rampenlicht, andere zurück. Solange wir diese Begrenztheit akzeptieren, werden wir diese blinden Flecken erkennen und Widersprüche aushalten.

Metaphern für künstliche Intelligenz

Wenn Sie lernen, in einer Metapher die sinnvollen Parallelen zwischen einer Quell- und Zieldomäne wie auch die Widersprüche in der Waage zu halten, erweitern Sie Ihren peripheren Blick auf das Phänomen der künstlichen Intelligenz. Sie entfalten die Flexibilität, die nötig ist, um schwierige Themen rund um künstliche Intelligenz zu identifizieren und mit passenden Strategien des Wandels zu antworten.

Sicher kennen Sie das *Pareto-Prinzip*[144]: Wenn Ihnen eine Metapher für die künstliche Intelligenz hilft, auch nur 80 Prozent aller Fragen zu beantworten, die ihr Wesen und ihren sinnvollen Einsatz betreffen, verspricht dieses Denkwerkzeug großen Nutzen. Und Sie werden noch lernen, künstliche Intelligenz durch die Brille dieser einen Metapher zu lesen, die Perspektiven zu wechseln und Ihr Verständnis von künstlicher Intelligenz immer weiter zu vertiefen.

Aber welche Metaphern gibt es eigentlich für künstliche Intelligenz? Viele haben sich inzwischen Gedanken dazu gemacht und zum Teil absonderliche Metaphern entwickelt (siehe Tabelle 5).

Künstliche Intelligenz ist eine **ungewöhnliche Etikettiermaschine**: Sie lernt, Äpfel und Bananen zu etikettieren, indem wir ihr Beispiele von Obst zeigen. Deshalb werden Menschen in Zukunft nichts mehr identifizieren, kategorisieren oder sortieren.[145]
Künstliche Intelligenz ist ein **hilfreiches Haustier**, das eine andere Art von Intelligenz besitzt als Menschen. Sie hilft uns, nützliche Dinge zu erledigen.[146]
Künstliche Intelligenz ist die **steigende Flut**.[147] Der Meeresspiegel steht für die jeweils aktuellen Fähigkeiten der künstlichen Intelligenz. Daraus lassen sich Fragen ableiten: Wie hoch wird das Wasser steigen? Welche Bergspitzen werden als Erste verschwinden, welche möglichst lange sichtbar bleiben?
Künstliche Intelligenz ist ein **Zerrspiegel unserer selbst**.[148] Sie liefert ein **Röntgenbild** unserer Selbstbilder. Der Mensch resoniert mit ihr, weil er sich selbst in künstlicher Intelligenz wiedererkennt. Der Effekt verstärkt sich, wenn sich Menschen gut gespiegelt wahrnehmen. Man muss verstehen, welche Verzerrung künstliche Intelligenz erzeugt über das Selbstbild. Es könnte sein, dass das »Ich« über den eigenen Körper und Geist hinausreicht.

Tabelle 5: Einige Metaphern für künstliche Intelligenz

Was verbindet diese Metaphernauswahl? Lässt sich ein gemeinsamer Nenner erkennen? Tatsächlich basieren alle auf Projektionen, die zum Teil großes Detailwissen über die Technik künstlicher Intelligenz voraussetzen oder sogar philosophische Grundkenntnisse nötig machen. Den Witz der Metaphern verstehen erst einmal ihre Erfinder selbst, danach andere Experten – und dann diejenigen, die sich in die Erklärung dieser Metaphern eingelesen haben. Keine dieser Metaphern ist praktikabel, wenn man sich nicht bereits ein Gutteil seiner Zeit mit dem Phänomen künstliche Intelligenz auseinandergesetzt hat.

Keine dieser Metaphern hilft ernsthaft dabei, Diskurse über künstliche Intelligenz zu gestalten, um handfeste Probleme zu lösen. Welchen Kriterien muss eine Metapher über künstliche Intelligenz genügen, damit sie solch ein Versprechen einlösen kann?

Die Metapher muss sofort verstanden werden. Denn niemand will sich erst in eine Metapher einarbeiten, um sie danach auch noch auf künstliche Intelligenz anzuwenden. Das geht immer dann sehr einfach, wenn die Herkunftsdomäne bereits jedem aus dem Alltag bekannt ist.

Die Metapher muss die zentralen Wirkmechanismen künstlicher Intelligenz hervorheben. Sie sollte kein Fachwissen voraussetzen, das wiederum nur Experten besitzen.

Die Metapher muss hohen Nutzen versprechen. Wenn sie eine große Palette von Fragen zur künstlichen Intelligenz beantworten helfen kann (auch und besonders jenseits der Technik), dann werden sich alle dafür interessieren, die ihre eigenen Sorgen, Nöte oder Ideen darin wiederfinden können.

Das alles verspricht die Metapher »Künstliche Intelligenz ist die Automation des Entscheidens.«

Der Mensch in der Schleife

»Es muss eine einfache Möglichkeit geben, zu zeigen, wo und wie der Mensch in ein Unternehmen passt, und wie die Funktionen zwischen Mensch und Maschine aufgeteilt werden.«

– T. J. WILLIAMS 1999

Am 12. Februar 1996 ist es so weit: Ein Computer gewinnt in einem offiziellen Turnier ein Schachspiel. Jahrtausendelang galt Schach als Strategiespiel, das viel Intelligenz erfordert, für Maschinen schien das unerreichbar. Nun schlägt der Computer Deep Blue den amtierenden Weltmeister Garri Kasparow. Zum ersten Mal ein Schachmatt in einem Turnier gegen den besten Schachspieler, den die Menschheit aufzubieten hat.[149]

Maschinelles Schachspielen gilt seit den 1940er-Jahren als bedeutsames Unterfangen, um menschliche Intelligenz durch Technik zu simulieren. Dafür haben sich Ingenieure die intellektuelle Krone menschlicher Spiele auserkoren, um sie als eine Art Versuchsfeld für künstliche Intelligenz zu benutzen. Deshalb vergleicht der Computerwissenschaftler Joseph McCarthy das Schachspiel mit der »Drosophila der künstlichen Intelligenz«.[150] Denn die *Drosophila melanogaster* gilt als eine der besten untersuchten Fliegenarten in der Geschichte der Genetik.[151] Die Verfechter eines positiven Ausblicks auf die künstliche Intelligenz ziehen aus dem ersten Sieg der Schachmaschine voreilige Schlüsse. Sie prophezeien, superintelligente Maschinen würden alsbald Büroschreibtische, Einzelhandelsgeschäfte und Managementetagen fluten. Doch die Versprechen entpuppen sich als trügerisch. Trotz langer Forschung zur künstlichen Intelligenz wurde wenig erreicht, was wir bisher mit Intelligenz auf menschlichem Niveau vergleichen können. Nichts, was mehr zeigt als die blasse Kopie irgendeiner Spezialistenecke von Kopfarbeit. Maschinelle Intelligenz bleibt bis heute Nischenintelligenz. Das hat jahrzehntelang Bestand. Noch im Jahr 2005 konstatiert der Digitalexperte Thomas D. Davenport: *»When there was a real business issue to address, it was difficult to extract knowledge from decision makers, and the knowledge was too dynamic and difficult to maintain over time.«*[152]

Perfekte Information

Der Grund dafür, dass die Erfolge des Schachspiels nicht auf andere Bereiche übertragbar sind, liegt in der Struktur des Schachspiels selbst. Es basiert auf der Verfügbarkeit »perfekter Information« (*perfect information*).[153] Was bedeutet perfekte Information? Allen Spielern sind alle Spielregeln bekannt. Beide Spieler wissen jederzeit, welche Optionen verfügbar sind. Es ist nicht entscheidend, ob die Anzahl der Möglichkeiten unüberschaubar ist oder ob sich ein Zug im Nachhinein als falsch herausstellt. Zumindest theoretisch sind alle überhaupt möglichen Kombinationen sichtbar. Sie sind abzählbar unendlich.[154] Das Schachspiel selbst umfasst ein paar dutzend Regeln[155], die ein Computer lernen musste. Der Rest ist brachiale Prozessorleistung.

Aber die Gesellschaft, die Wirtschaft oder die Politik bieten uns keine perfekte Information. Viele Variablen, die Phänomene in diesen Bereichen beschreiben, sind schwammig formuliert. Einige sind unbewusst falsch belegt, andere gar vorsätzlich, weil Interessengruppen das steuern. Die meisten Faktoren sind tatsächlich unbekannt.

Auch deshalb entpuppte sich die Automation des Schachspiels für die künstliche Intelligenz als Sackgasse. Denn ein Spiel mit perfekter Information konnte nicht als Vorbild dienen für solche mit unperfekter Information. Niemand hatte nach dem Kontersieg der Schachmaschine gegen den Schachweltmeister eine Ahnung, wie eine Rechnerarchitektur des Brutalismus der Prototyp einer Maschine sein könnte, die als kognitives Werkzeug die Arbeit von Wissensarbeitern auf den Kopf stellen würde, die sehr oft mit unperfekter Information jonglieren mussten. Es brauchte weitere Jahre und ein anderes Spiel, damit das passierte.

Zentauren-Schach

Kasparow erholt sich schnell von seiner Niederlage. Vielleicht war er darauf sogar vorbereitet, denn er hat sofort eine Idee: Könnte man die besten Schachspieler und besten Schachcomputer gemeinsam an ein Schachbrett setzen? Menschen und Maschinen würden ihre Fähigkeiten zusammenbringen und von denen des anderen profitieren. Der Computer wäre schnell und hätte Speicherplatz für die Analyse von Schachzügen. Der Mensch brächte Einsichten, die auf Erfahrung, Intuition und Bauchgefühl beruhten. Beide zusammen ergäben eine unschlagbare Kombination, würden eine neue Ära des Schachspielens einläuten.

Im Juni 1998 startet Kasparow den ersten Versuch des »fortgeschrittenen Schachs« *(advanced chess[156])*. Sein Gegner heißt Veselin Topalow, ebenfalls Schachgroßmeister. Beide Spieler dürfen jede Hard- und Software ans Schachbrett stellen, die helfen könnte, ihre Partien durchzubringen. Also rufen beide Schachgroßmeister historische Partien ab oder fordern Züge aus der Schachsoftware von der Stange, wann immer sie glauben, dass dadurch ihre Gewinnchancen steigen.

Einen Monat vorher hat Kasparow in einem Turnier Topalow ohne Computer mit 4:0 Spielen geschlagen. Nun kann Topalow durch den Einsatz von Computern seine Siegchancen deutlich steigern und erkämpft ein 3:3-Unentschieden. Und das ist kein Einzelfall.

Im Jahr 2005 findet ein Schachturnier statt, das jede Kombination von Schachspieler und Schachcomputer erlaubt. Diesmal sind es Steven Cramton und Zackary Stephen, die in der Rangliste weltweit mit Amateurstatus geführt werden. Sie nehmen ihre Desktop-Computer und reizen die Maschinen aus. Das Team gewinnt gegen Schachmeister mit überlegenen Schach-Ratings und sogar überlegener Hard- und Software. Beide Spieler nutzen ihre Sachkenntnis über Computer geschickt, um Rechenleistung und durchschnittliche Schachbegabung auf höchstes Niveau auszurichten. Sie schaffen ein überlegenes Team aus Mensch und Maschine. Cramton und Stephen haben eine Form von Schachintelligenz geschaffen, die es bis dahin nicht gegeben hat. Schachgenie Kasparow kommentiert den Erfolg so: »Die menschliche strategische Führung in Verbindung mit der taktischen Schärfe eines Computers war überwältigend.«[157] Er benutzt den Begriff »Zentaur«, um diese Mensch-Maschine-Kombination zu beschreiben. Die griechische Kreatur aus der Mythologie ist eine Chimäre mit einem menschlichen Torso mit Kopf und Armen und dem Körper und den Vorder- und Hinterläufen eines Pferdes.

Es ist zu erwarten, dass diese Dynamik der Zusammenarbeit von Mensch und Maschine nicht zum Stillstand kommt oder auf einen Bereich kognitiver Fähigkeiten wie das Schachspiel beschränkt bleibt. Und es wird ein eisernes Gesetz der Wissensarbeit infrage stellen: dass Menschen den Maschinen kognitiv für eine unabsehbare Zeit überlegen bleiben werden. Wir müssen die Perspektive wechseln: In vielen Berufsfeldern, die noch vor einem Jahrzehnt nicht von der maschinellen Intelligenz bedroht schienen, werden Mensch-Maschine-Teams entstehen. Betroffen davon sind Ingenieure, Ärzte, Juristen und viele mehr.

Eine kognitive Symbiose aus Mensch und Maschine wird die besten Menschen übertreffen, indem sie ihre besten Qualitäten verbindet: Maschinen sind präzise; Menschen sind intuitiv und kreativ. Wir können auch sagen, beide sind auf einem kognitiven und intuitiven Leistungsniveau gekoppelt, das beide allein nicht erreichen könnten. Diese Vorstellung wird die Grundlagen der Wissensarbeit für die kommenden Jahre und Jahrzehnte erschüttern wie der Roboter die Fabrikarbeit.

Verbessern statt Verdrängen

Im Jahr 1985 prägt der Psychologe Daniel Wegner den Begriff »transaktives Gedächtnis« *(transactive memory)*. Er bezeichnet damit einen Mechanismus, durch den Menschen ihr Wissen im Zugriff behalten, indem sie es anderen Menschen erzählen, um es wieder abzurufen.[158] Zunächst untersucht er das Phänomen bei Paaren und Familien, dann dehnt er die Idee aus auf Gruppen und Organisationen. Wegner findet heraus, dass Menschen oft auf andere Menschen verwiesen, wenn sie Wissen abrufen müssen, das ihnen entfallen war. Die enge Interaktion mit anderen hilft, fehlende Gedächtnisleistung auszugleichen, zu steigern oder sogar zu ersetzen. Ein transaktives Gedächtnissystem stellt seinen Mitgliedern demnach mehr und besseres Wissen zur Verfügung, als jeder Einzelne für sich allein auf Abruf erinnern könnte.

Bei Wegner ging es nur um den Abruf von Fakten aus dem Gedächtnis, aber das transaktive Gedächtnis ist natürlich nur ein Beispiel für eine primitive kognitive Funktion, die nicht nur auf Menschen zutrifft, sondern auch auf Maschinen ausgelagert werden kann. Künstliche Intelligenz wird uns zur Verfügung stehen, um immer komplexere kognitive Fähigkeiten an Maschinen auszulagern, auf die wir bei Bedarf wieder zugreifen können. Wir werden eine neue Qualität der Symbiose zwischen einem menschlichen und einem digitalen System erleben, das Menschen zu überlegenen Denkfähigkeiten verhelfen wird. Es ist der Versuch einer Automation des Denkens. Aber der Begriff »Automation« hat seinen Ursprung woanders.

Seit den 1950er-Jahren reden wir von Automation im modernen Sinne. Schon viel länger drängen Maschinen in Produktionsprozesse, Lieferketten und Kundendialoge. Sie ersetzen Tätigkeiten, die früher Menschen vorbehalten waren. Zuerst wurde manuelle Arbeit automatisiert, im Laufe der Jahre immer mehr die kognitive. In den letzten Jahren konnten wir spektakuläre Fortschritte im Hinblick auf kognitive Automation feststellen:

- Chatbots beraten Kunden. Sie imitieren ihre menschlichen Pendants immer besser. Wenn Chatbots sich nicht zu erkennen geben, wissen viele Menschen nicht einmal, dass sie lediglich mit einer Maschine kommunizieren. Die französische Bank Crédit Mutuel beispielsweise startete einige KI-Projekte.[159] Die Bank führte eine Software ein, die die Inhalte der digitalen Posteingänge automatisch sortieren und weiterreichen kann. Zu diesem Zweck werden viele Millionen E-Mails im Monat durchkämmt, wobei die Kundennamen mit einer Sicherheit von 80 Prozent erkannt werden. Mutuel argumentiert, dass die Software den Mitarbeitern helfe, die richtige Antwort auf Kundenfragen dreimal schneller zu finden als vorher.
- Digitale Redakteure schreiben Nachrichtentexte, die sich von den Resultaten menschlicher Journalisten nur noch schwer unterscheiden lassen. Im Mai 2020 kündigte Microsoft MSN an, mehrere Dutzend Journalisten durch eine künstliche Intelligenz zu ersetzen. Einer der Betroffenen kommentierte: »Ich lese die ganze Zeit darüber, wie die Automation und KI unsere Arbeitsplätze übernehmen wird, und hier stehe ich – und KI hat meinen Job übernommen.«[160]
- Über Roboterautos wurde seit Jahrzehnten spekuliert, aber große Sprünge hat die Automation erst in den letzten Jahren gemacht. Mit der Abkehr vom Verbrennungsmotor und dem Aufbau neuer Autoflotten mit Elektroantrieb wird autonomes Fahren wahrscheinlich weiter an Bedeutung gewinnen.[161]
- Von Fabriken ohne Licht (*light-out factories*) träumen Ingenieure seit Jahrzehnten.[162] Große Hallen bestückt mit Robotern, die ohne Unterlass bei ausgeschalteten Lampen vor sich hinarbeiten. Menschen sind lediglich nötig, um sie zu überwachen oder Fehler zu beheben. Die Fabrik arbeitet 24 Stunden am Tag, sieben Tage die Woche. Unterbrechungen gibt es nur zur Wartung und zur Reparatur. Positive Beispiele für diese Vision gibt es allerdings wenige: In einer niederländischen Fabrik produziert Philips Rasierapparate.[163] Menschen übernehmen lediglich die Qualitätskontrolle am Ende der Fertigungskette. Eine Fabrik von Stihl produziert vollautomatisch Führungsschienen für Kettensägen.[164] Der Roboterhersteller Fanuc setzt Roboter in einer solchen Fabrik zusammen,[165] die bis zu 600 Stunden vollständig autonom produzieren kann. Menschen sind lediglich für Wartung und Reparatur zugegen.

Trotz dieser und vieler weiterer Beispiele bleibt umfassende Automation eine Ausnahme. Sobald Dienste oder Produkte oder deren Herstellung komplexer werden, funktioniert Automation nicht. Elon Musk wettete bei der Produktion von Autos auf die Automation – und verlor. Nach etlichen Versuchen resümierte er: »Ja, die übermäßige Automation bei Tesla war ein Fehler. Um genau zu sein, mein eigener Fehler. Menschen werden unterschätzt.«[166] Trotz Jahrzehnten des technischen Fortschritts wird immer klarer: Menschen bleiben wichtig, zum Beispiel für das reibungslose Funktionieren von Fließbandprozessen.

Deshalb sind Prognosen über Auswirkungen auf den Arbeitsmarkt mit Vorsicht zu genießen. Ökonomen sagen voraus, dass bis zum Jahr 2030 jeder zweite Arbeitsplatz wegfallen könnte.[167] Solche Dystopien scheinen überzeichnet (siehe auch Kapitel »Dystopien über Automation«). Künstliche Intelligenz wird die Denkarbeit nicht ersetzen, aber nachhaltig prägen. Sie kann viele basale Fähigkeiten bestimmter Hirnregionen simulieren und damit einen wertvollen Beitrag leisten, um bestehende Jobprofile zu verbessern. Doch sie wird sie nicht zwingend überflüssig machen. Und eine weitere Umfrage lässt aufhorchen: 32 Prozent der Befragten würden sich lieber von Software als von Menschen delegieren lassen.[168]

Fitts Listen und MABA-MABA

Als Kind hatte ich einen Zauberkasten, doch ich war unbegabt, ungeschickt und ungeduldig. Die Tricks liefen zwar schlecht, aber der Zauberspruch funktionierte: »Abrakadabra!« Dieses Wort hat eine Tradition, die bis in das Latein der Spätantike zurückreicht. Viele indogermanische Sprachen verwenden ähnliche Ausdrücke: Abracadabra (englisch), Abracadabra (italienisch), Абракадабра (russisch). Und in einem Medizinbuch wurde tatsächlich geraten, ein Amulett mit diesem Wort zu tragen, um Malaria abzuwehren.[169]

Auf die Suche nach dem »Abrakadabra der Automation« begeben sich Forscher und Ingenieure ab den 1950er-Jahren. Maschinen drängen in die Fabriken. Nach dem Zweiten Weltkrieg ist der Wiederaufbau der Industrie in vollem Gange. Man will besser verstehen, wie Tätigkeiten zwischen Arbeitern und Maschinen in Werkshallen und an Fließbändern ablaufen können.

Der amerikanische Psychologe Paul Fitts gehört zu den Ersten, die dieses Problem erkennen und angehen. Besonderen Bedarf für mehr Automation hat man für die Luftfahrt ausgemacht. Nach dem Krieg wird das Fliegen für Amerikaner Alltag, weil zum Beispiel Düsenflugzeuge die Kolbenmotorflugzeuge ersetzen. Der Reiseverkehr nimmt zu, und mit dem Wachstum des Luftverkehrs tauchen neue Probleme auf.[170] Fitts ist der Herausgeber einer Studie, die die Frage beantworten soll, wie man den Flugverkehr besser regeln könnte.[171] Die Studie ist angelegt, um zwei Fragen zu beantworten: Wo übertreffen Menschen die Maschinen? Und wo übertreffen Maschinen die Menschen? Die Autoren nehmen an, dass es darum geht, Tätigkeiten zwischen Menschen und Maschinen aufzuteilen (siehe Tabelle 6).

Menschen übertreffen Maschinen in der:	**Maschinen übertreffen den Menschen in der:**
Fähigkeit, kleine Mengen visueller oder akustischer Energie zu erkennen	Fähigkeit, schnell auf Steuersignale zu reagieren und große Kraft sanft und präzise auszuüben
Fähigkeit, Muster von Licht oder Schall wahrzunehmen	
Fähigkeit, zu improvisieren und flexible Verfahren anzuwenden	Fähigkeit zur Durchführung sich wiederholender, routinemäßiger Aufgaben
Fähigkeit, sehr große Informationsmengen über lange Zeiträume zu speichern	Fähigkeit, Informationen kurz zu speichern und sie dann vollständig zu löschen
Fähigkeit zu induktivem Denken	Fähigkeit zu deduktivem Denken, einschließlich rechnerischer Fähigkeiten
Fähigkeit zur Urteilsbildung	Fähigkeit, hochkomplexe Operationen durchzuführen, das heißt viele verschiedene Dinge gleichzeitig zu tun

Tabelle 6: Fitts Liste

Die Autoren stellen die jeweiligen Stärken und Schwächen von Menschen und Maschinen gegenüber. Die implizite Annahme ist, dass man Menschen oder Maschinen die Tätigkeiten zugestehen sollte, die der eine oder andere besser beherrscht. Dies dokumentiert Fitts in Form einer Liste, in der die Gegensätze aufgelistet wurden.[172] Deshalb werden diese und ähnliche Listen als »Fitts Listen« *(Fitt's lists)*[173] bezeichnet. Der Ansatz selbst geht als »MABA-MABA« *(Men are better at – Machines are better at)* in die Geschichte ein.[174]

Fitts erste Liste entwickelt sich zum Goldstandard, um die Zusammenarbeit zwischen Menschen und Maschinen zu regeln. Allerdings meint Fitts selbst, es wäre töricht, sich nur auf seine Listen zu verlassen. Sie würden der Komplexität der Aufgabe nicht gerecht, das Verhältnis von Menschen und Maschinen zu erklären. Fitts Listen haben anfangs tatsächlich Einfluss auf die Praxis. Aber sie sind allgemein, schwer zu quantifizieren und lassen keine nuancierten Bewertungen zu. Trotzdem bleibt Fitts Versuch wichtig, um ein Phänomen zu verstehen, das mit künstlicher Intelligenz noch wichtiger geworden ist. Für viele Wissenschaftler sind Fitts Listen der Einstieg in ein Thema, das weit komplizierter werden sollte, als man zuerst dachte.

Zudem bringt Fitts andere Forscher auf weiterführende Gedanken. Sie stellen sich erneut dem eigentlichen Problem und grübeln nach über das Aufteilen von Tätigkeiten zwischen Menschen und Maschinen. Sie finden zunächst eine bessere Frage: »Wie bringen wir sie dazu, miteinander auszukommen?«[175] Mit diesem Wechsel der Perspektive eröffnen sich neue Optionen, um eine passende Antwort zu finden. Maschinen werden zunehmend besser darin, die Denkprozesse von Menschen zu simulieren.

Doch Entscheidungsfindung braucht weit mehr als kühle Analyse. Sie benötigt auch Erfahrung, Intuition, Eingabe. Und für diesen Zugang zu Entscheidungen gibt es noch nicht einmal plausible theoretische Modelle, um deren Dynamik zu beschreiben, geschweige denn, sie technisch abzubilden. Wir sprechen deshalb eher von einem *Kontinuum des Entscheidens*, wenn wir die Kooperation von Mensch und Maschine betrachten und sich beide Teile bei der Entscheidungsfindung helfen. In diesem Fall spricht man davon, dass »Menschen in der Schleife« sind.

Menschen in der Schleife

Der Ansatz MABA-MABA aus den 1950er-Jahren ist gescheitert. Das Raumfahrtprogramm der Amerikaner muss trotzdem dringend die Frage lösen, wie Menschen und Maschinen in extremen Situationen zusammenarbeiten können.[176] Auch die Fortschritte in der Datenverarbeitung simulieren immer mehr kognitive Fähigkeiten, die bis dahin Menschen vorbehalten waren. So entsteht eine neue

Idee: Forscher entdecken den »Mensch in der Schleife« *(Human-in-the-loop, kurz HITL)*[177].

HITL ist der nächste Versuch, die Beziehung zwischen Menschen und Maschinen zu vermessen. Ein Beispiel kann das erläutern: Die Fähigkeiten von Menschen können genutzt werden, um maschinelle Fähigkeiten zu steigern. Dafür sind Menschen eingebunden in einen Kreislauf von Ausprobieren, Testen, Bestätigen und Trainieren. Je länger das Training, desto zuverlässiger wird ein Algorithmus.

- Im ersten Schritt vergeben Menschen beispielsweise Schlagworte, um die Inhalte eines Bildes zu beschreiben (»Hund«, »Katze«, »Maus«, »Regenschirm«). Damit wird ein Algorithmus gefüttert. Die Verschlagwortung hat eine hohe Qualität, weil man darauf vertrauen kann, dass Menschen diese Aufgabe leicht lösen können. Eine künstliche Intelligenz lernt durch diese Daten und wird immer besser darin, selbst Bilder zu verschlagworten. Der Mensch ist in der Schleife.
- Im zweiten Schritt trainieren Menschen die künstliche Intelligenz. Dafür begutachten sie die Schlagworte, die die künstliche Intelligenz für unbekannte Bilder vorschlägt. Jede Bewertung verbessert den Algorithmus weiter. Der Mensch ist in der Schleife.
- Wenn die künstliche Intelligenz lange genug trainiert hat, wird sie in die Produktion entlassen. Doch immer, wenn der Algorithmus keine sichere Zuordnung leisten kann, legt er das Bild einem Menschen zur Korrektur vor. Der Mensch ist in der Schleife.

Wenn diese Schritte immer wieder ablaufen, interagieren Menschen und Maschinen miteinander und der Mensch ist in der Schleife. Die künstliche Intelligenz wird zunehmend intelligenter, sicherer und genauer. Allerdings ist auch klar: Der Algorithmus funktioniert nur, solange sich die Daten nicht von denen unterscheiden, mit denen er auf Höchstleistung getrimmt wurde.

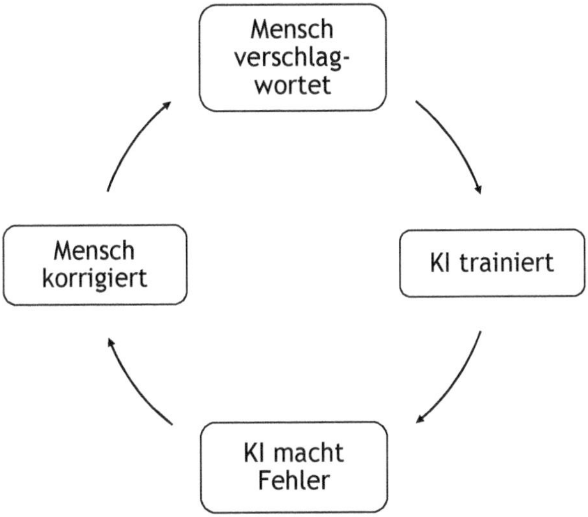

Abbildung 9: Beispiel für Mensch in der Schleife

Oft taucht ein zweites Problem auf: Wenn nicht genug Trainingsdaten vorliegen, kann ein Algorithmus sich nicht verbessern. Dieses Problem wird in vielen Projekten mit künstlicher Intelligenz unterschätzt.

Der Mensch in der Schleife hilft, ein großes Problem mit Maschinenintelligenz zu lösen: Wenn die Maschine sich selbst nicht traut, bittet sie den Menschen um Rat. Dieser liefert wahlweise Expertise oder bietet einfach gesunden Menschenverstand. Menschliche Kompetenz addiert sich zu maschineller Kompetenz für einen doppelten Nutzen: Einerseits wird der akute Geschäftsfall erfolgreich abgeschlossen. Andererseits füttert menschliche Expertise die Maschine, um die Algorithmen für den nächsten aufzuschlauen. Oder aus einer anderen Perspektive gesehen: Der Mensch springt in die Bresche, um Entscheidungen abzusichern, und er trainiert auch noch den Algorithmus. Gesunder Menschenverstand wird zum integralen Bestandteil eines Geschäftsprozesses.

Das Verhältnis zwischen Mensch und Maschine wandelt sich. Künstliche Intelligenz kann immer mehr. Aber wir sehen immer öfter auch folgendes Muster, das der Leistungsfähigkeit von Algorithmen auf den ersten Blick zu widersprechen scheint: Je komplexer das Einsatzgebiet ist, desto wichtiger wird für die künstliche Intelligenz der menschliche Experte – trotz großer Fortschritte in der Automation. Die künstliche Intelligenz muss erst einmal lernen, um in einer Sache gut zu werden. Sonst ist sie auf unbekanntem Terrain fast immer verloren, weil zum Beispiel die Datenmengen für eigenständiges Lernen nicht ausreichen. In allen diesen Fällen braucht es den Mensch in der Schleife:

- Kluge Entwickler verbringen viele Jahre damit, Autos das autonome Fahren beizubringen, und die Technik ist heute sehr gut. Aber nicht gut genug. Selbst 99 Prozent Sicherheit würden immer noch heißen, dass in 1 Prozent der Fälle Menschen zu Schaden kommen könnten. Der tödliche Unfall eines Tesla im Autopilot-Modus vom Mai 2016 zeigte das auf dramatische Weise.[178] Die meiste Zeit fährt der Autopilot allein. Aber das Auto besteht darauf, dass der Fahrer das Lenkrad übernehmen muss, falls es nicht mehr weiter weiß. Und immer dann, wenn das Sensorsystem Zweifel plagen, was gerade passiert (zum Beispiel Baustelle, Straßenbelag, Wetter), delegiert es zurück an den Fahrer. Das Auto fährt tatsächlich die meiste Zeit selbstständig, aber es braucht den Fahrer als Retter in letzter Not. Und in besagtem Unfall versagten sowohl der Autopilot als auch der als Rückfallposition fest eingeplante Fahrer.
- Facebooks Algorithmus für das Erkennen von Gesichtern funktioniert frappierend gut. Wenn ein Foto verfügbar ist, erkennt er mit etwa 97-prozentiger Genauigkeit die Personen auf dem Bild.[179] Im Zweifel bittet der Algorithmus den Benutzer, die Vorschläge zu bestätigen. Kann der Algorithmus noch nicht einmal einen Vorschlag unterbreiten, muss der Benutzer selbst verschlagworten. Durch diesen Dialog entsteht Information, die den Algorithmus trainiert, es künftig besser zu machen. Und je mehr Daten verfügbar werden, desto eher wird der Algorithmus ohne Hilfe das nächste Gesicht erkennen.
- Onkologen müssen viel Erfahrung sammeln, bis sie plausible Tumortherapien vorschlagen. Eine Studie von IBM konnte zeigen, dass die Experten in etwa 14 Prozent aller Fälle ihre Entscheidung überdachten, wenn sie eine künstliche Intelligenz zu Rate zogen.[180] Eine andere Studie zur Diagnose von Brustkrebs ergab, dass die Kombination von Arzt und Software die Qualität der Einzeldiagnosen übertraf: Die Maschine erkannte 92,5 Prozent der Karzinome, der Radiologe kam auf 96,6 Prozent. Beide zusammen aber steigerten die Trefferquote auf 99,5 Prozent.[181]

Es zeigt sich also: Menschen und Maschinen können kommunizieren und kollaborieren. Allerdings ist dabei schwer zu verstehen, wie das genau passiert. Die Philosophen Andy Clark und David Chalmers stellen deshalb die Frage: »Wo genau endet der Verstand und wo beginnt der Rest der Welt?«[182] Unsere Aufgabe ergibt sich aus ihrer Frage: Wie können wir einfach darüber reden, wenn das Denken sich über die körperlichen und geistigen Grenzen ausdehnt?

Es bräuchte ein einfaches Vokabular und eine einfache Grammatik, mittels derer wir über das Verhältnis von Menschen und Maschinen sprechen können, ohne gleichzeitig die Komplexität der Materie zu schleifen. Kann es so etwas geben? Es kommt darauf an. Die Hauptthese des Philosophen Ludwig Wittgenstein lautet: »Wovon man nicht sprechen kann, darüber muss man schweigen.«[183] Wittgenstein unterschied zwischen dem *Sagbaren* und dem *Zeigbaren*. Für ihn ist nur für das Sagbare möglich, Sprache sinnvoll und zweckmäßig zu verwenden. Zur Domäne des Zeigbaren gehören für Wittgenstein alle Probleme des Religiösen, der Ethik und der Moral. Zum Bereich des Sagbaren gehören alle Dinge, über die man sinnvolle Aussagen machen kann. Wir haben Glück: Die Automation des Entscheidens fällt in die Domäne des Sagbaren. Oder wie es der Wirtschaftswissenschaftler Bent Flyvbjerg sagt, wenn er das Scheitern von Großprojekten analysiert: »[…], wir können keine Probleme lösen, über die wir nicht sprechen können. Reden ist also der erste Schritt.«[184]

Die Grenzen von Automation

Es braucht ein Geschicklichkeitsspiel, damit der Autohersteller Volvo seine Idee von Roboterautos auf den Kopf stellt. Im Jahr 2017 sitzt Chefentwickler Erik Coelingh in einem Fahrsimulator. Vor sich hat er ein iPad. Das Auto fährt selbstständig. Er spielt *Dots*[185], eine Variante des berühmten *Tetris*. Ein Tonsignal fordert ihn auf, das Steuer wieder zu übernehmen, aber das passt ihm gerade gar nicht. »Sie schickten mir die Nachricht, als ich kurz vor dem Allzeitrekord stand.« Coelingh gerät in einen Zielkonflikt: Konzentriert er sich auf die Straße oder will er vorher noch schnell seinen Spielgewinn einfahren? »Mir wurde schlagartig klar, es ist nicht so einfach, dieses Spiel zu unterbrechen.« Diese Erfahrung bestätigt eine Hypothese, die Coelingh und seine Entwickler vor dem Schlüsselerlebnis aufgestellt hatten: Ein Roboterauto, das auch nur im Entferntesten auf die Mithilfe des Fahrers angewiesen wäre, stellte Technik und Sicherheit vor unüberwindliche Hürden. Denn Menschen sind in den meisten Fällen »schreckliche Backups«. Sie sind unaufmerksam, lassen sich ablenken und reagieren langsam, wenn es darauf ankommt. »Dieses Problem ist einfach zu schwierig«, fasst es Coelingh zusammen.[186]

Deshalb treten Volvo und seine Mitbewerber um autonomes Fahren einen Schritt zurück. Sie überdenken ihr Ziel: Der frühere Plan lautete, sich Stück für Stück an die vollständige Automation des Autofahrens heranzutasten. Mit solchen Erlebnissen in den Knochen wollen die Ingenieure jedoch kein Roboterauto mehr entwickeln, das auf den Eingriff des Fahrers angewiesen ist. Sie setzen seitdem auf Alles oder Nichts. In technischen Begriffen: Die Autobauer überspringen Stufe 3 (bedingte Automation) und Stufe 4 (hohe Automation). Stattdessen streben sie das vollständig autarke Auto der Stufe 5 an (vollständige Automation). Der Fahrer muss sich dann um nichts mehr kümmern – außer sich an die Adresse erinnern, zu der er gefahren werden will.

Stufen der Automation

Im Verlauf der Menschheitsgeschichte wandelte sich das Verhältnis von Mensch und Maschine. Es wurde zunehmend vielfältiger. Der Faustkeil war ein Werkzeug, das ein Mensch beherrschen konnte. Es war ein passives Ding. Spätestens der Computer aber war ein Werkzeug, das eine ausgiebige Interaktion mit Menschen ermöglichte – und erforderte. Deshalb suchten Forscher nach einer Möglichkeit, um diese Veränderung in eine greifbare Begriffswelt zu übersetzen. Das Ergebnis sind die »Stufen der Automation« *(levels of automation)*.[187]

Der Ingenieur Paul M. Satchell beispielsweise unterscheidet drei Stufen, die das Verteilen von Aspekten zwischen Mensch und Maschine regeln: das Aufteilen von Aufgaben, von Kontrolle und von Autorität, wobei er Mensch und Maschine als sich ergänzend betrachtet.[188]

Von ungenügend bis hervorragend

Eine gute Möglichkeit zu verstehen, wie sich Aufgaben zwischen Menschen und Maschinen aufteilen lassen, liefert der Unternehmensberater Harold (Smoke) E. Price. Er nahm an, dass sich die Fähigkeiten des Menschen auf einer X-Achse verorten lassen (von unbefriedigend bis hervorragend), dasselbe auf der Y-Achse für eine Maschine (siehe Abbildung 10).[189]

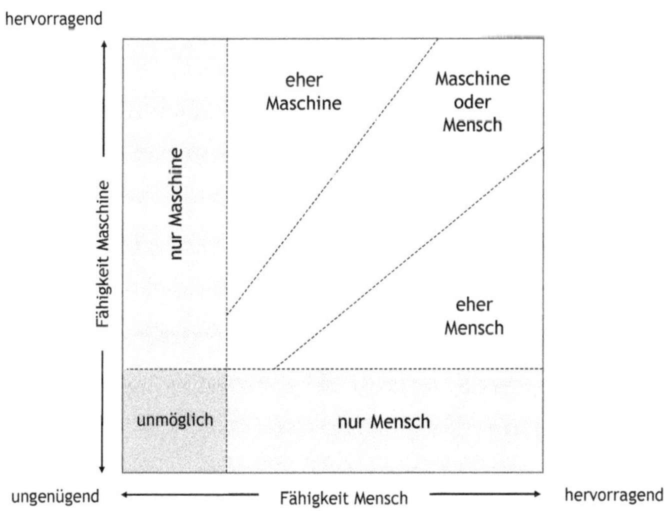

Abbildung 10: Fähigkeiten von Menschen und Maschinen in Anlehnung an Price H. E., 1985, S. 37

Mit Rückgriff auf Fitts Listen können wir Felder unterscheiden, in denen eher Menschen oder Maschinen dazu in der Lage sind, eine konkrete Tätigkeit auszuführen. Im linken unteren Feld liegen solche, die weder Menschen noch Maschinen leisten können (unmöglich). Einige sind vollständig entweder der Maschine (nur Maschine) oder dem Menschen zuordenbar (nur Mensch). Es gibt auch Tätigkeiten, die tendenziell eher Menschen oder eher Maschinen übertragen werden können (*eher* Mensch, eher Maschine). Und das Feld *Mensch oder Maschine* bezeichnet einen Bereich, in dem die Wahl zur Übertragung nicht von den Fähigkeiten abhängt, sondern von anderen Kriterien wie Zeit, Verfügbarkeit oder Kosten.

Aber diese Aufteilung hilft uns nicht, eine viel wichtigere Frage zu beantworten: Ist es überhaupt wünschenswert, immer mehr Entscheidungen in jeder Situation zu automatisieren? Denn selbst, wenn das technisch möglich wäre, sollten wir uns das sehr genau überlegen.

Absolut oder relativ?

Im März 2019 befindet sich die *Viking Sky* auf einer Kreuzfahrt vor der Küste Norwegens. An Bord reisen 1373 Passagiere und die Crew. Bei schwerem Seegang in der eiskalten Nordsee schalten plötzlich die Schiffsmotoren ab. Das Schiff droht, an Steilklippen zu zerschellen. Weil die *Viking Sky* – 230 Meter lang und 30 Meter breit – manövrierunfähig ist, lässt der Kapitän Anker werfen. Bei Nacht beginnt mit Helikoptern die Evakuierung der Passagiere. Währenddessen geht der Wellengang zurück, die Schiffsmotoren springen wieder an und das Schiff rettet sich in offenes Gewässer.

Doch wie konnte die *Viking Sky* überhaupt in diese Lage geraten? Zum Zeitpunkt der Havarie war das Schiff zwei Jahre alt und nach dem neuesten Stand der Technik ausgestattet. Warum konnten sich die Schiffsmotoren nach Gutdünken ausschalten? Die Entwickler hatten diese besondere Situation beim Bau des Schiffs nicht vorhergesehen: Die Analyse ergab, dass die Öltanks der *Viking Sky* relativ wenig Schmieröl lagerten, was unter normalen Umständen kein Problem wäre. Doch die extreme Wetterlage provozierte eine vollständig automatisierte Notabschaltung: In den Öltanks waren Sensoren verbaut, die bei niedrigem Ölstand das sofortige Abschalten der Schiffsmotoren erzwangen. Damit wollte man die Zerstörung der Maschinen ausschließen, wenn die Schmierung ausgeblieben wäre. Der schwere Wellengang überforderte die Sensoren und den Automationsprozess. Sie meldeten wider besseres Wissen einen niedrigen Füllstand, weil das Öl im Tank stark hin- und herschwappte. Gleichzeitig unterbanden die Ingenieure jede Möglichkeit, dass Menschen die automatische Abschaltung der Maschinen dank besseren Wissens hätten revidieren können.[190]

Studien zeigen, dass es für viele praktische Belange nicht darum geht, den Menschen durch eine Maschine zu ersetzen. Denn es können immer wieder Situationen auftauchen, die die Entwickler einer Maschine nicht vorausahnen können. In diesen Fällen hilft nur die Flexibilität des Menschen – oder es kommt zur Katastrophe, wenn auch er versagt (siehe auch Kapitel »Todesflug AF 447«).

Es gibt noch einen profaneren Grund, warum vollständige Automation nicht attraktiv ist. Nehmen wir einmal an, sie wäre technisch möglich, aber die Kosten wären derart hoch, dass sich eine Implementierung niemals über den kalkulierten Lebenszyklus zur Alternative der Mensch-Maschine-Symbiose rentieren würde. Allein aus wirtschaftlichen Gründen würde die Automation in diesem Fall unterbleiben.

Und ein weiterer Grund spricht gegen eine möglichst hohe Automation: Ein sehr hoher, aber nicht vollständiger Automationsgrad könnte provozieren, dass der menschliche Bediener einer Maschine seine Rolle nicht akzeptiert und diese vielleicht sogar sabotieren würde.

Deshalb braucht es keine Suche nach dem *absoluten Minimum* oder *absoluten Maximum* von Automation. Praktiker analysieren den Kontext, finden ein vernünftiges Maß und fragen: Wo liegt das *relevante Maximum* von Automation, wenn die Gesamtleistung einer Mensch-Maschine-Kopplung in Betracht gezogen wird?[191]

Automation bleibt ein bewegliches Ziel. Je mehr technisch möglich wird, desto mehr kann automatisiert werden. Automation folgt der Technikinnovation auf Schritt und Tritt. Wahlweise ist das absolute Maximum auch der Zeitpunkt, den man mit gewisser Sicherheit für die Verfügbarkeit einer neuen Technik vorhersagen kann. Aber das absolute Maximum ist sicher nie die Spekulation über eine Technik, deren Tauglichkeit nur bewiesen scheint, weil sie im Laborversuch glänzt.

Ein gutes Beispiel für ein überambitioniertes relevantes Maximum liefert IBM Watson Oncology. Nachdem die künstliche Intelligenz Watson im Jahr 2011 spektakulär die amerikanische Spielshow *Jeopardy!* gewonnen hat, verkündet IBM, die Software werde nun auch die Krebstherapie revolutionieren. Über viele Jahre löst Watson niemals die großen Versprechungen ein. Angetreten ist IBM mit der Ansage, Watson würde den Onkologen überlegen sein. Übrig bleibt, dass Krankenhäuser argumentieren, dank künstlicher Intelligenz bessere Krebstherapien im Portfolio zu haben.[192]

Gesetzt den Fall, eine Technik existiert und ist in der Praxis erprobt: Wie bewerten wir, wo das relevante Maximum der Automation genau ist? Ein Augenmerk liegt darauf, eine Investitionssumme zu bestimmen, die den erwartbaren Gewinn durch Automation nicht übersteigt. Dazu zählen aber nicht nur die direkten Kosten des Codierens der Software oder das Zusammensetzen des Roboters. Auch die Konsequenzen eines Produktionsstopps durch einen Maschinenausfall sollten in Betracht gezogen werden. Zusätzlich nimmt mit mehr Automation die Flexibilität ab, auf überraschende Ereignisse angemessen zu reagieren. Grundsätzlich gilt für jede Steigerung von Automation: Mit steigender Effizienz steigen auch die unwägbaren Risiken. Denn jede Ausnahmesituation kann unbeherrschbar werden. Jede Notsituation kann in den Ruin führen.

Das relevante Minimum der stufenweisen Automation ist dort zu finden, wo Arbeit in überschaubarer Zeit und zu akzeptablen Kosten von Menschen erbracht werden kann. Je kognitiv oder emotional anspruchsvoller eine Aufgabe ist, desto eher kann sie nur von einem Menschen erbracht werden. Das tausendfache Aussortieren fehlerhafter Produktionsteile kann künstliche Intelligenz mit hoher Qualität erledigen. Die Aufgabe, diesen Roboter zu überwachen, würde aber einem Menschen übertragen.

Der Blick auf das Kontinuum der Automation des Entscheidens eröffnet uns nun den Spielraum, die am besten geeignete Ver- und Zuteilung von Aufgaben zwischen Menschen und Maschinen zu ermitteln. Das Narrativ der Automation kann nicht sein, so viel wie möglich durch Maschinen erledigen zu lassen. Vielmehr bleibt es die Suche nach einer klugen Balance – dem relevanten Maximum. Die Fähigkeiten von Menschen und Maschinen können derart miteinander verknüpft werden, dass sie vielen Bedingungen wie Rentabilität, Zufriedenheit, Ausfallsicherheit et cetera genügen.

Paradoxien durch Automation

Nehmen wir einmal an, der von Experten vorausgesagte Fortschritt bei künstlicher Intelligenz tritt tatsächlich ein. Was würde das in der Praxis bedeuten? Dazu ein Gedankenexperiment: Maschinen haben die meisten Tätigkeiten übernommen, die bisher von Menschen ausgeführt werden. Sie sind sehr, sehr gut darin. Maschinen sind uns in vielen Belangen kognitiver Arbeit maßlos überlegen. Fehler kommen kaum noch vor: Roboterautos fahren fast fehlerfrei. Komplexe Lieferketten werden durch künstliche Intelligenz auf Effizienz getrimmt. Maschinen melden selbstständig, wenn sie Schmierung oder Ersatzteile benötigen. Würden sich in einer solchen Utopie die Fragen um die Automation des Entscheidens einfach in Luft auflösen? Mitnichten.

Denn was passiert bis zu dem Zeitpunkt, an dem Maschinen uns intellektuell überholt haben werden? Das Wissen der Menschen, die diese Arbeit bisher gemacht haben, stirbt langsam aus. Es wird nicht mehr nachgefragt, denn die Gründe fallen weg, dass Menschen dieses Wissen vorhalten. Es wir zu selten gebraucht, denn Maschinen denken und handeln ja in fast allen Fällen besser als Menschen.

Damit verlieren die Menschen aber auch die Fähigkeit, in Extrem- und Ausfallsituationen flexibel eingreifen zu können. Denn – wir erinnern uns – Maschinen werden auf jeden Fall irgendwann Fehler machen. Nicht sehr oft, aber wenn, dann vielleicht sehr große. Nur wird dann niemand mehr da sein, dessen Intuition und Erfahrung eine Katastrophe abwenden könnten. Uns wird die Expertise fehlen.

Dieses Problem haben Forscher schon vor langer Zeit erkannt. Die Psychologin Lisanne Bainbridge ist eine der Ersten, die sich darüber Gedanken machte. Sie konstatiert einen Verlust von kognitiven Fähigkeiten, der dadurch entsteht, dass wichtiges Wissen über Maschinen mit den Experten in Rente geht und deren Nachfolger dieses Wissen nicht mehr erwerben können: »Wir müssen besorgt sein, dass die heutige Generation automatisierter Systeme von Fähigkeiten profitiert, die ehemalige manuelle Bediener gelernt haben. Diese Fähigkeiten werden aber mit der nächsten Generationen von Bedienern verlorengehen.«[193]

Den Forscher David B. Kaber und andere treibt eine andere Frage um: Gesetzt den Fall, Funktionen für Entscheidungen werden zwischen Mensch und Maschine arglos verteilt. Welche Gefahren birgt das? Der Bediener könnte beispielsweise die Reaktionen einer Maschine missverstehen, weil sie fehlerhaft arbeitet. Mit unabsehbaren Folgen für die Sicherheit und Kontrolle der Situation.[194] Hier schimmert wieder das von Brainbridge formulierte Paradoxon hindurch: Je ausgefeilter die Stufen der Automation sind, desto wahrscheinlicher wird ein Bediener irgendwann daran scheitern, in einer extremen Situation angemessen zu reagieren.[195] Ein Beispiel für diesen Effekt ist die Atomkatastrophe von Tschernobyl. Ein Schlüsselereignis des größten anzunehmenden Unfalls in einem Atomkraftwerk war, dass die Mannschaft im Steuerstand des Reaktors die Anzeigen über den aktuellen Zustand des Reaktors falsch interpretierte und damit dem Unfallverlauf unwillentlich Vorschub leistete.[196]

Eine weitere Schwierigkeit der Automation ist der Effekt des »übermäßigen Vertrauens« *(over-reliance)*.[197] Er beschreibt das psychologische Phänomen, dass Menschen Maschinen mehr Vertrauen schenken, als berechtigt ist. Der erste tödliche Verkehrsunfall eines Tesla ist auf diesen Effekt zurückzuführen. Der Fahrer hatte sich auf das Funktionieren des Autopiloten verlassen. Er starb, als er ein Video schaute, statt dem LKW auszuweichen, der quer zur Fahrbahn stand. Der Tesla hielt mit hoher Geschwindigkeit auf das Hindernis zu und wurde mittig abrasiert, bevor er erst weit hinter dem Zusammenstoß zum Stillstand kam.[198]

Wir können festhalten: Vollständige Automation ist keine wünschbare Utopie, sondern würde zu sehr vielen Problemen führen, die erst längerfristig sichtbar würden. Das wird die Befürworter der Automation nicht davon abhalten, trotzdem das absolute Maximum zu fordern. Aber der Preis dafür ist hoch. Es werden viele Menschen leiden oder sterben, bevor sich die in der Wissenschaft längst belegten Erkenntnisse in der Praxis widerspiegeln, bis sich ein gesundes Maß an Automation als Standard etabliert haben wird.

Die Architektur einer Entscheidung

Im Jahr 2015 wollen Forscher die Schulhygiene verbessern. In zwei Schulen wollen sie Schüler animieren, nach dem Toilettenbesuch die Hände mit Seife zu waschen. Dafür werden die Waschbecken sichtbar angebracht und an leicht zugänglichen Orten platziert. Außerdem weisen Hand- und Fußabdrücke den Weg von den Toiletten zu den Waschbecken. Vor diesen Maßnahmen benutzten 4 Prozent der Toilettengänger die Seife. Obwohl jede aktive Unterweisung der Schüler unterblieb, springt die Rate sechs Wochen nach dem Umbau auf 74 Prozent.[199]

Dies ist eine von vielen Studien, die zeigen, wie man durch das Gestalten von Situationen menschliche Entscheidungen steuern kann, ohne sie explizit zu beeinflussen. Mit dem Mechanismus dazu beschäftigen sich die Wissenschaftler Cass Sunstein und Richard Thaler. Für ihre Forschung erhalten sie im Jahr 2017 den Wirtschaftsnobelpreis.[200] Die von ihnen postulierte *Nudging-Theorie* verschafft der Automation des Entscheidens zusätzliche Brisanz. Nudging basiert auf der Annahme, dass Menschen durch eine »Entscheidungsarchitektur« zu einem gewünschten Verhalten beeinflusst werden können. Thaler und Sunstein geben viele Beispiele dafür und Studien belegen, dass das wirklich funktioniert.[201]

Damit wird aus unserer Perspektive eine Frage besonders relevant: Kann man Maschinen missbrauchen, um Entscheidungen zu beeinflussen? Im Prinzip könnte eine künstliche Intelligenz darauf trainiert werden, dass Menschen bei verschiedenen Alternativen bestimmte Optionen präferieren.

Doch selbst wenn kein Vorsatz vorliegt, kann eine Entscheidungsarchitektur entstehen, die bestimmte Entscheidungen nahelegt. Das liegt an der Datenlage, auf die jede künstliche Intelligenz zwingend zugreifen muss. Diese konserviert Vorurteile, die Menschen – bewusst oder unbewusst – in die Datensätze eingebettet haben. Dies könnte zu Entscheidungsarchitekturen führen, die die Entwickler nicht bedacht haben.

Ein frappantes Beispiel liefert Amazon. Im Jahr 2014 startet das Unternehmen eine künstliche Intelligenz, um das Sichten von Bewerbungsschreiben zu beschleunigen.[202] Das Unternehmen will sein Wachstum besser organisieren: Im Jahr 2016 hat Amazon 341.000 Angestellte, fast doppelt so viele wie ein Jahr zuvor.[203] Die Software analysiert Bewerbungsunterlagen in großer Zahl und vergibt bis zu fünf Sterne, ähnlich wie Amazons Kunden Produkte bewerten. Nach einiger Zeit stellt sich heraus, dass Bewerbungen von Frauen als Softwareentwicklerinnen oder für andere Jobs mit technischem Fokus benachteiligt werden. Schuld daran sind die Trainingsdaten. Diese setzen sich großteils aus Bewerbungen von Männern zusammen und spiegeln die männliche Dominanz für solche Jobs wider. Die künstliche Intelligenz schließt daraus fälschlicherweise: Frauen sind schlechte Programmierer.

Nudging dient in der Theorie dazu, Menschen zu helfen, ihren Präferenzen besser zu folgen. Ein mit künstlicher Intelligenz ausgestatteter Robo-Advisor kann aber zum Beispiel schnell zu einem Mittel werden, das die Präferenzen der in seinen Trainingsdaten angelegten Vorurteile heranzieht, welche sein Erbauer möglicherweise unbewusst umsetzt. In diesen Fällen würde künstliche Intelligenz nicht mehr neutral arbeiten und Sachverhalte objektiv miteinander vergleichen, sondern einer normativen Agenda folgen, auf deren Grundlage Entscheidungen fallen – ohne dass die Werte selbst überhaupt bewusst oder sichtbar wären.

Es läuft auf eine Zwickmühle hinaus: Wer entscheidet, was richtig ist? Und wie viel von dieser Gewissheit wird einer künstlichen Intelligenz bewusst oder unbewusst eingeimpft? Wenn Akteure in der Domäne der künstlichen Intelligenz die

Ansicht vertreten, dass bestimmte Formen der ergebnisoffenen Interaktion mit einer Maschine zu unterlassen sind, dann stellen sie auf der anderen Seite die Autonomie von Benutzern infrage, selbst die Ultima Ratio für Entscheidungen sein zu können.

Die Automation des Entscheidens als Landkarte

»Alle Modelle sind falsch. Aber einige sind nützlich.«

– GEORGE BOX

Die folgende Geschichte geht zurück auf ein Militärmanöver, das ungarische Truppen durchführten. Unter widrigen Wetterverhältnissen schickt ein Leutnant seine Soldaten zur Aufklärung in die Alpen. Starker Schneefall setzt ein. Die Einheit kehrt nicht mehr zurück. Nach drei Tagen erklärt man die Soldaten für verloren, doch dann tauchen sie plötzlich wieder auf. Die Rückkehrer berichten, sie hätten bereits alle Hoffnung aufgegeben. Dann fand sich in einer Tasche eine Karte. Sobald der Schneesturm nachgelassen hatte, orientierte sich die Gruppe und fand ins Lager zurück. Der Haken bei der Sache: Die Karte zeigt die Berge der Pyrenäen.[204]

Diese Anekdote verdeutlicht, dass Modelle nur sehr bedingt eine detailgetreue Abbildung der Wirklichkeit bieten müssen. Viel wichtiger ist, dass sie das Vertrauen erhöhen, sich einer Sache überhaupt gewachsen zu sehen. Sie geben Mut, bauen auf, machen einen Dialog möglich.

Künstliche Intelligenz vereinigt wie keine zweite Technik Eleganz und Widersprüchlichkeit. Deshalb hilft jedes Modell über künstliche Intelligenz weiter, mit dem wir besser durch ihre Untiefen navigieren können. Wie akkurat ein Modell sie beschreibt, ist zweitrangig. Aber es sollte immer ein Verständnis vermitteln, um zumindest über die richtigen Fragen zu stolpern. Denn richtige Antworten auf falsche Fragen lösen nicht nur keine Probleme, sondern schaffen in der Regel noch weitere.

Sich den Sinn erschließen

Der Soziologe Karl Weick führt den Begriff »sich einen Sinn erschließen« (*sensemaking*) in die Forschung ein. Er beschreibt ein Phänomen, wie große Organisationen ein Verständnis von sich und der Welt entwickeln und teilen.[205] Er meint damit die Art und Weise, wie Unternehmen daran arbeiten, das Unbekannte für sich zu strukturieren. Denn sie wollen handlungsfähig bleiben, um jeden Preis. Es bedeutet, sich eine Art Landkarte anzulegen. Diese bietet plausible Erklärungen für die Dinge in der Welt, mit denen Organisationen sich konfrontiert sehen oder auf die sie Antworten geben wollen oder finden müssen.

Bewähren sich Hinweise und Markierungen über Orte und Wege auf dieser Landkarte in der Interaktion mit anderen, etwa durch Sammeln und Ordnen von Fakten, durch Handeln und Kommunizieren, dann behält das Unternehmen seine Landkarte. Stellt sie sich als ungenau oder falsch heraus, wird sie ergänzt, geändert oder korrigiert. Im schlimmsten Fall werfen Organisationen ihre Karte weg. Dann hat sie nichts genutzt, war wertlos oder es stellte sich heraus, dass es schadete, sich auf sie verlassen zu haben.

Haben wir eine Landkarte, der wir vertrauen, dann stellen wir uns mit ihr der Komplexität der Welt. Sie ist der Ausgangspunkt jeder Handlung oder Aktivität, ob sie unbewusst leitet oder konkret und explizit führt.[206]

Das Unbekannte lässt sich erklären, wenn man eine Landkarte vor sich hat. Wenn man noch nichts weiß, dann hilft es, zumindest das zusammenzufügen, was bereits bekannt ist. Manchmal ist das der einzige Weg zu erkennen, wie viel man bereits weiß – und was nicht.[207]

Die Automation des Entscheidens ist unser Versuch, uns einen Sinn über künstliche Intelligenz zu erschließen. Unsere Landkarte ist ein Modell zum Verteilen von Entscheidungsgewalt zwischen Mensch und Maschine. Das Modell kann richtig sein oder falsch. Ungenau oder präzise. Vielleicht muss es korrigiert werden, sobald wir es besser verstehen. Aber das Instrument hilft nicht nur, neue Dinge auszuprobieren, die durch die künstliche Intelligenz möglich werden. Es hilft auch, die Wirkung von künstlicher Intelligenz zu betrachten: wie sie auf Prozesse trifft, die schon lange existieren, und auf Menschen, die sich auf das Funktionieren dieser Prozesse eingelassen und eingespielt haben.

Sich mit künstlicher Intelligenz auseinanderzusetzen bedeutet, in einer komplexen und unsicheren Umgebung schnell den Kurs zu korrigieren, sobald er sich als falsch herausstellt. Die Automation des Entscheidens ist ein Mittel, um Fehler zu finden, einzugrenzen und zurückzuspielen, damit tragbare Lösungen entstehen. Wir können damit Lösungen ausprobieren, sobald die Probleme sichtbar werden, anstatt sie laufen zu lassen, bis sie außer Kontrolle geraten. Es sind solche Momente, in denen die Automation des Entscheidens ihre größte Wirksamkeit erzielt: Wenn unser Verständnis über künstliche Intelligenz gering ist oder schwindet, bietet sie eine Rückfallposition, wo wir uns bei Bedrohung oder Furcht über das Unbekannte eines mentalen Modells versichern können. Sie hilft uns, uns unseres aktuellen Verständnisses zu vergewissern und die notwendigen Antworten zu finden. Aber sie hilft uns vor allem, überhaupt anzufangen. Sie hilft uns, handlungsfähig zu werden oder zu bleiben.

Flirt mit dem Unbekannten

Dafür bewegen wir uns vom Einfachen zum Schwierigen – und dann gehen wir wieder zurück. Den Schritt ins Schwierige wagen wir, wenn zusätzliche Information herangeflutet oder wir Dinge ausprobiert haben. Diese Erfahrungen verdichten sich zu Mustern, die wir wahrnehmen, dann benennen und anschließend kategorisieren. Das Komplexe ist nun wieder einfach. Allerdings sind wir auf einer höheren Ebene des Verstehens angekommen.

- Die Automation des Entscheidens hilft uns, weil unser Verständnis über künstliche Intelligenz in der Welt noch nicht ausgeprägt ist. Das liegt unter anderem daran, dass die Technik sich rasant entwickelt und Überraschungen bereithält, auf die wir uns nicht vorbereiten können.
- Die Automation des Entscheidens ist ein Instrument, um das Undenkbare zu denken. Sie hilft, plausible Zugänge zur künstlichen Intelligenz zu ebnen und verständlich zu machen; sie hilft, diese Zugänge mit anderen auszuprobieren und in konkrete Handlungen zu übersetzen; sie hilft, das Verständnis von künstlicher Intelligenz zu überarbeiten oder durch ein Instrument zu ersetzen, das besser erklärt, was künstliche Intelligenz eigentlich ist und wie man mit ihr umgehen sollte oder könnte. Mit der Automation des Entscheidens suchen wir nach einer übergeordneten Klammer des Verstehens, obwohl wir uns nicht sicher sein können, dass überhaupt eine existiert.
- Wenn wir die Automation des Entscheidens aus dieser Perspektive betrachten, dann ist sie kein starres Korsett, in das man die organisationale oder für jeden individuelle Wirklichkeit künstlicher Intelligenz hineinzwängen kann. Sie ist eher ein Rahmen, um zwischen Heuristiken und Handlungsanweisungen zu wechseln, zwischen Intuition und rationalen Erwägungen, induktivem und deduktivem Denken, der ständigen Suche nach belastbarer Evidenz und dem Aufstellen und Testen guter Hypothesen.

- Die Automation des Entscheidens kann uns Hoffnung geben und Vertrauen, dass wir die künstliche Intelligenz in den Griff bekommen. Sie kann helfen, aus der Starre von Angst, Unsicherheit und Zögern ins Tun zu wechseln. Wenn wir künstliche Intelligenz als die Automation des Entscheidens beschreiben, dann verlassen wir eine Zone der Unsicherheit und des Zweifelns. Vielleicht schütteln wir zumindest einen Teil unserer Furcht damit ab, uns die Dinge anzusehen, wie sie sind – und nicht, wie sie uns andere weißmachen wollen. Wir erobern uns eine Deutungshoheit, die wir für die künstliche Intelligenz vielleicht noch nicht hatten.
- Die Automation des Entscheidens bringt Beteiligte und Betroffene dazu, in dieselbe Richtung zu schauen. Dadurch werden Entschlüsse möglich, die von allen getragen werden. In einer Welt, die durch Hyperaktivität gekennzeichnet ist, hilft die Automation des Entscheidens mit einem einzigen Grundgedanken über die künstliche Intelligenz, effektiver zu agieren oder zu reagieren. Es gibt keine »richtige« Interpretation der künstlichen Intelligenz. Die Automation des Entscheidens ist nie Ultima Ratio. Sie bietet lediglich einen plausiblen Rahmen, der durch Daten, Handlungen, Erfahrungen und Kommunikation ständig angereichert wird. Sie hilft uns, in einer Welt handlungsfähig zu bleiben, in der durch künstliche Intelligenz viele Dinge ins Wanken gekommen sind, die wir für selbstverständlich hielten.[208]
- Die Automation des Entscheidens ist lediglich ein Startpunkt auf unserer Karte – nicht das Ziel unseres Tuns. Sie ist aber kein Selbstzweck. In bestimmten Situationen kann der Blick auf eine genaue Karte unflexibel machen, man verästelt sich womöglich zu sehr in den Details. Stattdessen ist das ungefähre Wissen um den Standort sehr viel wichtiger. Man erkennt schneller, in welche Richtung man sich bewegen kann oder sollte.[209]
- Deshalb hilft die Automation des Entscheidens, Betroffene und Beteiligte zuerst einmal zu beruhigen und vor Übersprunghandlungen zu bewahren. Blinder Aktionismus ist nie hilfreich, wenn wir komplexe Situationen erfassen müssen. Anderseits reicht es manchmal auch nicht aus, ein Thema erst ganz genau verstanden haben zu wollen, bevor überhaupt etwas geschieht. Denn wenn es keine »richtige« Antwort gibt, dann erstarren wir in einer Unfähigkeit zu handeln. Es kann wichtiger sein, sich in einer sich schnell ändernden Umgebung von Markterwartung und Technikfortschritt zu bewegen, selbst wenn es keine letztgültige Gewissheit gibt.

Zusammengefasst: Die Plausibilität für das Instrument der Automation des Entscheidens ist wichtiger als seine Genauigkeit. Es eröffnet den Zugang zu Geschichten, die erklären und ansporen zu diskutieren, aktiv zu werden und Ideen beizutragen, anstatt auf die besten Ideen zu warten, die ins perfekte Bild einer Situation passen müssen. Karl Weick brachte die Anekdote um die vertauschten Landkarten der ungarischen Soldaten so auf den Punkt: »Wenn Sie müde, kalt, hungrig und ängstlich sind, reicht jede alte Karte.«[210]

Wie eine Entscheidung fällt

- Eine Entscheidung ist das Resultat eines Prozesses, der vier Schritte umfasst. Daten werden wahrgenommen oder erfasst und dann zu Information aufbereitet. Daraus ergeben sich Alternativen, die es zu gewichten gilt. Aus guten Gründen wird eine bestimmte Alternative ausgewählt. Erst das ist die Entscheidung.
- Unternehmen entwickeln eine Dynamik für das Treffen von Entscheidungen, die einer absurden Logik folgt. Entscheidungen fallen auf Grundlage einer wilden Sammlung von Problemen, Lösungen und Beteiligten, die nicht unbedingt miteinander in Beziehung stehen. Das Mülltonnen-Modell erklärt, wie daraus trotzdem Entscheidungen erwachsen.
- Jede Entscheidung hat eine Vorgeschichte. Es ist der Weg, der eine Entscheidung prägt und sie unausweichlich macht. Dieser Weg ist gestaltbar. Er besteht aus den Prämissen, die Entscheidungen prägen, dem Prozess, um die Entscheidung zu treffen, und den Inhalten und Annahmen, die eine Entscheidung ausgesprochen oder unausgesprochen flankieren.
- Alle kognitiven Fähigkeiten des Menschen lassen sich verorten in der Bloom-Taxonomie. Die Gretchenfrage lautet: Welche Anteile davon verbleiben beim Menschen und welche delegieren wir an die Maschinen?
- Wenn Maschinen und Menschen zusammen Entscheidungen fällen, können viele Schwierigkeiten auftauchen, die zunächst nicht offensichtlich sind. Wer sie kennt, kann mit ihnen umgehen.

Der Ablauf einer Entscheidung

»Man fängt erst mal an, und dann sieht man weiter.«

– NAPOLEON I.

Der Philosoph Søren Kierkegaard hat eine schwere Kindheit. Streng religiös wird er erzogen und er leidet unter seinem Vater. Dieser war in jungen Jahren an der Religion verzweifelt, weil er Gott verflucht hatte, und damit jedes Unglück der Familie erklärt. Pietistisch erzogen, entspricht Sohn Søren dem Wunsch des Vaters und studiert Theologie. Aber die Schwermut des Vaters färbt auf ihn ab. Zuerst bricht Søren mit dem Vater und sucht sein Heil im Weltlichen. Schließlich findet er zurück zur Theologie, sie wird sein Lebensthema. Kierkegaard beschäftigt sich zeitlebens damit, was der Mensch fürchtet. Seine Antwort: Der Mensch trifft sein ganzes Leben lang Entscheidungen, deren Konsequenzen er nicht kennen kann.[211] Für Kierkegaard resultiert die Freiheit für die Entscheidung aus der Angst vor der eigenen Freiheit. Jede Entscheidung ist der Sprung in einen Abgrund von Möglichkeiten. Jede könnte falsch sein. Darum fragt er, an welcher Richtschnur der Einzelne sein Handeln ausrichten kann. Seine Antwort ist der Glaube an Gott, der dem Menschen die Hoffnung gebe, dass sein Leben letztendlich gelingen kann. Wobei die Entscheidung zu glauben natürlich eine falsche Entscheidung sein könne.

Philosophisch betrachtet waren Entscheidungen für Kierkegaard ein gefährliches Terrain. Aber auch ganz praktisch geht es bei Entscheidungen manchmal um Leben und Tod.

Todesflug AF 447

Der Air-France-Flug AF 447 startet am 31. Mai 2009 um 19:29 Uhr in Rio de Janeiro mit dem Ziel Paris für den nächsten Tag nach zehn Stunden Flug. Geflogen wird die Linienstrecke von Kapitän Marc Dubois und seinen Kopiloten David Robert und Cedric Bonin. Dubois ist ein erfahrener Pilot, beide erste Offiziere haben wenig Flugerfahrung. Gegen 2 Uhr verlässt Dubois das Cockpit, um zu schlafen. Bonin und Robert übernehmen den Steuerknüppel. Einige Minuten später gerät das Flugzeug in ein Unwetter. Bonin verringert die Geschwindigkeit und der Bordcomputer beginnt gleichzeitig, Korrekturmanöver einzuleiten.

Es beginnt ein Gerangel um die Flugzeugkontrolle zwischen Pilot und Software: Bonin übersteuert eine Korrektur und die Maschine reagiert noch energischer, um den Flug wieder zu stabilisieren. Die erste Warnung meldet, dass sich der Airbus in eine gefährliche Position begeben hat. Die Geschwindigkeit sackt schlagartig von 507 Kilometer pro Stunde auf 96 Kilometer pro Stunde. Sofort vergrößert sich der Anstellwinkel der Flügel. Das Flugzeug steigt nun mit 36 Metern in der Sekunde. Bonin versucht immer noch, die Maschine hochzuziehen. Der Anstellwinkel liegt bei fast 30 Grad. Der Computer hat bereits in einen Modus umgeschaltet, der den viel zu steilen Anstellwinkel nicht mehr korrigieren kann. Der Auftrieb an den Flügeln bricht zusammen und die Maschine stürzt in den Sinkflug.

Währenddessen versuchen Bonin und Robert, die Kontrolle über das Flugzeug zurückzugewinnen. Doch sie haben unterschiedliche Interpretationen, wie es zu dieser Situation gekommen ist und wie man demzufolge das Problem lösen sollte. Während der eine die Maschine steil nach oben zieht, drückt der andere sie steil nach unten. Dieser Widerspruch veranlasst den Bordcomputer, keinen der beiden Befehle auszuführen.

Um 2:11 Uhr stürmt Kapitän Dubois ins Cockpit. Der Anstellwinkel liegt jetzt bei 40 Grad. Die Turbinen laufen auf Volllast. Die Alarme wegen Strömungsabriss stoppen. Der Bordcomputer erhält keine sinnvollen Sensordaten mehr. Das Flugzeug hält die Nase weit über den Horizont, stürzt aber gleichzeitig in die Tiefe. Die Piloten versuchen verzweifelt, die Maschine zu stabilisieren.

Die Aufzeichnung des Flugschreibers stoppt um 2:14 Uhr. Der Airbus schlägt mit 282 Kilometern pro Stunde auf der Wasseroberfläche auf. 228 Passagiere und die Crew sterben, als es die Maschine zerreißt.[212]

Die letzten Minuten von Air France AF 447 enthalten viele Lehren: über die kognitiven und emotionalen Grenzen von Menschen, mit Stress umzugehen, über das Verhängnis, wenn Menschen unter Belastung aneinander vorbeireden, und über die Wechselwirkung zwischen Menschen und Maschine – in diesem Fall zwischen den Kopiloten und dem Bordcomputer des Airbus.

Jede Situation kann von verschiedenen Menschen unterschiedlich gedeutet werden, vor allem wenn sie unter Stress stehen. Sowohl das Erfassen wie das Deuten eines Sachverhalts können falsch sein, beim Einzelnen wie bei einer

Gruppe von Menschen. Wissenschaftler sprechen in diesem Fall vom Verlust »geteilter Bedeutung« *(shared meaning)* zwischen Menschen. Es gibt andere Beispiele, die diesen Zusammenbruch geteilter Bedeutung umfangreich dokumentieren.[213]

Vor dem Absturz der AF 447 versagte einerseits die Kommunikation zwischen den Piloten Bonin, Robert und Dubois. Sie teilten kein gemeinsames Verständnis für die Situation. Andererseits häuften sich die Missverständnisse zwischen den Kopiloten und den Anzeigen und Reaktionen des Bordcomputers. Eine verhängnisvolle Rolle spielte dabei, dass die Verantwortung für die Interpretation der Situation und das Ausführen von Maßnahmen nicht geregelt war. Insbesondere die Auseinandersetzung im Cockpit zwischen den Kopiloten und dem Bordcomputer spiegeln dieses Ringen um die Deutungs- und Handlungshoheit wider.

Das macht deutlich, dass die Interaktion zwischen Menschen und Maschinen oft zwei Tätigkeiten betrifft, die miteinander zusammenhängen, aber nacheinander ablaufen, nämlich erst kognitive und dann physikalische. Die Letzteren basieren auf Technik, die jede Art von Bewegung und Manipulation der realen Welt betreffen (also Fortbewegung durch Autos, aber auch Roboter), die Ersteren sind die kognitiven Funktionen, um die physikalischen Tätigkeiten zu steuern und zu kontrollieren.

Diese Tragödie zeigt auch, dass Entscheidungen aus der immergleichen Abfolge von Schritten erwachsen. Völlig unabhängig davon, ob diese unter Stress und Zeitnot getroffen werden oder bei Verstand und mit klarem Kopf. Diese Schritte bauen aufeinander auf, sind verzahnt und wiederholen sich ständig in kurzen Intervallen: Daten werden erfasst, Daten werden interpretiert, daraus folgen Handlungsoptionen. Eine konkrete von ihnen wird ausgewählt und umgesetzt. Erst das ist die Entscheidung.

Im Fall von AF 447 passierte Folgendes:

- Sensoren erfassten die Flugsituation. Sie meldeten diese an den Bordcomputer. Die Piloten machten dasselbe mit ihren Sinnen.
- Computer und Piloten interpretierten die Daten. Sie zogen Schlüsse. Die letzten Sprachnachrichten aus dem Cockpit zeigen, wie weit diese Interpretationen auseinanderliefen.
- In jedem Fall ergaben sich aus der Interpretation verschiedene Optionen, wie die Piloten auf die Situation reagieren könnten. Sie entschieden sich unabhän-

gig voneinander für gegensätzliche Reaktionen, die sich tragischerweise widersprachen. Das Flugzeug steuerte noch eine dritte Interpretation dazu, die auf falschen Sensordaten beruhte.

- Die Entscheidung für eine konkrete Reaktion war das Ansteuern der Steuerklappen und der Triebwerke, was die Katastrophe abwenden sollte.

Diese vier Schritte werden ständig wiederholt. Sie können von Menschen, Gruppen und Gesellschaften oder einer Mischung aus Menschen und Maschinen emporwachsen. Sie dauern Sekunden (wie im Fall der AF 447), Nanosekunden (im Hochfrequenzhandel), Millisekunden (bei Roboterautos) oder Tage, Monate oder sogar Jahre (gesellschaftliche Diskurse über Sterbehilfe oder die Entscheidungen mit *Cybersyn*, siehe »Organisationale Entscheidungen«). Schauen wir uns also diese vier Schritte genauer an.

Das Rückgrat der Entscheidung

Was ist das Wesen einer Entscheidung? Was macht sie aus? Wie kommt sie zustande? Unter welchen Bedingungen kann sie gelingen? Wann scheitert sie? Entscheidungen sind komplexe Gebilde.

Um es klarer zu machen, gehe ich hier nicht auf Entscheidungen ein, die auf emotionalen Effekten beruhen. Also zum Beispiel die Entscheidung, in das Süßwarenregal an der Supermarktkasse zugreifen.[214] Oder die Bohrmaschine zu bestellen, die auf einem Verkaufskanal angepriesen wird mit dem Hinweis in grellem Rot, zu diesem unschlagbaren Preis seien nur noch drei verfügbar. Oder die Entscheidung für die fünfte Maß Bier, nachdem man bereits vier getrunken hat und der Kopf schon merklich rotiert. Solche Entscheidungen beruhen entweder auf dem Ausnutzen von Situationen für Entscheidungen, in die Menschen von anderen bewusst hineinmanövriert werden, oder sie sind getrübt durch das Unvermögen, eine objektiv angemessene Entscheidung zu treffen.

Ich konzentriere mich im Folgenden auf Entscheidungen, die auf einem Mindestmaß an rationalen Bedingungen fußen. Solche Entscheidungen zeichnen sich durch einige Kriterien aus:

- Es gibt ausreichend Zeit zum Entscheiden ohne psychischen oder emotionalen Druck. Ein Patient hat zum Beispiel nicht nur 120 Sekunden zur Verfügung, um zu entscheiden, ob der Chirurg einen Eingriff machen darf, der sein Leben entweder rettet oder beendet.

- Es steht Information zur Verfügung, die relevant für eine Entscheidung ist und die Richtung einer Entscheidung verändern könnte. Vielleicht nicht viel Information und vielleicht ungenaue, aber wenigstens überhaupt irgendetwas.
- Die Situation lässt Alternativen zu. Im einfachsten Fall braucht es ein Ja oder Nein. Im besten Fall sind einige Optionen vorhanden, die gegeneinander abzuwägen sind. Im schlimmsten Fall sind es zu viele Optionen.

Wenn wir diese Bedingungen an das Wesen einer Entscheidung anlegen, was für eine Kompetenz ist dann das Entscheiden? Wo und wie würden wir das Entscheiden im Denken verorten? Wie wir sehen werden, ist Entscheiden eingebettet in eine Kette von Fähigkeiten, die aufeinander aufbauen.

Pyramide des Denkens

Es ist das Jahr 1945. Der Zweite Weltkrieg ist gerade vorbei, über 10 Millionen US-Soldaten kehren in das zivile Leben zurück. Sie dürfen auf Kosten der Regierung ein Studium beginnen. Allerdings sind die Universitäten auf diese Klientel nicht gut vorbereitet. Es braucht ein neues Konzept, um Männer mit Lebenserfahrung und Kriegspraxis auszubilden.

Unter der Leitung des Psychologen Benjamin Bloom beginnen Wissenschaftler, sich Gedanken zu machen, wie das aussehen könnte. Ihre Arbeit beginnt im Jahr 1948. Acht Jahre später legt die Gruppe das Ergebnis vor.[215] Sie wird den Namen ihres Leiters unsterblich machen. Die Akademiker entwickeln mit der »Bloom-Taxonomie« *(Bloom's Taxonomy)* ein pädagogisches Instrument für Lehrer. Es hat zum Ziel, die Lernfortschritte eines Menschen zu erkennen und zu verstehen. Lerninhalte werden dafür den kognitiven Fortschritten von Schülern gegenübergestellt. Schüler bekommen also zu jedem Zeitpunkt das, was sie aufgrund ihrer Denkfähigkeiten überhaupt verstehen und bearbeiten können.

Die Bloom-Taxonomie beschreibt sechs Kategorien des Denkens, die als Pyramide angeordnet sind. Rudimentäre Kompetenzen liegen an der Basis, die anspruchsvollsten an der Spitze (siehe Abbildung 11). Die Erziehungswissenschaftler Lorin W. Anderson und David Krathwohl überarbeiten die Taxonomie und präsentieren um die Jahrtausendwende eine aktualisierte Version.[216]

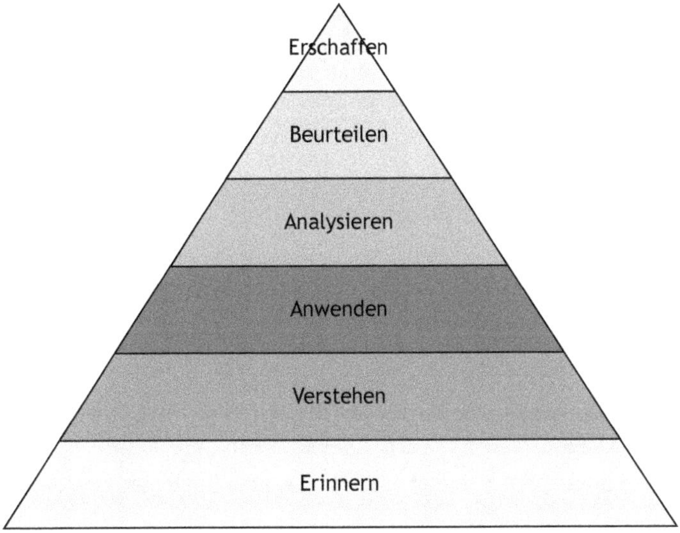

Abbildung 11: Die kognitiven Ebenen der Bloom-Taxonomie

Die Pyramide ordnet der Basis den Umgang mit statischem Wissen zu (»auswendig lernen«), zur Spitze hin werden die kognitiven Fähigkeiten anspruchsvoller (»kritisches Denken«). An der Pyramidenbasis steht das Erinnern von Fakten, denn Lerninhalte müssen abrufbar sein, um mit ihnen arbeiten zu können. Die nächste Stufe ist das Verstehen der Bedeutung von Lerninhalten. Wenn Schüler Fakten keine Bedeutung verleihen können, und sie damit zu Information machen, dann bleiben die Fakten ohne Wert. Die dritte Stufe umschreibt Fertigkeiten, diese Information in einer konkreten Situation tatsächlich anzuwenden. Die vierte Stufe erfasst die Kompetenz, eine Situation zu analysieren. Lerninhalte sollen nicht widerspruchslos angewendet werden, sondern man kann ihre Gültigkeit auch kritisch hinterfragen. Die fünfte Stufe ist die Fähigkeit, die Lerninhalte einer kritischen Bewertung zu unterziehen. An der Spitze der Pyramide steht die Fähigkeit, bekannte Information zu neuen Dingen zu verknüpfen. Das würde man heute als »Kreativität« bezeichnen.

Auf welcher Ebene würden wir die Fähigkeit zum Entscheiden verorten? Es ist Ebene 5. Denn auf dieser Ebene braucht es die Kompetenz, komplexe Information zusammenzutragen und sie zu ordnen, um daraus ihre Bedeutung abzuleiten.

Wenn künstliche Intelligenz die Automation des Entscheidens ist, dann wäre dies der Versuch, die vier ersten Stufen der Bloom-Taxonomie durch Maschinen zu simulieren. Es ist die Fähigkeit, automatisch Entscheidungen zu treffen. Wenn Maschinen diese Fertigkeit erlangen sollen, dann müssen wir gut verstehen, was eine Entscheidung ist. Also, was ist eine Entscheidung überhaupt?

Vier Schritte zum Ziel

Im Alltag sprechen wir von Entscheidungen, verkürzen aber den Sachverhalt. Wir meinen meist das Resultat der Entscheidung, nicht den Weg dorthin. Der Prozess zur Entscheidung rückt in den Hintergrund, sobald sie gefallen ist, egal ob intuitiv oder nach langer Abwägung. Jede Entscheidung ist immer das letzte Glied in einer Kette von Dingen, die notwendig aufeinander folgen. Sonst kommt es zu keinen Entscheidungen. Entscheidungen sind das Resultat einer genauen Prozedur.

Schritt	**Aktivität**	**Beispiele**
1	Das Gehirn nimmt Informationen auf. Diese Informationen werden registriert durch die Sinnesorgane, Augen, Mund oder Haut.	Der Kunde stolpert über eine Bannerwerbung im Internet. Der Autofahrer erkennt die Ampelkreuzung. Der Aktienhändler verfolgt die Kurse.
2	Das Gehirn verarbeitet die Information. Einerseits werden die Daten nun auf Stichhaltigkeit überprüft, andererseits können in ihnen Muster oder Korrelationen verborgen sein, die besondere Aufmerksamkeit verdienen. Das Analysieren von Daten ist der Versuch des Gehirns, die Bedeutung von Daten für eine Entscheidung zu erkennen.	Dem Kunden springt die Bannerwerbung ins Auge. Der Autofahrer erkennt, dass die Ampel auf Gelb springt. Der Aktienhändler wird nervös, weil die Kurse fallen.

Schritt	Aktivität	Beispiele
3	Das Gehirn stellt Hypothesen auf. Sobald die Analyse von Daten durchgeführt ist, gilt es, eine gewichtete Reihenfolge möglicher Entscheidungen aufzustellen. Dafür braucht es unter anderem Kriterien, anhand derer die Plausibilität dieser Liste gespiegelt wird.	Der Kunden sinniert, ob er ein Schnäppchen macht. Der Autofahrer spekuliert, ob er es noch über die Kreuzung schafft. Der Aktienhändler kalkuliert, ob er noch hält oder schon verkauft.
4	Das Gehirn hat eine Alternative gewählt. Manchmal liegen mögliche Optionen nahe beieinander. Es ist schwierig, eine Entscheidung zu treffen. Jede Entscheidung kann klug oder dumm sein. Manchmal liegen die Optionen auch eng beieinander oder müssen in Eile getroffen werden. Dann fällt die Entscheidung schwerer.	Der Kunde bestellt das Produkt und bewertet es mit einem Stern. Der Autofahrer startet durch und wird geblitzt. Der Aktienhändler verkauft und die Kurse ziehen wieder an.

Tabelle 7: Vier Schritte zur Entscheidung

Die wichtige Frage lautet nun: Lässt sich der Prozess, wie Menschen Entscheidungen treffen, auf Maschinen übertragen?

Menschen vs. Maschinen

Hier sind sich die Wissenschaftler einig: Im Prinzip lässt sich das Prozedere, wie ein Mensch zu Entscheidungen gelangt, durch Maschinen simulieren. Die Wissenschaftler Parasuraman et al. zum Beispiel finden dafür vier Begriffe, die den Funktionen beim Menschen frappierend ähneln: Information erwerben *(acquire)*, Information analysieren *(analyze)*, Option wählen *(decide)* und Auswahl umsetzen *(implement)*.[217]

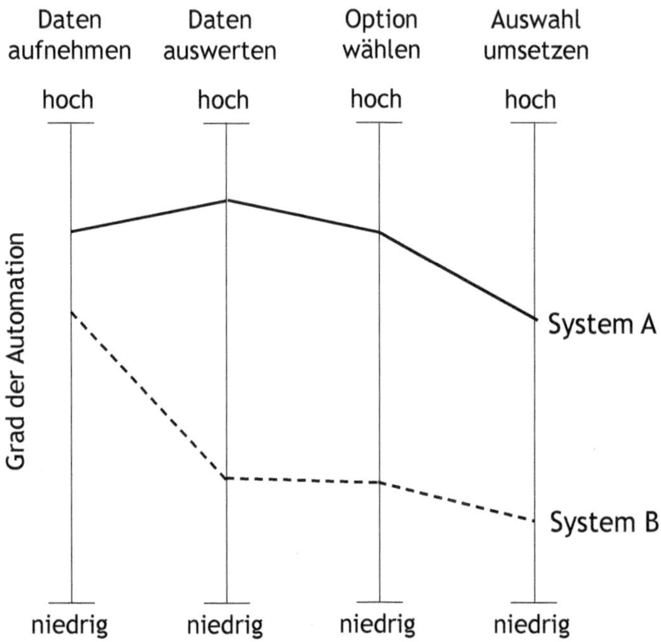

Abbildung 12: Verschiedene Grade der Automation, angelehnt an Parasuraman, Sheridan, & Wilkens, 2000, S. 288

Dabei untersuchen sie gleichzeitig, welche Teilfunktionen entweder von Menschen oder von Maschinen übernommen werden können (siehe Abbildung 12). Zum Beispiel könnte eine Interaktion zwischen einem Roboter und einem Arbeiter (System A, durchgehende Linie) nur eine hohe Automation für das Erfassen von Daten beinhalten, sehr viel Automation in der Analyse und etwas weniger in der Auswahl einer Alternative, und noch weniger für das Umsetzen der Entscheidung. Eine andere Kombination (System B, gestrichelte Linie) dagegen könnte durchweg geringe Automationsgrade umfassen: Erfassen auf mittlerer Ebene, Analysieren, Auswählen und Umsetzen dagegen niedrig.

Wir halten fest: Jede Entscheidung benötigt zwingend mehrere Schritte, die aufeinander folgen müssen. Dabei ist es für das objektive Resultat der Entscheidung unerheblich, welche Anteile davon einer Maschine und welche einem Menschen zugeordnet sind.

Was allerdings für die technische Umsetzung bedeutungslos ist, kann für andere Aspekte sehr große Bedeutung haben: Wer ist verantwortlich für die Entscheidung? Mensch oder Maschine? Oder gar der Hersteller der Maschine? Wie behebt man Fehler, die unweigerlich irgendwann auftreten? Denn *Murphys Gesetz*[218] postuliert es bereits: »Alles, was schiefgehen kann, wird auch schiefgehen.«

Ein weiterer Aspekt ist wichtig, wenn wir über die Qualität von Entscheidungen sprechen. Bis eine Einzelentscheidung getroffen ist, kann unterschiedlich viel Zeit vergehen. Ein Roboterauto etwa produziert 750 Megabyte Daten pro Sekunde.[219] Entscheidungen fallen deshalb in Millisekunden. Die Prognose für einen Aktienkauf kann Nanosekunden oder Minuten dauern. Entscheidungen über den Verlauf der Corona-Pandemie dürfen auch Tage dauern, wenn die Aussage einen hohen Nutzwert erwarten lässt.

Es ist egal, ob eine Entscheidung in Sekunden abläuft (Aktie kaufen oder halten?) oder dafür noch Jahrzehnte Zeit bleibt (Schlägt ein Asteroid auf der Erde ein?[220]). Die Entscheidung durchläuft immer dieselben vier Schritte. Für jeden Einzelschritt kann man die Frage aufwerfen, bis zu welchem Grad dieser automatisiert werden kann. Eine Maschine kann zum Beispiel nur eine oder alle Stufen einer Entscheidung kontrollieren.

Um Automation angemessen zu gestalten, braucht es Kriterien, anhand derer entschieden werden kann, wie sich die Leistungsfähigkeit des Menschen durch eine bestimmte Art der Implementierung verändert und welche Konsequenzen das nach sich zieht. Solche Kriterien sind beispielsweise die Zuverlässigkeit der Automation eines Prozesses an sich, die Folgekosten bei falschen Entscheidungen oder Handlungen. Deshalb brauchen wir ein Verständnis, wie man die Rollen für das Entscheiden zwischen Menschen und Maschinen ausreichend beschreiben kann. Die Wissenschaftler Endsley und Kiris etwa unterscheiden Vorschlagen, Zustimmen, Einspruch erheben, Entscheiden, Agieren[221]. Eine andere Perspektive auf die Stufen der Automation bietet Billings[222]: Er versteht sie als eine Art des Kontinuums von Kontrolle, auf dem sich Aufgaben anordnen lassen. Die beiden Endpunkte des Kontinuums sind die vollständige manuelle Kontrolle und die vollständig automatisierte Kontrolle. Alle Varianten dazwischen versteht er als Ausdruck des Verteilens von Kontrolle zwischen Mensch und Maschine, die aber symbiotisch zusammenarbeiten.

Der Absturz des Airbus AF 447 war bis zum Jahr 2009 ein Menetekel für das, was passiert, wenn Menschen und Maschinen in eine Situation kommen, die außer Kontrolle gerät und bei der die Interaktion zwischen beiden eine große Rolle spielt. Dieses Ereignis war aber im Nachhinein nur die Ouvertüre zu einer Oper, die präsentiert, welche Dimension das Problem wirklich hat. Der Absturz der beiden Boeing 737 MAX[223] im Oktober 2018 und März 2019 zeigt mit großer Deutlichkeit, dass es sich hier nicht um eine tragische Ausnahme handelt, sondern dass das Grundproblem eine Dimension hat, dessen Tragweite und Bedeutung noch nicht annähernd begriffen wurden. Es wird wahrscheinlich viele weitere Opfer geben, bis die Automation des Entscheidens auf die Tagesordnung für alle Arbeits- und Lebensbereiche rutscht, die davon betroffen sind oder sein werden.

Organisationale Entscheidungen

Im Jahr 1970 gewinnt Salvador Allende knapp die Wahl zum neuen Präsidenten Chiles. Der Sozialist verfolgt ein ehrgeiziges Programm: das Schulsystem verbessern, den Lebensstandard für die Arbeiterklasse anheben, große Industrien verstaatlichen. Er zieht den Widerstand rechter Parteien auf sich, die Kongress und Justiz kontrollieren. Seine Regierungszeit prägen Verweigerung und Boykotts seiner Gegner.

Das Projekt Cybersyn soll den Widerstand brechen und seinem sozialistischen Programm zum Durchbruch verhelfen. Cybersyn ist eine Art verteiltes Entscheidungssystem.[224] Es fußt auf den Ideen des Briten Stafford Beer. Der Unternehmensberater beschäftigt sich schon seit den 1950er-Jahren mit der Theorie kybernetischer Regelkreise.[225] Das Konzept von Cybersyn spiegelt sein Verständnis wider, wie Kybernetik ein sich selbst regulierendes System von staatlichem Ausmaß ermöglichen könnte. Im Juli 1971 wenden sich chilenische Ökonomen an Beer und bieten ihm an, seine Ideen in die Praxis umzusetzen.

Abbildung 13: Der Kontrollraum von Cybersyn

Cybersyn war Beers Praxistest kybernetischer Theorien für das Management. Jetzt soll es dem chilenischen Präsidenten helfen, ein Land zu steuern und Wahlversprechen einzulösen. Zu Beginn ist völlig unklar, wie man Beers Ideen umsetzen könnte. Durch Zufall stoßen die Projektmitarbeiter dann auf 500 ungenutzte Telexmaschinen, die die Vorgängerregierung beschafft hat. Die Maschinen werden über ganz Chile verteilt, stehen in staatseigenen Betrieben und sind mit einer Zentrale verbunden. Die Fabrikleiter übermitteln einerseits Produktionsdaten in Echtzeit in die Hauptstadt Santiago de Chile, andererseits empfangen sie Anweisungen aus der Zentrale.[226]

Das Kontrollzentrum sammelt Daten aus den Fabriken, zum Beispiel über Materialeinsatz, Produktivität oder Verfügbarkeit von Arbeitern. Damit werden kurzfristige Vorhersagen möglich. Korrekturen können eingeleitet werden. Es gibt vier Stufen von Kontrolle, die sich von vor Ort bis zum Kontrollraum spannen. Wenn eine Kontrollebene ein Problem nicht rechtzeitig löst, wird die jeweils höhere Ebene eingebunden.

Mit den in der Fläche gesammelten Daten werden statistische Modelle gefüttert. Die Produktionsdaten sind in Echtzeit in einem Kontrollraum verfügbar (siehe Abbildung 13). In jeder Ausnahmesituation wird die zentrale Kontrolle benachrichtigt, bei extremen Abweichungen auch die Zentralregierung eingeschaltet. Alle Daten füttern die Projektmitarbeiter in eine Simulation, die Prognosen ermöglicht. Die Resultate versetzen die Regierung in die Lage, die Konsequenzen möglicher Entscheidungen vorherzusehen. Ein Programmierer schätzte, dass die Simulation 10 bis 100 Parameter berücksichtigen könne, um die chilenische Wirtschaft erfolgreich zu steuern. Ein geschulter Mensch dagegen wäre in der Lage, allenfalls fünf bis zehn davon im Blick zu behalten. Aber dabei wurde auch klar: »Der Simulator sollte also menschliche Expertise nicht ersetzen, sondern verbessern.«[227]

Den größten Wert entfaltet Cybersyn im Oktober 1972. In diesem Monat streiken 40.000 LKW-Fahrer und blockieren die Zufahrtsstraßen nach Santiago de Chile, um die Regierung in die Knie zu zwingen. Dank Cybersyn kann die Regierung mit nur 200 Lastwagen die Folgen des zusammengebrochenen Güterverkehrs deutlich abfedern. Am 13. September 1973 stoppt der Militärputsch durch General Augusto Pinochet das Projekt Cybersyn. Innerhalb eines Tages ist das Experiment Geschichte.

Welche Lehren können wir aus dem Projekt Cybersyn ziehen? Stafford Beer verfolgte einen radikalen Ansatz: Er wollte Prinzipien, die er in der Biologie gefunden hatte, auf gesellschaftliche und politische Phänomene übertragen. Die Umstände des politischen Diskurses in Chile zeigen, dass viele Variablen, die die Wirtschaft und Politik eines Landes bestimmen, nicht kontrollierbar sind. Obwohl Cybersyn gezeigt hat, wie Regelkreise und das Steuern dynamischer Veränderungen in komplexen Systemen möglich sind, zeigte es gleichzeitig die Grenzen auf. Auf der anderen Seite war Cybersyn so etwas wie ein Vorläufer der Interaktion zwischen Mensch und Maschine auf nationaler Ebene – und damit tatsächlich der Prototyp von Systemen der künstlichen Intelligenz, deren Einsatz für das Steuern von Verkehrs- und Warenströmen, Konsummustern oder Prognosen von Pandemien immer mehr diskutiert wird.[228]

Aber wir sehen auch: Zufälle spielten für die Geschichte von Cybersyn eine große Rolle. Was wäre passiert, wenn Stafford Beer die Mitarbeit verweigert hätte? Wie hätte die Infrastruktur ausgesehen, wenn die Telexmaschinen im Keller nicht gefunden worden wären? Wie wäre es mit Cybersyn weitergegangen, wenn kein Militärputsch das Experiment spektakulär beendet hätte? Maschinen spielten zwar eine entscheidende Rolle für das Experiment Cybersyn. Aber andere Faktoren waren wahrscheinlich sehr viel wichtiger. Was uns nahtlos zu der Frage führt, wie Organisationen Entscheidungen fällen.

Entscheidungen aus der Mülltonne

Schon lange beschäftigt die Wissenschaft, wie Entscheidungen in Unternehmen fallen. Einen kuriosen Beitrag zu diesem Diskurs lieferten Michael Cohen, James March und Johan Olsen. Im Jahr 1972 kam ihnen die Idee zum »Mülltonnen-Modell« *(garbage can model)*.[229] Es fand keine nachhaltige Beachtung und das lag laut March daran, dass die Leute sich beleidigt gefühlt hätten, hätten sie zugeben müssen, dass dieses Modell den Alltag in Organisationen ganz gut umschreibt: »Wenn Sie ernsthaft über eine Organisation nachdenken und sich anstrengen, Entscheidungen zu treffen, mag es als beleidigend empfunden werden, wenn jemand sagt, der Prozess sei nichts anderes als ein Mülleimer.«[230]

Das Mülltonnen-Modell vertritt die Ansicht, dass organisationale Entscheidungen einer Art organisierter Anarchie anheimfallen. Die Wissenschaftler argumentieren, dass Entscheidungen nicht etwa von langer Hand geplant und mit großer Weitsicht getroffen würden. Vielmehr sei der Prozess überaus pragmatisch: Entscheidungssituationen seien durch Einzelinteressen charakterisiert, es gebe sowohl einen nicht klar beschreibbaren Einfluss von Technik als auch eine große Dynamik um die Frage, wer an Entscheidungen überhaupt beteiligt sein müsse oder sollte.

Abbildung 14: Entscheidungen fallen in Mülltonnen

Im einfachsten Fall trügen irgendwann die Teilnehmer einer Sitzung ziellos mögliche Probleme und mögliche Lösungen zusammen. Aus dieser Sammlung tauchten im Laufe eines Aushandlungsprozesses Ideen auf. Diese manifestierten sich schließlich in sichtbaren Entscheidungen.

Diesen Zustand beschreiben Olson et al. mit der Metapher einer Mülltonne: eine Vielzahl von Dingen, die ohne Ordnung oder Systematik in einen Behälter geworfen wurden.

Das Modell unterscheidet zwischen Problemen, Lösungen und Entscheidungsträgern. Alle drei sind prinzipiell voneinander unabhängige Variablen. Sie speisen sich aus jeweils anderen Quellen und haben nichts miteinander zu tun, bis alles in eine Entscheidungssituation mündet. In der »Mülltonne« sammeln sich diese Variablen. Sie kann von vielen Personen oder von wenigen befüllt werden. Manchmal ist es wichtig, wie schnell die Tonne sich füllt. Oft ist die Mülltonne fast leer. Niemand kümmert sich mehr um etwas. Es kann auch sein, dass Dinge wieder aus der Mülltonne herausgenommen werden.

Aber immer gilt: Solange niemand die Mülltonne ausleert und den Inhalt sortiert, fällt keine Entscheidung. Der bewusste Blick in die Mülltonne eröffnet Optionen, über die entschieden werden kann.

Diese Situation ist gekennzeichnet durch eine gute Portion Chaos und einen Schuss Dynamik – und durch eine wichtige Annahme: Etwaige Probleme und ihre Lösungen sind nur sehr lose verbunden. Lösungen sind nicht zwingend, Probleme ebenso wenig. Ein Problem muss also gar kein Problem sein. Und Beteiligte und Betroffene haben auch nur begrenzte Zeit, sich einzubringen, begrenzten Einfluss, sich durchzusetzen, begrenzte Aufmerksamkeit, sich auf etwas einzulassen, oder begrenzten Ehrgeiz, ein Problem lösen zu wollen. Selbst wenn eine Entscheidung von außen betrachtet dringend nötig ist oder nicht zu entscheiden schwere Konsequenzen nach sich ziehen würde. Zudem müssen Beteiligte an Lösungen und Problemen ständig begründen, warum es diese in der Organisation überhaupt braucht. Was ihren Zielen dient, werden sie tun, und anderes unterlassen. Das Unternehmen gibt keinen Hinweis für klare Präferenzen oder Richtlinien, wie Entscheidungen fallen. Es agiert auf der Basis vieler inkonsistenter oder nur vager Präferenzen oder Ziele. Die ganze Zeit fungiert die Organisation als Sammelbecken für Ideen, und nicht etwa als Bollwerk unumstößlicher Vorgaben.

Das Mülltonnen-Modell hat noch eine weitere Konsequenz: Unternehmen folgen keinem strategischem Generalplan. Das Unternehmen entdeckt seine Präferenzen eher zufällig, während es ebendies versucht. Es gibt keine kristallklaren Vorgaben für die Grundlage von Entscheidungen.

Die Automation von Anarchie

Nehmen wir einmal an, dass das Mülltonnen-Modell zumindest nicht vollständig aus der Luft gegriffen ist und dass es die Dynamik der Entscheidungsfindung auch nur teilweise umschreibt. Dann stellen sich im Angesicht von Maschinen, die selbst Entscheidungen treffen können, interessante Fragen:

- Welche Rolle spielt die Automation des Entscheidens, wenn Entscheidungen lediglich aus einer Ursuppe von Problemen und Lösungen stammen?
- Wie verändern sich die Gleichgewichte im Mülltonnen-Modell, wenn Maschinen qua ihrer Fähigkeiten zu aktiv Beteiligten im Entscheidungsprozess werden?

- Beschleunigen automatisierbare Entscheidungen die Mülltonnen-Prozesse oder verlangsamen sie diese eher?

Man kann Organisationen als Gebilde betrachten, die ständig Entscheidungen treffen müssen. Dafür müssen Konflikte freigelegt, offen ausgetragen und gütlich beendet werden. Jedes Unternehmen hat für diese Zwecke sein Repertoire an Instrumenten entwickelt, damit Beteiligte und Betroffene erklären können, was sie tun, warum sie etwas tun und um sich gegenseitig besser zu verstehen.

Für Unternehmen, in denen es unklare oder widersprüchliche Ansichten darüber gibt, was sie tun und was sie ausmacht, übertragen sich diese Unstimmigkeiten auch auf jede Art von Entscheidungsfindung. Statt kluge Entscheidungen zu treffen, die einer kühlen Betrachtung der Realität und Kausalität standhalten, sind diese Organisationen noch auf der Suche nach einer »geteilten Bedeutung« *(shared meaning)*[231]. In diesem Fall spiegelt jede Situation die Not einer Organisation wider, sich einen Sinn zu erschließen, der die Grundlage für plausible Entscheidungen bildet.

Eine organisierte Anarchie ist die Formalisierung von Meinungsmache in einem Unternehmen. Entscheidungsträger bestimmen, welches Selbstverständnis eine Organisation für sich entwickelt, wie sie sich nach außen darstellt, aber auch von Dritten gesehen wird. Organisationen sind Ansammlungen von Problemen, die Lösungen suchen und umgekehrt, und beim Zusammenführen von Problemen und Lösungen assistieren die Entscheidungsträger.

Das Mülltonnen-Modell betrachtet Entscheidungen als das Resultat von Aushandlungsprozessen in Organisationen. Dieser Prozess speist sich aus drei Quellen, die jeweils unabhängig voneinander Einfluss nehmen (siehe Abbildung 15).

1. Probleme entstehen innerhalb oder außerhalb der Organisation. Ihre Ursachen sind vielfältig. Alle ringen um Aufmerksamkeit, sich um sie zu kümmern. Dabei müssen sie noch nicht einmal objektiv dringend oder wichtig sein.[232] Es reicht, wenn ein Entscheidungsmacher sie begründet oder unbegründet als dringend oder wichtig erklärt.

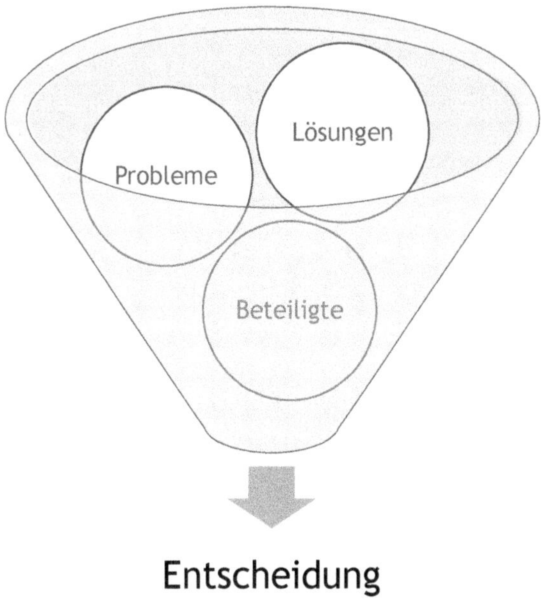

Abbildung 15: Der Ablauf einer Entscheidung im Mülltonnen-Modell *(Garbage Can Model)*

2. Lösungen sind entweder das Resultat individueller Bemühungen oder das Ergebnis einer Vereinbarung. Interessant ist, dass eine bestehende Lösung überhaupt kein akutes Problem adressieren muss. Lösungen liegen dann auf Halde, in der Hoffnung, dass irgendwann ein passendes Problem dafür auftaucht. Wenn es gelingt, ist ein Problem gelöst. Wenn es misslingt, schaffen solche Lösungen oft weitere Probleme. Sie kennen das vielleicht aus den Versprechungen von Anbietern, die eine Technik als Problemlösung verkaufen: In den allermeisten Fällen ist Technik nie die Lösung eines Problems, sondern im besten Falle ein wichtiges Mittel dazu.
3. Beteiligte in diesem Prozess kommen und gehen. In den seltensten Fällen gibt es klare Entscheidungsbefugnisse, wenn ein Problem nur grundsätzlich genug ist. Solche Probleme schreien geradezu danach, dass viele mitmischen, um es lösen zu wollen – oder um eine andere Agenda zu verfolgen. Außerdem haben Beteiligte unterschiedliche Präferenzen für unterschiedliche Lösungen. Einige zahlen auf ihre eigene Agenda ein, andere behindern sie eher.

Aus dem Zusammenfließen von Problemen, Lösungen und Beteiligten an einer Entscheidung erhebt sich der Meilenstein einer organisationalen Entscheidung: Zeitpunkt, Ort und Umstände, Optionen und Alternativen prallen aufeinander. Alles muss abgewogen werden. Zusammen mit Zufällen, weiteren Umständen oder günstigen Gelegenheiten kristallisiert sich die Entscheidung heraus. Typische Beispiele für diese Prozesse sind das Gegenzeichnen von Verträgen, das Einstellen oder Entlassen von Personal, das Verteilen von Budgettöpfen oder das Erfinden, Verkünden und Nachhalten einer Unternehmensstrategie.

Doch welche Rolle spielt nun künstliche Intelligenz im Mülltonnen-Modell? Sie kann alles sein: Problem, Lösung oder sogar Beteiligter (sic!). Eine Lösung ist sie, wenn eine digitale Idee tatsächlich künstliche Intelligenz besitzt. Zum Problem wird sie, wenn Fragen übersehen werden, die den Einsatz einer KI-Lösung unmöglich machen.

Aber wieso Beteiligter? Auch dafür gibt es bereits einen Präzedenzfall. Im Mai 2014 kündigt der Risikokapitalgeber Deep Knowledge Ventures (DKV) an, die künstliche Intelligenz VITAL in den Verwaltungsrat zu berufen.[233] VITAL sei ein Algorithmus, der finanzielle Trends analysiert, ähnlich den Algorithmen, die im Hochfrequenzhandel eingesetzt würden. Die Pressemeldung um VITAL verursacht einen derartigen Aufruhr, dass sich DKV genötigt sieht klarzustellen, dass VITAL zwar nicht mit am Tisch sitze, aber sehr wohl ein »Stimmrecht« ausübe.

Stimmrecht könnte man auch Cybersyn zubilligen. Und Cybersyn blieb nicht der einzige Versuch, die Automation des Entscheidens in die Politik einzubetten. Zu der Zeit als Cybersyn einen kurzen Abschnitt der chilenischen Geschichte bestimmt, startet in Deutschland ein ähnlicher Versuch. Forscher aus Heidelberg erfinden das *Kanzler-Informations-System*, kurz KIS.[234] Man will eine Art Multimedia-Wand installieren, die »dem Kanzler ausgewählt und kurzgefaßt [sic!] Informationen liefern sollte«.[235] Dabei zeigen die Erfinder ein Gespür für die Macht der Inszenierung. Es ist geplant, dass mehrere Personen in einem fiktiven Streitgespräch brisante Themen im Widerstreit diskutieren, damit ein Disput auf der Bühne die Grundlage für Entscheidungen des Kanzlers böte.

Das KIS ist übrigens nie realisiert worden. Die Forscher begründeten das mit der Feststellung, dass die vorliegende Arbeitsdynamik einer »Kombination wechselnde(r) Politiker(n) und bleibenden Verwalter(n)«[236] keine sinnvolle Nutzung zuließe. Damit blieb der Bundesrepublik ein deutsches Cybersyn erspart.

Die Entscheidung zur Entscheidung

Was war vor dem Urknall? Das beschäftigt Astrophysiker schon eine Weile. Der belgische Priester Georges Lemaître macht im Jahr 1927 den Vorschlag, das Universum könne aus einer gewaltigen Explosion heraus entstanden sein.[237] Im Laufe der Jahrzehnte häufen sich Beweise für diese Theorie und heute wird die Urknall-Theorie von der Wissenschaft anerkannt. Damit lassen sich die Ausdehnung und der Zustand des Universums erklären. Wenn man aber den Urknall als bewiesen annimmt, dann gibt es keine Frage nach dem Davor: Es gab noch keine Zeit, keine Materie, kein Raum. Es gab nichts. Was auch immer »nichts« gewesen sein könnte.

Das bringt uns direkt zurück zur Entscheidung: Wenn der Weg zu einer Entscheidung durch vier Schritte beschrieben ist, was war dann *vor* diesen vier Schritten und was bedeutet das für die Entscheidung? Zum Glück müssen wir nicht den Urknall verstehen, aber auf die Frage nach dem »Davor einer Entscheidung« gibt es einige Antworten. Um diese drehen sich die folgenden Abschnitte.

Marmeladen für Zweifler

Eine ungeschriebene Annahme besagt, dass große Auswahl von Vorteil ist. Das ist plausibel: Wenn ich zwischen 50 Alternativen wählen kann, dann sollten darunter auch genügend sein, die meine Wünsche erfüllen. Diese Annahme ist eingängig. Aber leider falsch.

Eine große Auswahl führt dazu, dass Kunden weniger kaufen. Sie sind Opfer eines Überangebots, das ihren Willen zum Kauf und ihre Fähigkeit verringert, überhaupt eine Wahl zu treffen. Es ist eigentlich noch schlimmer: Wenn sie dennoch etwas kaufen, sind sie weniger zufrieden mit ihrer Wahl. Das finden die Psychologen Sheena Iyengar und Mark Lepper heraus.[238] Ihre Studie untersucht einen profanen Sachverhalt: Wann kaufen Kunden eine Marmelade?

Dafür drapieren die Forscher in einem Supermarkt auf einem Tisch 24 Varianten von Gourmetmarmelade. Wenn ein Kunde etwas davon probiert, erhält er einen Rabattcoupon. Am nächsten Tag wird derselbe Tisch aufgebaut. Allerdings stehen jetzt nur sechs Geschmackssorten zur Auswahl. Der Vergleich beider Tage ist überraschend: Wenn sich Kunden für die große Auswahl Marmeladensorten interessieten, kaufen sie anschließend zehnmal weniger als die, denen nur eine kleine Auswahl präsentiert wird.

Abbildung 16: Marmeladenauswahl in einem Supermarkt

Viele Studien haben den »Marmeladenbefund« bestätigt: Zu viel Auswahl ist selten besser. Wenn viele Sorten von Süßwaren, Getränken und Biermarken im Angebot sind, wird weniger verkauft und die Kunden sind weniger zufrieden. Eine Studie über das Entscheidungsverhalten von Streamingdiensten wie Netflix förderte diese Zahlen zutage:[239] Kunden zwischen 35 und 49 Jahren brauchten 8:24 Minuten, um einen Film auszusuchen, die Jüngeren von 18 bis 34 Jahren noch länger, nämlich 9:24 Minuten. Und viele in der Altersgruppe 18 bis 49 Jahre waren anschließend mit der Auswahl unzufrieden, denn 30 Prozent schauten den ausgewählten Film gar nicht zu Ende.

Es ist die Qual der Wahl: Der Griff zu einem Produkt ist immer die Entscheidung gegen unzählige andere. Der Kunde befürchtet also, eine falsche Entscheidung treffen zu können – und trifft am Ende gar keine mehr. Dann gibt es wenigstens keine Enttäuschung. Er lässt alles offen und hofft auf den Moment in der Zukunft, in dem die Entscheidung unausweichlich wird. Der Traum von unbegrenzten Möglichkeiten endet im Albtraum der Unfähigkeit des Entscheidens, aus dem es kein Entrinnen gibt.

Jetzt könnte man meinen, dass Unentschlossenheit und Unzufriedenheit abnehmen, wenn mehr auf dem Spiel steht als als Spielfilme oder Marmeladen. Aber bietet man Angestellten zum Beispiel zu viele Optionen für eine Rentenversicherung, dann sinkt die Wahrscheinlichkeit, dass sie überhaupt eine abschließen.[240]

Diese Studien zeigen einen Effekt, der sich »Auswahlparadox« *(paradox of choice)* nennt. Es bestätigt sich immer wieder: Menschen hadern mit ihren Entscheidungen, wenn die Auswahl zu groß wird – selbst wenn es objektiv gute Entscheidungen gibt! Noch kurioser: Diese Wahrnehmung gilt unabhängig davon, wie wichtig eine Entscheidung ist. Sie gilt also sowohl für die richtige Eissorte als auch für die Wahl des Arbeitsplatzes. Diese Resultate zerren an der Vorstellung, dass es eine Verbindung geben müsse zwischen der Qualität und Quantität von Auswahl und der Zufriedenheit und dem Wohlergehen. Es ist ein Trugschluss, dass es Menschen besser geht, je mehr sie auswählen dürfen.

Im Prinzip ist die Möglichkeit von Alternativen gut für uns. Denn das macht uns zu Lebewesen, die überhaupt in ihr Schicksal eingreifen und es gestalten können. Aber das Verhältnis zwischen Auswahl und Zufriedenheit scheint komplizierter zu sein als bisher angenommen: Zufriedenheit nimmt bis zu einem bestimmten Punkt von Wahlmöglichkeiten zu und verschlechtert sich, sobald uns die Anzahl an Optionen überfordert. Was ist der Grund dafür? Psychologen haben bisher unterschätzt, dass ein Mehr an Auswahl einfach mehr Zeit und Energie erfordert, um zu wählen. Und das kann einhergehen mit Verlustangst, übersteigerten Erwartungen und auch Selbstmitleid, wenn die Auswahl sich als falsch herausstellt. Bei kleiner Auswahl sind diese Aspekte vernachlässigbar. Aber mit jeder zusätzlichen Option steigen die Kosten an. Und schließlich fühlen wir uns mit jeder neuen Alternative immer schlechter.

Noch mehr ist meistens nicht besser. Die Kunst besteht darin, sich eine ausgewogene Anzahl von Alternativen zu schaffen. Wem das gelingt, der wird profitieren.

Entscheidungen einrahmen

Eine Entscheidung besteht aus vier Schritten, die aufeinander folgen: Daten registrieren, Daten verarbeiten, Optionen klären, Entscheidung wählen und umsetzen. In jeder dieser vier Phasen spielt eine Rolle, wo die Kontrolle über die Umsetzung von Entscheidungen liegt. Es sind gewissermaßen die Bedingungen, die überhaupt Anlass zu einer Entscheidung geben oder ihr Auslöser sind. Wir können das auch als Meta-Entscheidungen beschreiben, auf denen ein Entscheidungsprozess fußt.[241]

Verstehen sollte man beim Durchlaufen der vier Schritte zu einer Entscheidung, dass auf unterschiedliche Art und Weise Kontrolle ausgeübt werden kann, damit Entscheidungen überhaupt fallen können. Gareth Morgan unterscheidet drei Punkte, an denen bereits im Vorfeld einer Entscheidung die Weichen gestellt werden, damit die Entscheidung überhaupt fallen kann. Der Management-Vordenker Gareth Morgan unterscheidet drei Einflusssphären:[242]

1. **Prämisse:** Wer die Prämissen zur Entscheidung festlegt, kontrolliert die Fundamente der Entscheidung selbst. Er bestimmt, ob eine Sache überhaupt zur Entscheidung vorliegt – auch wenn er die Entscheidung nicht beeinflussen kann, steuert er den Beginn des Prozesses zur Entscheidung an sich. Um die Prämisse zu bestimmen, reicht es beispielsweise manchmal, ein Thema überhaupt auf die Agenda zu setzen. Damit werden andere angeleitet, ihre Aufmerksamkeit auf diesen Punkt zu lenken und sich mit dem Thema zu befassen.

   Welche Rolle kann künstliche Intelligenz für die Prämisse spielen? Eine künstliche Intelligenz liefert Prognosedaten, die auf Datenreihen beruhen. Aber relevant sind nur diejenigen, die erfassbar sind. Alle anderen bleiben unberücksichtigt. Damit steuert die zufällige Verfügbarkeit im Prinzip beliebiger Datenreihen den Entscheidungsprozess selbst. Sogar dann, wenn diese Daten völlig unplausibel sind.
2. **Prozess:** Die Kontrolle über den Prozess einer Entscheidung ist direkter sichtbar. Wie wird eine Entscheidung gefällt? Wer ist daran beteiligt? Wann wird die Entscheidung gefällt?

   Wenn eine künstliche Intelligenz mehrere Optionen errechnet und die Wahrscheinlichkeit ihres Eintretens mit einer Prozentzahl betitelt, dann kann allein die Verfügbarkeit der gewichteten Alternativen die Entscheidung drehen. Es gibt bereits Hinweise darauf, dass das Vertrauen in eine künstliche Intelligenz steigt, wenn sie Wahrscheinlichkeiten angibt.[243] Aber es macht einen Unterschied, ob die künstliche Intelligenz eine Option für 13 Prozent oder 87 Prozent wahrscheinlich hält. Ich würde mich für die Zweite entscheiden. Weil aber beides Wahrscheinlichkeiten sind, bietet mir diese Wahl keine Sicherheit.

Aber zumindest gibt es einen guten Grund, warum diese Entscheidung gerechtfertigt zu sein scheint.

3. **Inhalte und Ziele:** Schließlich übt derjenige Kontrolle aus, der Inhalte und Ziele über Entscheidungen lancieren kann und gegebenenfalls auch die Kriterien, nach denen Alternativen bewertet werden sollen. Wenn eine künstliche Intelligenz in einem großen Datenvolumen Muster erkennt, die eine Korrelation oder im besseren Fall eine Kausalität zwischen Daten beschreiben, dann kann das Konsequenzen haben. Banken verwenden Programme, die automatisch Bonitätsprüfungen durchführen und daraus einen Score ermitteln. Wenn dieses Programm den Wohnort eines Antragstellers in die Einschätzung einbezieht, mag das objektiv nicht gerechtfertigt sein. Aber wenn dieses Detail überhaupt nicht bekannt ist oder zu keinem Zeitpunkt in die Entscheidung über Bonität einfließt, dann kann das für den Kunden ungewünschte Folgen haben. Die Bank verweigert ihm den Kredit.

Wer auch immer diese drei Kontrollinstanzen für eine Entscheidung bestimmt oder steuert: Sie beeinflussen Entscheidungen manchmal mehr, als den Entscheidern klar und recht ist.

Uhrwerke in Zylinderhüten

Versetzen Sie sich zurück in Ihre Kindheit. Es ist Heiligabend. Die Bescherung naht. Während Sie und Ihre Geschwister vor dem Weihnachtsbaum »Oh Tannenbaum, oh Tannenbaum!« schmettern, hängen Ihre Gedanken längst bei den Päckchen und Paketen, die dort gestapelt liegen. Die Spannung ist unerträglich und entlädt sich erst, wenn alle Geschenkpapiere aufgerissen sind. Merken Sie sich dieses Gefühl. Denn jetzt kommen wir zu einem ähnlichen in Zusammenhang mit künstlicher Intelligenz.

Dafür zuerst ein Gedankenexperiment: Nehmen wir an, eine künstliche Intelligenz wäre in der Lage, für ein sehr komplexes Problem eine Entscheidung zu fällen. Das Resultat stellt Sie auf den ersten Blick zufrieden. Aber würden Sie dieser Entscheidung auch trauen? Denn nachvollziehen können Sie das Ergebnis nicht – sonst hätten Sie das Problem ja gleich selbst lösen können. Vielleicht vertrauen Sie dem

Algorithmus, vielleicht auch nicht. Ihr Vertrauen würde aber sicher wachsen, wenn die künstliche Intelligenz erklären könnte, wie sie zu ihrer Entscheidung gelangt ist. Doch genau das leistet eine künstliche Intelligenz nicht! Um das zu verstehen, springen wir noch einmal zurück in die Geschichte der Computertechnik.

Die ersten Computer basieren alle auf derselben Grundidee: Rechenwerk, Speicher, Eingabe und Ausgabe. Nach ihrem Erfinder heißt diese Kombination von Komponenten *Neumann-Architektur.*[244] Sie bietet einen großen Vorteil: Wenn man partout will, kann man Schritt für Schritt nachvollziehen, warum und wie eine Software eine Entscheidung getroffen hat. Diese Architektur ist vergleichbar mit einem Uhrwerk, das in einem durchsichtigen Zylinderhut verbaut ist: Man kann hineinschauen und nachvollziehen, was zu jedem Zeitpunkt passiert. Im Einzelfall mag das Uhrwerk sehr, sehr kompliziert sein. Aber wenn ich den Zylinder oft genug drehe, wende und dabei beobachte, werde ich irgendwann verstehen, was darin passiert.

Abbildung 17: Ein Zylinder als Sinnbild für erklärbare und nicht erklärbare Algorithmen

Leider funktioniert das nicht mehr bei Algorithmen der künstlichen Intelligenz. Sie sind vergleichbar einem schwarzen Zylinder, dem Sinnbild des Zauberers. Der Zauberer wirft etwas in den Hut hinein, streift mit dem Zauberstab an der Hutkante entlang – und heraus springt das weiße Kaninchen. Es ist Teil des unausgesprochenen Vertrags zwischen Zuschauern und Magier, dass er nicht erklären wird, wie seine Illusion funktioniert. Wir haben ja sogar dafür bezahlt, dass er sein Geheimnis für sich behält. Die Illusion soll erhalten bleiben.

Die Programmierer für künstliche Intelligenz werfen ihre Algorithmen in einen schwarzen Zylinder. Sie stecken ein Ei hinein und heraus kommt ein Huhn. Allein: Künstliche Intelligenz erklärt sich nicht! Der Hut ist schwarz. Von außen ist nichts zu erkennen. Na gut, dann schauen wir einfach von oben hinein. Dann werden wir schon sehen, was dort geschieht – also wie aus dem Ei ein Huhn wird. Aber genau das klappt nicht! Und das ist keine Frage von fehlendem Fachwissen, sondern entspringt einer Tatsache, die sich aus dem Wesen der Algorithmen künstlicher Intelligenz ergibt: Die Ergebnisse sind nicht voraussagbar oder im Nachhinein erklärbar. Und noch schlimmer: Sie sind noch nicht mal wiederholbar. Ein Algorithmus lernt durch Stochern im Nebel. Manchmal ist er dabei gut, manchmal schlecht (natürlich wird er tendenziell immer besser, wenn wir ihn nur oft genug stochern lassen). Aber das grundlegende Problem bleibt bestehen: Wir wissen nicht, warum er überhaupt auf ein Ergebnis gekommen ist.

Was bedeutet diese Erkenntnis für Entscheidungen, die durch Maschinen getroffen werden? Wir müssen uns entscheiden, ob wir den Entscheidungen einer Maschine generell vertrauen, bevor sie überhaupt irgendetwas für uns getan hat. Und wenn sie Entscheidungen zur Abstimmung vorlegt, kann sie diese noch nicht mal verständlich begründen.

Es gibt bereits einen Präzedenzfall für diese Situation, die interessante Einblicke liefert: Die Tabellenkalkulation bedeutete den Durchbruch des Personal Computers und sie avancierte in wenigen Jahren zum gefragten Werkzeug von Wissensarbeitern.[245] Mit ihrer Verbreitung stieg natürlich das Vertrauen in die Richtigkeit der Tabellenrechnungen. Aber war dieses Vertrauen berechtigt? Eine Analyse ergab, dass 20 bis 40 Prozent aller Tabellenkalkulationen Fehler enthielten. Eine Wirtschaftsprüfung ging davon aus, dass 90 Prozent aller Tabellenkalkulationen mit mehr als 150 Zeilen falsch seien.[246] Offensichtlich hindert das bis zu 95 Prozent aller Unternehmen nicht, trotzdem mit Tabellenkalkulationen zu arbeiten.[247] Das Vertrauen in Tabellenkalkulationen ist ungebrochen, obwohl es statistisch keine Grundlage dafür gibt. Es ist daher nicht auszuschließen, dass wir mit Entscheidungen etwas Ähnliches erleben werden, die durch immer mehr künstliche Intelligenz getroffen werden.

Nachdem wir uns mit den Prämissen von Entscheidungen eingehend beschäftigt haben, wenden wir unseren Blick auf die Entscheidungssituation selbst. Im nächsten Kapitel geht es darum, welche Rolle Menschen und Maschinen einnehmen können, wenn beide gemeinsam zu Entscheidungen gelangen wollen.

Sechs Stufen der Automation des Entscheidens

»Wenige Menschen denken, und doch wollen viele entscheiden.«

– FRIEDRICH II. DER GROSSE

Entscheidungen zwischen Himmel und Erde

Das Landemodul von Apollo 11 stürzt seit vier Minuten in Richtung Mond. Buzz Aldrin und Neil Armstrong starren auf die Flugdaten. Plötzlich zeigt das grüne Display des Apollo Guidance Computer (AGC) den Fehlercode 1202. Keiner kennt ihn. Hektisch beginnen die Flugkontrolleure in Houston, die Ursache zu suchen – während die Zeit abläuft. Gene Kranz, der Flugdirektor der Bodenkontrolle, beschreibt die Situation später nüchtern: »Wir würden entweder auf dem Mond landen; wir würden beim Versuch zu landen abstürzen; oder wir würden abbrechen. Die beiden letzten Optionen waren nicht gut.«[248] Hinzu kommt, dass die Sprechverbindung zwischen dem Landemodul und der Flugüberwachung ständig abbricht. Es scheint keine Option zu sein, auf Hilfe von der Erde zu warten. Während die Fluglotsen in Houston mit der schlechten Sprechverbindung hadern, klärt sich die Bedeutung des Fehlercodes: Der Computer signalisiert Überlastung, weil er zu viele Daten erhält. Deshalb entscheidet sich das Gerät, neu zu starten.

Zeitgleich wägt die Bodenkontrolle die Risiken der Fortführung gegen den Missionsabbruch ab. Schließlich gibt sie den Astronauten grünes Licht. Armstrong übernimmt die manuelle Kontrolle des Landemoduls. Während Aldrin ihm Höhe und Geschwindigkeit durchgibt, versucht der Kommandant das Landemodul auf die Mondoberfläche zu navigieren. Und schon kommt das nächste Problem: Die Landefähre befindet sich nicht dort, wo sie sein sollte. Das kann der Computer allerdings nicht mehr mitteilen. Nur durch die Markierung im Bugfenster erkennt Armstrong, wo die Fähre tatsächlich über der Mondoberfläche steht. Während des Abkoppelns vom Mutterschiff hat sie zu viel Geschwindigkeit aufgenommen und schießt nun über die Landezone hinaus. Dahinter taucht ein Kraterfeld auf mit Felsen so groß wie Lastwagen.

Der Treibstoff geht nur Neige, Armstrong scharwenzelt in 120 Metern Höhe über dem Mondboden, permanent auf der Suche nach dem Landeplatz. Die Treibstoffreserve war für zwei Minuten berechnet. Die erste davon ist bereits abgelaufen. Die Mondfähre steht 30 Meter über dem Boden. Durch das Fenster nimmt Armstrong einen Landeplatz ins Visier. Die Kapsel nähert sich bis auf 3 Meter der Oberfläche. Die Treibstoffanzeige steht bei 30 Sekunden. 10 Sekunden später ertasten die Landestützen den Boden. Die Fähre setzt auf wie auf einem Samtkissen. Apollo 11 ist gelandet. Armstrong schaltet die Triebwerke ab, aktiviert die Notfallsequenz für den Alarmstart und meldet: »Houston, Trainquility Base here ... the Eagle has landed.«[249]

Diese Sequenz aus der Apollo-Mission am 21. Juli 1969 gegen 3:56 Uhr markiert einen Wendepunkt in der Weltgeschichte. Ein Mensch hat nicht nur die Erde verlassen, sondern einen anderen Himmelskörper betreten. Das Projekt Apollo gilt als die größte technische Leistung der Menschheit. Sie steht auch für einen Lackmustest, wie sich im Laufe der Jahrtausende das Verhältnis von Menschen zu ihren Werkzeugen und Maschinen verändert hat. Es hat Äonen gedauert, bis durch Experimente und Erfindungen aus dem Faustkeil der Steinzeit der Bordcomputer des Raumfahrtzeitalters möglich wurde.

In den 1960er-Jahren gilt der AGC als Quantensprung in der Entwicklung programmierbarer Maschinen. Jahrelang arbeiten mehrere Teams daran. Er wird optimiert, um alle Flugroutinen der Mondlandung selbstständig erledigen zu können.[250]

Abbildung 18: Apollo Guidance Computer

Doch trotz des großen Aufwands bei seiner Entwicklung versagt er in der wichtigsten Phase der gesamten Apollo-Mission. Armstrong muss eine Aufgabe erledigen, die ohne sein Können, Chuzpe und Glück für die USA in einem Albtraum geendet hätte. Das Manuskript der Trauerrede nach dem tragischen Absturz der Astronauten auf dem Mond war bereits geschrieben.[251] Die Apollo-Mission war mit Risiken gepflastert. Trotz beispielloser Anstrengungen, den Bordcomputer ausfallsicher zu machen, konnten Wissenschaftler und Ingenieure nicht alle Probleme vorhersehen. Armstrong selbst schätzte die Wahrscheinlichkeit, lebend auf die Erde zurückzukehren, auf 90 Prozent. Auf nur 50 Prozent dagegen maß er die Chancen einer Erstlandung auf dem Mond.[252]

Der AGC wird ab dem Jahr 1961 mit dem Ziel konstruiert, den Astronauten jederzeit Fluginformation verfügbar zu machen. Am Ende arbeiten über 300 Mitarbeiter an der Fertigstellung des Rechners. Er soll alle Navigationsfunktionen der Apollo-Raumfahrzeuge automatisch ausführen. Für eine Apollo-Mission werden jeweils zwei AGC verbaut, einer in das Kommando-, der andere in das Landmodul. Der Erste ist dafür zuständig, das Raumschiff in die Umlaufbahn des Mondes zu bugsieren, der Zweite soll automatisch landen. Beide Systeme sind baugleich und wiegen 32 Kilogramm, aber sie werden mit unterschiedlicher Software bespielt. Ein weiterer Rechner wird gebaut, um ein anderes Horrorszenario der NASA zu vereiteln: Die Astronauten können nicht mehr abheben und ersticken, weil ihnen der Sauerstoff ausgeht. Wäre der AGC auf dem Mond ausgefallen, hätte das Abort Guidance System (AGS) dafür gesorgt, ein Rendezvous mit dem um den Mond kreisenden Kommandomodul einzuleiten. Es hätte aber umgekehrt nicht auf dem Mond landen können.

Nach heutigen Maßstäben umfasst der Speicher des AGC nur 68 Kilobyte. Sogar intelligente Lichtschalter haben heutzutage mehr. Doch die Entwicklung des AGC nimmt viele Konzepte vorweg, die ihren Weg in die moderne Softwareentwicklung finden werden. Die Benutzerschnittstelle des AGC gleicht in Aufbau und Bedienung bereits dem, was wir später als Personal Computer bezeichnen. Sie besteht aus einem Monitor, auf dem grüne Ziffer flackern, und einer Tastatur, die der eines Taschenrechners ähnelt. Befehle an den AGC werden als zweistellige Zahlencodes übermittelt.

Die Erfahrungen mit den hohen Ansprüchen an die Automation der Mondlandung macht den Wissenschaftlern in den 1970er-Jahren bewusst, dass mehr Automation bisher unbekannte Probleme im Umgang mit Maschinen aufwerfen würde.[253] Einige Fragen treiben die Praktiker besonders um:

- Wie sollte die Kontrolle über Entscheidungen zwischen Menschen und Maschinen aufgeteilt werden?
- Wie reagieren Menschen, wenn Maschinen die teilweise oder vollständige Kontrolle übernehmen und ihr Leben davon abhängt?
- Wie würde die Verantwortung zwischen Menschen und Maschinen wechseln? Wie schnell ginge das? Woran würde man erkennen, wann ein Wechsel angebracht ist?
- Wie würde sich das Verständnis eines Menschen über eine Maschine ändern, die zum Beispiel lange fehlerfrei funktionierte, aber irgendwann Fehler machte?

Im Jahr 1938 ist der Chemiker Roy Plunkett auf der Suche nach Kältemitteln für Kühlschränke. Dabei entdeckt er einige Krümmel in einem Reaktionsgefäß, die sich als äußerst hitzebeständig erweisen.[254] Die Teflonpfanne ist geboren. Wir haben sie also nicht der Raumfahrt zu verdanken. Dafür hat uns aber spätestens das Apollo-Programm darauf gebracht, dass sich die Interaktion zwischen Menschen und Maschinen fundamental wird ändern müssen, wenn Maschinen tatsächlich autonom Entscheidungen treffen sollen.

Automation von Denken und Handeln

Roboter gehören zum Stamminventar der Science-Fiction. In meinem Lieblingsfilm *Blade Runner*[255] lassen sich Roboter nur durch den *Voight-Kampf-Test*[256] von Menschen unterscheiden, was unweigerlich die Frage nach dem Recht auf Leben für Maschinen aufwirft.

Das Wort »Roboter« erfand übrigens der tschechische Dramatiker, Romanautor und Journalist Karel Čapek. Im Jahr 1920 schrieb er das Theaterspiel *R.U.R.* oder *Rossums universelle Roboter*[257]. Roboter war abgeleitet vom slawischen Wort »robota«, das in etwa Knechtschaft, Zwangsarbeit oder Schufterei bedeutet. Das Bühnenstück erzählt die Geschichte einer Firma, die durch Fortschritte in der Biologie, Chemie und Medizin massenhaft seelenlose Arbeitssklaven herstellen kann. Das Unternehmen wird überhäuft mit Anfragen und verkauft viele Roboter. Schließlich revoltieren die Roboter und töten fast alle Menschen auf der Erde. Zum Ende erkennen sie aber, dass sie von Menschen abhängig sind, weil niemand ihnen verraten hat, wie sie weitere Roboter bauen können. Das Publikum liebte Čapeks Theaterstück. Es wurde quer durch Europa und in den USA aufgeführt. Und es war der Schlüssel, dass der neue Begriff »Roboter« sich verbreitete und sich ein literarisches Genre gründete.

Abbildung 19: Der Roboteraufstand in *R.U.R.*

Während die Science-Fiction begann, sich immer klügere Roboter auszudenken, die Menschen immer ähnlicher wurden, sah die Realität denkbar anders aus. Hier ging es um die profane Frage, welche Dinge man überhaupt automatisieren konnte. Dafür kamen in erster Näherung zwei vermeintlich unterschiedliche Bereiche in Betracht: die Übernahme körperlicher Arbeit (=Ersatz von Muskelbewegung) und die Übernahme von geistiger Arbeit (= Ersatz von Denkarbeit). Wissenschaftler fanden dafür die Begriffe »Mechanisierung« *(mechanization)* und »Computerisierung« *(computerization)*.[258] Das Erste beschreibt den Ersatz menschlicher Muskelkraft, also das Bewegen und Umwandeln von Materie, das Zweite den Ersatz kognitiver Tätigkeiten, also sensorische Prozesse oder mentale Tätigkeiten wie

Sammeln, Speichern, Analysieren und das Anwenden von Daten zum Kontrollieren und Steuern der Ersteren.[259]

Viele haben sich bereits Gedanken darüber gemacht haben, was die Automation der einen wie auch der anderen Aktivität bedeutet, in so verschiedenen Bereichen wie Luftverkehr, Telerobotik oder Fabriken (siehe Tabelle 8). Die einfachsten dieser Unterscheidungen sehen zwei Zustände: entweder vollständig manuell oder vollständig automatisiert. Dazwischen gibt es nichts. Aber mit zunehmend komplexeren Situationen, zum Beispiel Flugverkehrskontrolle, Atomkraftwerke oder Raumschiffe, wird es üblich, genauere Unterscheidungen zu treffen, sowohl für die physische wie auch die informatorische Komponente von Tätigkeiten.

Automation umfasst das Zu- und Verteilen von Tätigkeiten zwischen Mensch und Maschine in zehn möglichen Abstufungen.[260]
Automation erstreckt sich von direkter, manueller Steuerung bis zum weitgehend autonomen Betrieb einer Maschine.[261]
Automation ist eher für kognitive Aufgaben möglich, wie zum Beispiel Zustände überwachen und bei Bedarf reagieren.[262]
Automation ist das Aufteilen einer Tätigkeit zwischen Mensch und Maschine - bei wechselnder Beteiligung des Menschen.[263]
Automation ist ein Kontinuum von vollständig manueller Tätigkeit durch den Menschen bis zu vollständig automatisierter Tätigkeit durch die Maschine.[264]
Automation ist ein Komplement zur Besatzungsstärke von Maschinen, die entweder manuell, halbautomatisch oder vollautomatisch betrieben werden.[265]

Tabelle 8: Definitionen für Stufen der Automation

Ein interessanter Begriff für die Stufen der Automation ist der von Mikell Groover genutzte Begriff »Besatzungsstärke« *(manning level)*, den er der Schifffahrt entlehnte. Damit bezeichnet er die Anzahl von Menschen, die nötig wären, um alle Maschinen einer Fabrik am Laufen zu halten.[266]

Die Ingenieure Thomas Sheridan und William Verplank nehmen eine konkrete Situation in den Blick: Sie fragen sich, wie man einen Tiefseeroboter navigieren kann, der durch lange Steuerungskabel mit dem Kommandostand an der Meeresoberfläche verbunden ist. Dafür unterscheiden die Wissenschaftler zehn Abstufungen, die jeweils darlegen, wie die Kontrolle von Entscheidungen zwischen Mensch und Maschine aufzuteilen wäre (siehe Tabelle 9). Auf Stufe 1 soll der Operator alle Entscheidungen treffen und Tätigkeiten ausführen, Stufe 10 dagegen gibt der Maschine vollständige Autarkie.[267]

1	Keine Assistenz durch den Computer; der Mensch muss alle Entscheidungen treffen und alle Tätigkeiten ausführen.
2	Der Computer zeigt eine Liste aller Alternativen, oder ...
3	bietet lediglich einige Option an, oder ...
4	wählt eine Option aus und ...
5	führt diese Option aus, wenn der Mensch sie bestätigt hat, oder ..
6	lässt eine Frist verstreichen vor der Ausführung und ...
7	führt die Option automatisch aus, aber informiert erst danach, und ...
8	informiert nur auf explizite Nachfrage, oder ...
9	informiert nach eigenem Ermessen.
10	Die Maschine entscheidet allein, ist autonom und ignoriert den Menschen vollständig.

Tabelle 9: 10 Stufen der Automation in Anlehnung an Sheridan & Verplank, 1978, S. 8-17

Sheridan und Verplanck beschreiben damit so etwas wie ein Kontinuum der Entscheidungskontrolle zwischen Mensch und Maschine. Grundlage ihrer Aufteilung sind zwei Aspekte: einerseits Information und Rückmeldung des Status der Maschine an den Menschen, andererseits die Aufteilung der Verantwortung für Entscheidungen zwischen Mensch und Maschine.

Die Automation des Entscheidens lässt sich also aufspannen als Kontinuum über die Zuteilung von Verantwortung für Entscheidungen: Wenn Mensch und Maschine in einer Situation interagieren, dann ist das linke Ende dieses Kontinuum die Stelle, an der ein Mensch jede Entscheidung trifft. Die Maschine ist in diesem Fall beispielsweise der Rechenschieber. Entscheidungen trifft allein der Mensch. Er interpretiert auch die Aussagen, die die Maschine trifft. Das rechte Ende des Kontinuums sind Maschinen, die vollständig autark Entscheidungen treffen, wie zum Beispiel künftig Roboterautos. Der Mensch muss darauf vertrauen, dass die Entscheidungen der Maschine in seinem Sinne sind. Er braucht also Vertrauen in die Fähigkeiten einer Maschine, was zu intensiven Debatten für das Design von autonomen Systemen führt.[268]

Gibt es bereits so etwas wie das Kontinuum des Entscheidens mit Maschinen? Tatsächlich kennen wir ein Produkt, das bereits über 100 Jahre alt ist und unsere Gesellschaft und unseren Lebensstil nachhaltig geprägt und verändert hat. Diese Maschine hat in den letzten Jahren eine steile Lernkurve hingelegt, um die Fähigkeit des Entscheidens zu verbessern, und bei vielen dieser Entscheidungen geht es um Leben und Tod.

Treppenstufen zur automatischen Entscheidung

Für das Jahr 2025 prognostizieren Forscher 8 Millionen autonome oder semi-autonome Fahrzeuge auf den Straßen.[269] Bis dieses Ziel erreicht ist, braucht es aber noch einige Anstrengungen, um Autos selbstständig fahren zu lassen.

Die Anfänge des autonomen Fahrens reichen weit zurück. Im September 1968 baut der Reifenhersteller Continental einen Testwagen, der selbstständig seine Runden auf der Teststrecke Contidrom[270] dreht. Der Anlass dafür ist denkbar unspektakulär: Continental will Reifen unter wiederholbaren Bedingungen testen. »Autonom« heißt damals, dass das Auto auf einem Leitdraht fährt, der in die Fahrbahn eingelassen ist. Das Fahrzeug korrigiert selbständig, wenn es aus der Spur ausbricht. Abbremsen, Beschleunigen und Hupen können die Tester nur vom Leitstand aus.

Wirklich autonomes Fahren passiert zum ersten Mal im Jahr 1992. Auf einem gesperrten Autobahnabschnitt in Bayern gelingt es Forschern der Universität Neubiberg, ein Testfahrzeug mit bis zu 96 Kilometern pro Stunde fahren zu lassen.[271] Diesmal ohne äußere Hilfsmittel. Das Auto erfasst Bilder der Umgebung in Echtzeit und ermittelt daraus Prognosen über den Fahrverlauf in den nächsten Sekunden. Aber es dauert über ein weiteres Jahrzehnt, bis die Entwicklung weiter voranschreitet.

Im Jahr 2004 beginnen von der amerikanischen DARPA organisierte Wettbewerbe für Roboterautos. Die Aufgabe ist, ein Auto selbstständig über eine Wüstenpiste von 250 Kilometern fahren zu lassen. Im ersten Jahr fährt das beste Roboterauto 12 Kilometer, bevor es nach einer Kehrtwende an einem Felsen hängenbleibt. Im nächsten Jahr überqueren nach wiederrum mehr als 200 Kilometern freier Fahrt bereits fünf Roboterautos die Ziellinie.

Diese Erfolge bringen Ingenieure auf die Idee, die Fortschritte hin zu voller Autonomie von Roboterautos in eine Systematik zu gießen. Die Society of Automotive Engineers (SAE) definiert sechs Stufen der Automation des Fahrens *(levels of driving automation)*. Die reichen von Stufe 0 (vollständig manuelles Fahren) bis zu Stufe 5 (vollständig autonomes Fahren) (siehe Tabelle 10).[272]

Stufe		**Beschreibung/Beispiel**
1	Keine Automation	Diese Stufe beschreibt ein Auto ohne jegliche Automation. Der Fahrer bleibt auf sich gestellt.
2	Fahrerassistenz	Geschwindigkeitsregler verringern die Geschwindigkeit, wenn das Auto zu dicht auffährt. Spurhalte-Assistenten warnen, wenn das Auto von der Straße driftet. Beispiele: Toyota Corolla (Toyota Safety Sense1), Nissan Sentra (Intelligent Cruise Control).
3	Teilweise Automation	Autos können autonom fahren, allerdings nur bei guten Wetter- und Straßenbedingungen und Einschränkungen. Die Hände müssen nicht mehr am Steuer bleiben, aber der Fahrer bleibt aufgefordert, jederzeit eingreifen zu können. Beispiele: nächste Generation Audi A8
4	Bedingte Automation	Autos fahren ohne Eingriff des Fahrers. Dieser gibt nur noch das Fahrtziel ein. Aber es müssen dem Auto gut bekannte Einsatzzwecke sein. Für diesen Fall sind noch nicht alle regulatorischen Fragen beantwortet. Beispiele: Waymo
5	Vollständige Automation	Autos fahren vollständig autonom. Sie können alle Wetterextreme registrieren und jede Situation auf jeder Art von Fahrbahn einordnen. Lenkrad und Fußpedale werden überflüssig.

Tabelle 10: Die Stufen der Automation des Fahrens in Anlehnung an SAE International, 2014

In den letzten Jahren konnten Forscher und Ingenieure große Fortschritte bei Roboterautos erzielen, weil die neuen Algorithmen der künstlichen Intelligenz besonders geeignet sind, die dafür nötige Intelligenz bereitzustellen. Aber wir dürfen davon ausgehen, dass es viele Jahre dauern wird, bis eine Armada autonomer Autos über unsere Straßen kurven wird.

Für unsere Zwecke ist etwas anderes wichtiger: Das Stufenmodell für das autonome Fahren bietet eine Blaupause, die wir verallgemeinern können. Denn wir fragen nicht nur nach der Automation des Fahrens, sondern nach der Automation des Entscheidens – Roboterautos sind lediglich der Sonderfall. Das Kontinuum der Automation des Entscheidens (von »Mensch entscheidet« bis hin zu »Maschine entscheidet«) lässt sich vereinfachen, ohne dass es dessen Tauglichkeit schmälert. Genauso wie beim Autofahren reichen sechs Abstufungen, um auf viele Fragen zur künstlichen Intelligenz bessere Antworten zu finden (siehe Tabelle 10).

Wieder finden wir sechs Stufen (Abbildung 20). Sie strukturieren das Kontinuum der Automation des Entscheidens und machen es damit handhabbar, um daran konkrete Anwendungsfälle zu spiegeln. Aber das Ziel dieses Stufenmodells ist etwas ehrgeiziger: Beim Stufenmodell des Fahrens wird das Verhältnis von Auto zu Fahrer erklärt. Das 6-Stufen-Modell der Automation des Entscheidens steht für jede Art von Maschine, die Entscheidungsfähigkeit besitzt und mit Menschen interagiert.

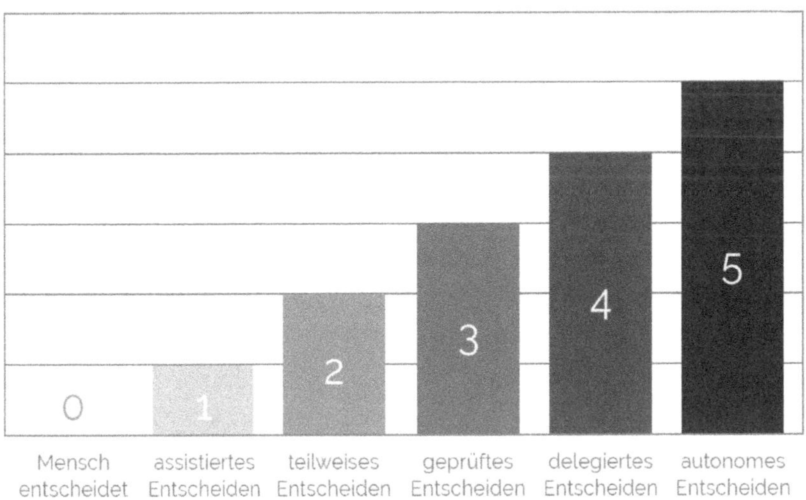

Abbildung 20: Sechs Stufen der Automation des Entscheidens BITKOM, 2017, S. 14

Die Automation des Entscheidens rollt von links nach rechts: Der Mensch übergibt mehr und mehr Kontrolle an die Maschine. Die Autarkie der Maschine für Entscheidungen wächst mit jeder Stufe. Jede Stufe grenzt sich von der vorherigen und der nachfolgenden Stufe ab (siehe Tabelle 11), doch die Übergänge sind nicht trennscharf, sondern manchmal sogar schwer auszumachen. Es kann verwirren, wenn die Definition bestimmte Charakteristiken einer Maschine nicht eindeutig einer Stufe zuordnen lässt.

Was zuerst wie ein Nachteil aussieht, entpuppt sich auf den zweiten Blick als Vorteil: Das Kontinuum des Stufenmodells legt nur zwei Punkte fest: Am linken Rand entscheidet der Mensch autonom, am rechten dagegen die Maschine, ansonsten ist das Modell offen für Varianten des Zuteilens von Verantwortung, die wir heute vielleicht noch gar nicht im Blick haben. Es lassen sich alle Nuancen abbilden, die sich aus der Diskussion und einem tieferen Verständnis ergeben, wie Verantwortung zwischen Mensch und Maschine verteilt sein könnte, sollte oder müsste.

Durch diese Variabilität lässt sich das Stufenmodell für viele Einsatzzwecke nutzen: Dialoge zwischen Chatbot und Kunde am Smartphone, Handreichungen der Roboterhand für den Arbeiter an der Werkbank, Prognosen über den Aktienmarkt durch den Anlageberater – in jedem Fall geht es um das Zuteilen von Verantwortung für mehr oder weniger große Anteile an Entscheidungen.

Stufen im Auge des Betrachters

Warum sind wir sicher, dass sechs Stufen für alle Zuteilungen von Kompetenzen in Entscheidungen ausreichen? Die Antwort fällt überraschend aus: Es ist unwichtig. Die Stufen beschreiben keine präzisen Abgrenzungen. Es mag eine Situation der Automation geben, wo die Unterscheidung von drei Stufen völlig ausreicht (zum Beispiel ein Bahnticket aus dem Automaten ziehen). Bei anderen braucht es vielleicht sogar mehr als sechs (zum Beispiel einen Marsrover steuern).

Einige Wissenschaftler glauben, dass es sogar unmöglich sei, einige Tätigkeiten eindeutig einer Maschine oder einem Menschen zuzuordnen.[273] Menschen stoßen an die Grenzen ihrer kognitiven und emotionalen Belastbarkeit, Maschinen an die Grenzen des technischen Fortschritts. Doch beide Grenzen verschieben sich über die Zeit: Menschen können lernen, in ungewohnten Situationen immer sicherer zu agieren, die technische Weiterentwicklung vergrößert das Leistungsspektrum der Maschinen.

Daraus folgt eine wichtige Ableitung: Es ist kein ausgemachtes Ziel, dass vollständige Automation das ultimative Ziel ist. Eher geht es darum, ein austariertes Gleichgewicht zu finden, indem Menschen und Maschinen für einen klaren Zweck ihre jeweiligen Stärken einbringen. Für die Automation des Entscheidens gilt nicht die Maxime »ganz oder gar nicht«. Es ist ein Kontinuum von Stufen, die wir für unsere Zwecke anpassen können. Lediglich die Grenzen sind eindeutig: Auf der untersten Stufe agiert der Mensch allein (begrenzt durch seine physischen, kognitiven und emotionalen Fähigkeiten). Auf der obersten Stufe agiert eine vollkommen autarke Maschine (ohne jede Einmischung des Menschen). Und damit relativiert sich die Notwendigkeit, die einzelnen Stufen der Automation des Entscheidens genau festlegen zu müssen.

Ein vermeintlicher Nachteil des Stufenmodells dreht sich in einen Vorteil: Das Ringen um die Unschärfen im Stufenmodell hilft, Perspektiven in Einsatzszenarien für die künstliche Intelligenz auszuleuchten, die sonst unerkannt geblieben wären. Hitzige Diskussionen um die »richtige« Interpretation einer Stufe und schwammige Übergänge sind nicht etwa der ungenügenden Definition geschuldet. Tatsächlich deuten sie auf Probleme hin, die lösbar werden, weil sie dadurch überhaupt sichtbar geworden sind. Sie wären zwar später auch irgendwann an die Oberfläche gespült worden – aber um den Preis von Folgekosten.

Das Stufenmodell bietet eine zeitlose Metrik: Technik kann Fortschritte machen, aber die Art und Weise, wie man mit dem Stufenmodell arbeitet, ändert sich nicht. Es ist robust genug, sich neue technische Entwicklungen einzuverleiben (zum Beispiel *Affective Computing, Emotional AI*), deren Konturen wir gerade erst erkennen. Und es vereinnahmt sogar Techniken, deren Funktion wir vielleicht schon benennen, aber für die es erst in Jahrzehnten ein praktisches Beispiel geben wird, wie etwa bewusste künstliche Intelligenz *(Sentient AI)*.

Das Stufenmodell umgeht die strittige Frage, was künstliche Intelligenz ist. Es präsentiert allein Antworten darauf, was künstliche Intelligenz tut. Statt sich in den Fängen von Fachbegriffen zu verwickeln, hilft ein einfaches Denkwerkzeug, auch sehr schwierige Diskurse so zu steuern, dass Beteiligte und Betroffene mitreden können. Jede Perspektive erhält ihre Berechtigung. Alle werden gehört. Keine wird übersehen.

Stufe		Beschreibung
0	Der Mensch entscheidet	Menschen treffen eine Entscheidung allein. Denken, Entscheiden und Handeln passieren ohne Hilfsmittel.
1	Assistiertes Entscheiden	Maschinen unterstützen Menschen bei der Entscheidungsfindung. Sie arbeiten zu, treffen aber keine eigenen Entscheidungen.
2	Teilweises Entscheiden	Maschinen übernehmen manche Entscheidungen. Menschen legen fest, welche das sind.
3	Geprüftes Entscheiden	Maschinen unterbreiten Vorschläge. Menschen müssen wichtige Entscheidungen bestätigen.
4	Delegiertes Entscheiden	Menschen überlassen Maschinen viele Entscheidungen. Nur im Ausnahmefall greifen sie noch ein.
5	Maschine entscheidet	Maschinen erhalten umfängliche Kontrolle. Sie treffen alle Entscheidungen in komplexen Domänen und handeln vollständig autonom.

Tabelle 11: Sechs Stufen der Automation des Entscheidens

Wenn sich eine Anwendergruppe auf Definitionen für ihre Domäne einigt, macht sie sich das Denkinstrument zu eigen und ist eher gewillt, es dauerhaft zu nutzen. Die sechs Stufen des Modells lassen sich zwar durch Kriterien voneinander abgrenzen, es kann aber auch weiche Übergänge geben.

Im Einzelnen erklären sich die Stufen wie folgt:

- **Stufe 0:** Ein Mensch trifft seine Entscheidung allein. Er nutzt keine Maschine, die zuarbeitet oder unterstützt. Sollte er ein Werkzeug nutzen (etwa einen Abakus), dann kann er es bedienen und entscheidet auch selbst, ob er es überhaupt nutzt. Dies ist die wörtliche Nulllinie des Stufenmodells der Automation. Vor hier aus entfaltet sich über die nächsten fünf Stufen der vollständige Fächer der Automation des Entscheidens.

- **Stufe 1:** Die 1980er-Jahre brachten die Tabellenkalkulation. Sie griff dem Benutzer bei komplizierten Rechnungen unter die Arme. Im Gegensatz zu Papier und Bleistift lieferte eine Tabellenkalkulation in kürzester Zeit Antworten auf sehr komplexe Fragen. Diese Fähigkeiten führten dazu, dass Anwender anfingen, Simulationen durchzuspielen oder Alternativlösungen zu betrachten. Zwar sind Fehler in der Handhabung nicht selten und Benutzer überschätzen ihre Fähigkeiten, das Werkzeug richtig zu bedienen,[274] dennoch steigerten Tabellenkalkulationen die Effizienz nach damaligen Schätzungen um das 80-Fache.[275]
- **Stufe 2:** Das System übernimmt einerseits das Berechnen, zum Beispiel die Abfolge von Transaktionen in einer Onlinebestellung. Gleichzeitig trifft es aber in dedizierten Anwendungsfällen selbstständig Entscheidungen, beispielsweise wenn Bediener mit Alexa Echo auf Zuruf Kaufvorgänge auslösen. Aber alle Entscheidungen hängen davon ab, dass der Akteur seine Präferenzen zuvor geäußert hat. Die Entscheidungen laufen entlang einer reglementierten Kette von Alternativen. Die Verantwortung, diese Kette zu auszulösen, verbleibt beim Bediener.
- **Stufe 3:** Auf dieser Stufe entwickelt die Maschine eigene Vorschläge. Ein typisches Beispiel ist die Suchmaschine Google. Sobald der Mensch eine Anfrage platziert, sucht die Maschine Antworten darauf in verfügbaren Informationsquellen. Diese können qualifiziert sein, unqualifiziert, mehrdeutig oder irreführend. Die Auswahl und Reihenfolge der Suchergebnisse orientieren sich an der Interpretation des Algorithmus. Dem Menschen bleibt es überlassen, Vorschläge anzunehmen, abzulehnen, die Suche zu wiederholen oder durch weitere Parameter einzugrenzen.
- **Stufe 4:** Ab hier überlässt ein Mensch der Maschine dauerhaft die Kontrolle über eine konkrete Situation, zum Beispiel den Lauf einer Gasturbine zu regeln. Die Maschine sorgt dafür, dass eine Turbine ihre Leistungsgrenzen selbst steuert und sogar Strategien ersinnt, ihre Reparaturen zu minimieren.[276] Im Unterschied zu Stufe 3 übernimmt die Maschine also auch Entscheidungen, wenn der Bediener zum Beispiel nicht auf die Aufforderung reagiert, die Kontrolle zurückzunehmen. Diese Situation spielt für den praktischen Einsatz eine überraschende Rolle. Eine Studie zu Roboterautos etwa zeigte, dass sich die Reaktionszeit der Fahrer, die Kontrolle über ein Auto zurückzunehmen, zwischen 1,4 und 6,7 Sekunden bewegte.[277]

- **Stufe 5:** Die Maschine übernimmt dauerhaft und zuverlässig die Kontrolle. Alle Entscheidungen über eine komplexe Anwendungsdomäne geschehen selbstständig, wie zum Beispiel das Autofahren. Ein Bediener ist nicht mehr nötig, etwa beim Einsatz eines Robotertaxis. Auch ungeplante Situationen und Notfälle beherrscht das System ohne menschlichen Eingriff. Für Stufe 5 liegen alle notwendigen Daten in Echtzeit vor. Sie sind vollständig und bilden die Grundlage jeder Situation, in der Entscheidungen getroffen werden.

Über das gesamte Spektrum der sechs Stufen der Automation verteilen sich alle Tätigkeiten des Entscheidens zwischen Mensch und Maschine. Aber es gibt auch eine übergeordnete Kategorie, in welcher Rolle Maschinen unterstützen: Entweder ersetzen sie kognitive Fähigkeiten des Menschen (Automation) oder sie erweitern die kognitiven Kapazitäten, die einem Menschen zur Verfügung stehen (Augmentation). Die Automation im Sinne von Ersetzen produziert tatsächlich kognitive Tätigkeiten, die früher dem Menschen vorbehalten waren. Der Taschenrechner ist ein gutes Beispiel dafür. Aber Augmentation im Sinne von Anreichern oder Ergänzen ist weit mehr: Hier verhilft die Verbindung von menschlichen und maschinellen Tätigkeiten dem Menschen dazu, besser zu denken. Dazu gehört beispielsweise auch schon, die » situative Wahrnehmung« *(situational awareness)* zu erhöhen, wenn der Mensch mit mehrdeutigen Daten konfrontiert ist.[278] Werkzeuge können auch helfen, kognitive Fehlschlüsse zu vermeiden, wie sie jedem durch vorschnelles Denken passieren – auch und gerade dann, wenn man intelligent ist.[279]

Die Interaktion zwischen Mensch und Maschine spielt für das Ausbeuten großer Datenmengen eine größere Rolle als bisher vermutet. In jedem Fall (unfallfrei Autofahren, Gesichter erkennen, Karzinome diagnostizieren) ist das Zusammenspiel von Mensch und Maschine der einzelnen Maschine oder dem auf sich gestellten Menschen überlegen. Das hat eine weitreichende Konsequenz: Wir sollten uns zukünftig nicht mehr mit dem Ausspielen von Maschinen gegen Menschen beschäftigen, sondern die Frage beantworten, wie beide zum Nutzen der Sache zusammenarbeiten sollten. Dann wird beispielsweise der Wissensarbeiter produktiver: Einfache Aufgaben bearbeiten die Maschinen, für die schwierigen ziehen sie eigenständig den Experten hinzu – und beide lernen daraus für das nächste Mal. Anders gesagt: Wir werden nicht irgendwann aufwachen und fehlerfreie Roboterautos, unfehlbare Gesichtserkenner oder omnipotente Radiologen-Avatare vorfinden. Stattdessen delegieren wir zunehmend und ohne uns weitere Gedanken darüber zu machen, kognitive Fähigkeiten an Maschinen, bis sich schließlich ein neues Gleichgewicht einpendeln wird zwischen denkendem Menschen und Denkmaschine.

Unser kurzer Abriss über die Stufen der Automation macht deutlich: Vollständige Automation ist überhaupt nicht zwingend, sie würde in vielen Fällen gar nicht funktionieren. Automation ist nicht Alles oder Nichts, sondern »irgendetwas dazwischen«. Wissenschaftler vermuten schon lange, dass es gar nicht möglich sei, jede Aufgabe entweder einem Menschen oder einer Maschine zuzuordnen.[280] Sowohl Menschen als auch Maschinen haben Grenzen physischer und kognitiver Leistungsfähigkeit, um verschiedene Tätigkeiten auszuführen. Darum erscheint es nicht so wichtig, die absoluten Möglichkeiten von Automation auszuloten.[281] Vielmehr müssen wir das Verhältnis von Mensch und Maschine genauer anschauen und verstehen, wie eine konkrete Aufgabe im Verbund am Besten gelöst werden könnte.

Wie wirkten sich die hier beschriebenen Mechanismen bei Apollo aus? Der AGC war seiner Zeit sehr weit voraus. Ein in Technik gegossener Intellekt galt als der Star jeder Apollo-Mission. Er steuerte den Flug zum Mond. Er führte die Mondlandung durch (beziehungsweise er hätte es tun sollen). Er funktionierte in allen Missionen wie berechnet, erwartet und geplant. Dennoch passierte etwas Merkwürdiges: Die Astronauten aller Mondfähren schalteten auf den letzten Metern der Landung immer auf manuelle Steuerung um.[282] Die NASA war von diesem Verhalten wahrscheinlich gar nicht überrascht. In einer Studie aus der frühen Zeit des Apollo-Programms kam sie bereits zum dem Schluss: »Die Akzeptanz von Entscheidungsfunktionen ist allgmein eher gering.« und »Wenn ein Fehler in der Automation das Leben der Person gefährden kann, wird sie diese trotz vorgeschriebener Verfahren mit geringerer Wahrscheinlichkeit akzeptieren und benutzen.«[283]

Aber warum sollten wir überhaupt Maschinen bauen, die etwas entscheiden können, wenn wir sie dann wider besseres Wissen gar nicht entscheiden lassen?

Die Matrix der Entscheidungsallokation

»Die Jagd nach dem Sündenbock ist die einfachste.«

– DWIGHT D. EISENHOWER

Eine kuriose Episode der Corona-Pandemie wird im kollektiven Gedächtnis haften bleiben: Panikkäufe von Toilettenpapier.[284] Die Gründe hinter diesem Phänomen sind hier nebensächlich. In der Sache ging es um die einfache Frage: Wie verteile ich begrenzte Mittel an Interessierte, wenn die Nachfrage das Angebot übersteigt? Um die Zuordnung zu regeln, müssen wir Klopapier allokieren. *Allokation* meint das Zuordnen begrenzter Ressourcen zwischen potenziellen Nutzern.[285] Der Begriff wird für Phänomene verwendet, in denen Knappheit eine Rolle spielt, zum Beispiel in der Informatik (Wer bekommt Speicher oder Prozessorzeit?), der Umwelt (Wer ist für Schäden verantwortlich, die durch Gifte entstehen?), der Ethik (Wer erhält Spenderorgane und wer nicht?) oder dem Finanzwesen (Wie verteilt sich Vermögen auf Anlagekategorien?).

Allokationen

In diesem Buch betrachten wir auch die kognitive Situation des Entscheidens als ein Problem der Allokation. Die Frage lautet: Wie könnten die Teilfähigkeiten, Entscheidungen zu treffen, zwischen Mensch und Maschine aufgeteilt werden?

Ein häufiges Missverständnis ist die Vermutung, dass die Entscheidung über die Allokation von Funktionen sich irgendwie durch die Anwendung einer Maschine in der Praxis einpendelt. Tatsächlich ist es aber eine Entscheidung, die bereits die Entwickler einer Maschine oft sogar unbewusst treffen.[286] Damit stellen sie implizit die Weichen für die Auswahl der Bediener, das nötige Training und die Arbeitsprozesse, die durch eine besondere Aufteilung möglich oder nötig werden.

Worum Entwickler sich gerne drücken ist die Frage, ob die Maschine eine moralische Entscheidung treffen kann oder sollte. Zwar gibt es einige Projekte, die versuchen, diese Frage zu beantworten,[287] aber davon dürfen wir keine Antworten erwarten. Moralische Fragen lassen sich nicht durch Algorithmen beantworten.

In den letzten Kapiteln sind zwei Perspektiven erörtert worden. Erstens: Wie entsteht eine Entscheidung? Welche Schritte sind im Idealfall zu gehen, um eine Entscheidung fällen zu können? Und zweitens: Wer trägt Verantwortung für eine Entscheidung? Wie verändert sich diese Verantwortung, wenn sie zwischen Mensch und Maschine verteilt wird?

Je komplexer sich die Interaktion zwischen Mensch und Maschine gestaltete, desto lauter wurde der Ruf, eine Systematik zu entwickeln, wie man die kognitiven Funktionen zwischen Menschen und Maschinen verteilen sollte. Das Ergebnis einer Studie der NASA aus dem Jahr 1968 überraschte und dämpfte die Hoffnungen: Bereits die ersten Versuche des Projekts zeigten, dass sich keine einfache Methode fand, um das Zuteilen von Funktionen zwischen Menschen und Maschinen zu bewerkstelligen.[288]

Verantwortung verteilen

Betrachten wir noch einmal das Kontinuum der Automation des Entscheidens (siehe Tabelle 12). Am linken Ende der Skala entscheidet der Mensch allein. Am rechten Ende die Maschine autonom. Im letzten Fall wurde die Verantwortung vollumfänglich abgegeben, dazwischen liegen wie Tupfer verschiedene Varianten des Zuordnens von Verantwortung für die Entscheidung zwischen Menschen und Maschinen.

Mensch					**Maschine**
0	1	2	3	4	5
Menschliches Entscheiden	Assistiertes Entscheiden	Teilweises Entscheiden	Geprüftes Entscheiden	Delegiertes Entscheiden	Maschinelles Entscheiden

Tabelle 12: Allokation von Entscheidungsautonomie

Gleichzeitig haben wir gelernt, dass Entscheidungen sich immer aus vier Schritten zusammensetzen: Erfassen, Analysieren, Priorisieren, Ausführen (Kapitel »Menschen vs. Maschinen«). Jede vernünftige Entscheidung – also solche, die wir nicht als Quengelkauf deklarieren würden – muss dieser Sequenz genügen.

Nun führen wir beide Dimensionen zusammen und erhalten die Matrix der Entscheidungsallokation (siehe Tabelle 13): Auf der Horizontalen die mögliche Zuteilung von Verantwortung für eine Entscheidung zwischen Mensch und Maschine, auf der Vertikalen die vier Schritte, die jede Entscheidung durchlaufen muss.

Die Anordnung von je vier Schritten für eine Entscheidung und je sechs Stufen der Allokation einer Entscheidung zwischen Mensch und Maschine ergibt 24 Kombinationen (in der Abbildung durchnummeriert mit den Indizes (1,1) bis (4,6)). Für jedes dieser Felder stellen wir im Kern immer dieselbe Frage: Macht das ein Mensch oder eine Maschine?

	Mensch					**Maschine**
	0	1	2	3	4	5
	Menschliches Entscheiden	Assistiertes Entscheiden	Teilweises Entscheiden	Geprüftes Entscheiden	Delegiertes Entscheiden	Maschinelles Entscheiden
Erfassen	(1.1)	(1.2)	(1.3)	(1.4)	(1.5)	(1.6)
Analysieren	(2.1)	(2.2)	(2.3)	(2.4)	(2.5)	(2.6)
Bewerten	(3.1)	(3.2)	(3.3)	(3.4)	(3.5)	(3.6)
Ausführen	(4.1)	(4.2)	(4.3)	(4.4)	(4.5)	(4.6)

Tabelle 13: Matrix der Allokation von Verantwortung in Entscheidungen

Ein Diskurs über künstliche Intelligenz kann nun entlang des Befüllens dieser Felder geführt werden. Dabei kann die Matrix in zwei Richtungen genutzt werden. Entweder schaut man sich etwas an und erkennt, wie sich Entscheidungen zwischen Mensch und Maschine verteilen. Oder man sucht selbst nach einem Ding, dass Entscheidungen treffen soll – wiederum aufgeteilt zwischen Mensch und Maschine.

Ein Beispiel: Amazon Alexa[289] ist ein Chatbot. Ich kann mir die Funktionsweise vor Augen halten, das Gerät ausprobieren, einige Experimente anstellen und anschließend jede Funktion in ihre Bestandteile zerlegen. Einerseits entlang der Frage, wie die Verantwortung von Entscheidung zwischen Mensch und Maschine verteilt ist, andererseits entlang der Frage, welche Schritte einer Entscheidung vom Menschen und welche von der Maschine getroffen werden. In diesem Fall hilft das Ausfüllen der Allokationsmatrix, um ein gegebenes Produkt zu sezieren *(reverse engineering)*.

Anders sieht es aus, wenn ich selbst kreativ werden will. In diesem Fall funktioniert die Matrix der Entscheidungsallokation als eine Spezialform des *morphologischen Kastens*.[290] Dieser bezeichnet eine Kreativitätstechnik, die von dem Astrophysiker Fritz Zwicky erfunden wurde. Seine Überlegung bestand darin, die jeweils unabhängigen Merkmale (hier: sechs Stufen und vier Schritte) einer Sache voneinander zu isolieren. Wenn die Unabhängigkeit gewährleistet war, konnten alle Merkmale mit beliebigen Ausprägungen befüllt werden. Die Kombination unterschiedlicher Ausprägungen führte zu jeweils anderen Ideen. In diesem Fall spiegelt die Matrix also mögliche Optionen für das Verhältnis von Mensch und Maschine wider, für ein Produkt oder einen Dienst, bei dem künstliche Intelligenz eine Rolle spielen kann oder soll.

Nun dürfen Sie einmal tief durchatmen!

Wir haben das Etappenziel erreicht und ein zweckmäßiges Denkinstrument hergeleitet, um uns dem Phänomen der künstlichen Intelligenz neu zu widmen. Damit können Sie über künstliche Intelligenz auch ohne Expertenwissen in sehr unterschiedlichen Kontexten nachdenken, kommunizieren und diskutieren. Die Matrix der Entscheidungsallokation ist ein mächtiges Instrument, um Einsatzkontexte für künstliche Intelligenz zu verstehen, ihre Wirkung einzuschätzen und Chancen wie Risiken zu steuern.

Wie solche Einsatzkontexte aussehen und wie Sie allein mit dem Stufenmodell der Automationsmatrix viele Sachverhalte gestalten können, alldem widmet sich das nächste Kapitel.

Die Automation des Entscheidens in der Praxis

Das vordergründig komplizierte Phänomen der künstlichen Intelligenz lässt sich überraschend einfach begreifen durch Begriffe, die jeder von uns im Alltag benutzt. Sie brauchen gar kein Fachwissen. Sie kennen die Geschichte der künstlichen Intelligenz und verstehen, warum die Automation des Entscheidens eine gute Metapher ist, sie nicht nur hinreichend zu verstehen, sondern gezielt darüber zu sprechen. Die Metapher trennt wie ein Prisma alle möglichen Fragen zur künstlichen Intelligenz sauber voneinander. Sie schärft den Blick auf die wichtigste Perspektive, die künstliche Intelligenz im Kern ausmacht: die maschinelle Fähigkeit, Entscheidungen zu treffen. Sie haben gesehen, dass diese Metapher – über Kreuz gelegt mit der Sequenz des Ablaufs jeder Entscheidung – eine ungetrübte Sicht auf die vielen Spielarten und Einsatzzwecke von künstlicher Intelligenz eröffnet, bei denen Menschen wie Maschinen beteiligt sind. Und zwar immer dann, wenn Entscheidungen getroffen werden. Nun geht es darum, dieses Verständnis in die Praxis zu übersetzen.

Die Automation des Entscheidens und ihre Konsequenzen für die organisationale Praxis sind unterschiedlich und weitreichend. Sie können das Denkinstrument verwenden, um ein »einfaches« Problem zu lösen, zum Beispiel die Angebote verschiedener Anbieter von Produkten oder Diensten der künstlichen Intelligenz miteinander zu vergleichen. Damit schöpfen Sie aber die Macht dieser Metapher nicht ansatzweise aus. Deshalb erfahren Sie in diesem Kapitel, wie Sie die Automation des Entscheidens in Situationen einsetzen, deren Zusammenhang sich einfach erschließt, wenn Sie sich in die Beispiele einlesen. Ich zeige Ihnen die gesamte Klaviatur, auf der die Automation des Entscheidens gespielt werden kann. Je öfter Sie darauf spielen, desto größer wird Ihre Fingerfertigkeit, um sich Ihre eigenen Stücke zu erspielen. Und am Ende spielen Sie virtuos und haben Ihren eigenen Stil entwickelt.

Der folgende Abschnitt zeigt praktische Situationen für den erfolgreichen Einsatz der Automation des Entscheidens, wie sie bis hierhin hergeleitet und erklärt wurden. Ich entfalte diese entlang der Geschichte von brightFutures, einem FinTech. Zunächst geht es um eine Fallstudie, die Schlüsselereignisse in der Gründungsphase des Unternehmens erzählt. Anschließend zeigen Beispiele, wie die Automation des Entscheidens dem Start-up hilft, typische Herausforderungen zu überwinden, mit denen sich ambitionierte, aber unerfahrene Gründer oft konfrontiert sehen.

Ouvertüre

Frank Simon ist begeistert. Direkt nach seinem Studium der Informatik akzeptiert er ein Angebot der Frankfurter KoinBank. Studiert hat er an der Technischen Universität Darmstadt. Außer Informatik belegt Frank den Studiengang Angewandte Linguistik. Er spezialisiert sich auf natürliche Sprache für die Interaktion zwischen Mensch und Maschine. Die KoinBank engagiert ihn, um Kundendialoge digital zu automatisieren. Der Aufsichtsrat lässt den CEO Andreas Adler wissen, dass die Digitalstrategie des Finanzinstituts nicht mehr zeitgemäß sei. Man wolle endlich Fortschritte sehen in der digitalen Transformation. Keine 24 Stunden später startet das Projekt BitKoin 2030, ausgestattet mit einem Budget, das einen Tag vorher noch gar nicht existierte, und dem ehrgeizigen Ziel, die meisten Kundendialoge zu digitalisieren. Denn die Halbierung des Filialgeschäfts war im Vorstand der KoinBank bereits ausgemachte Sache. Frank soll nun helfen, das Filialgeschäft von Chatbots erledigen zu lassen.

Alex Hartmann studiert Betriebswirtschaft an der Universität Cottbus und absolviert den Bachelor. Danach wechselt er an die WHU Otto Beisheim School of Management[291] und erwirbt den Master in Finance.[292] Nach dem Studium profiliert er sich bei der Sparkasse Koblenz. Als Vermögensberater verdient er sich erste Sporen. Ein Headhunter wird auf ihn aufmerksam und vermittelt das Talent in die Produktentwicklung der KoinBank. Alex soll seine Erfahrung und Expertise einbringen, um das Portfolio für die Vermögensanlage der Zukunft aufzubauen.[293]

Frank und Alex lernen sich kennen, als Marketingvorstand Markus Melchert seinen Beitrag zu BitKoin 2030 liefern will: Die Recherche eines Werkstudenten hat zu aller Überraschung gezeigt, dass sogenannte Robo-Advisors[294] in den Fokus der Finanzdienstleister rücken. Sie sollen die Vermögensverwaltung revolutionieren.

Robo-Advisors automatisieren Entscheidungen über den Aufbau von Anlagevermögen. Dafür strukturiert ein Algorithmus das Erstellen des Startportfolios, kümmert sich aber anschließend auch um das Überwachen und passt das Portfolio ständig an die Risikobereitschaft des Anlegers an. Der hohe Grad an Automation erlaubt es, auch Geldanlagen mit geringen Anlagebeträgen zu verwalten und die Gebühren niedrig zu halten. Mit Kunden kommuniziert ein Robo-Advisor über digitale Schnittstellen, die leicht zu bedienen sind. Trotz dieser Einschränkungen erhält die potenziell neue Klientel Zugang zu einem Komplettangebot für die Produkte des Kapitalmarkts.

Das Projekt beginnt ambitioniert und mit Weitsicht. Der KoinBot soll als App auf den Markt geworfen werden. Der Marketingvorstand denkt groß und hat eine digitalaffine Klientel im Sinn. Doch er stößt auf Widerstand. IT-Leiter Walter Wurm mäkelt: »Diese App wirft Sicherheitsfragen auf! Der geben wir niemals Zugriff auf unser Netzwerk!« Anwalt Dr. Ludwig Leer sind die Risikoklauseln für Kunden zu vage formuliert: »Was passiert, wenn KoinBot falsch berät? Wir müssen mehr Risiken auf den Kunden abwälzen!« Die IT- und Rechtsabteilung zerpflücken den KoinBot, bevor die erste Spezifikation des Produkts überhaupt begonnen hat. Melchert wünscht sich die eierlegende Wollmilchsau, um den Markt aufzumischen, die anderen Parteien lamentieren über Restriktionen und Risiken.

Drei Monate vergehen. An eine zeitnahe Einführung ist nicht mehr zu denken. Sieben Krisensitzungen später entscheidet Melchert, dass der als digitales Schnellboot gestartete KoinBot auf den Status einer Schwimmbarke zurückfällt. Die Überprüfung wird zeigen, dass die Investition gerechtfertigt war, denn alle haben viel dazugelernt und wahren ihr Gesicht. Melchert präsentiert dem Vorstand den Erfolg: *»KoinBot hat uns neue Impulse gegeben! Jetzt werden wir den Markt im Auge behalten und sofort ein Produkt auf den Markt werfen, falls es die Umstände erfordern.«*

Frank und Alex hingegen sind konsterniert: Die digitale Transformation in der KoinBank ist zäh und schwerfällig. Große Banken vertrauen eben auf Geschäftsmodelle, die vor Jahrzehnten erfolgreich waren. Damals war Anlageberatung eine lukrative Nische mit Beratungsbedarf und großzügiger Marge. Durch künstliche Intelligenz gerät diese Gleichung jedoch ins Wanken und viele Finanzinstitute mit Tradition spielen bereits in der Verlängerungszeit: Die aktuellen Erträge erwachsen aus den Erlösmodellen der vergangenen Jahrzehnte, doch diese werden immer öfter obsolet. Das Elfmeterschießen rückt näher. FinTechs erhöhen die Marktdynamik und präsentieren die Zukunft der Vermögensverwaltung, aber Unbedarftheit, Beharrungsvermögen und Risikoaversion verhindern, dass die Marktführer des Anlagegeschäfts diesen Wandel leichtfüßig mitgehen. Der energische Sprung in die digitale Zukunft bleibt mehr als ungewiss.

Die beiden Mitarbeiter beschließen, ihre Ideen zur Zukunft der Finanzdienste selbst in die Hand zu nehmen. Sie klopfen sich auf die Schulter in dem sicheren Gefühl, ihre Kombination von Expertise, mehrjähriger Erfahrung und ein dickes Adressbuch würde sie in eine gute Ausgangsposition katapultieren. An den Wochenenden entkorken sie Merlots und jonglieren mit Geschäftsideen. Dabei wird klar: Sie wollen mehr als die Kopie eines Robo-Advisors. Alex und Frank suchen eine echte Innovation, die sich aber nahtlos in das Digitalportfolio großer Anbieter einbetten lassen soll. Dann stoßen sie in einem Papierstapel auf einen Artikel in *Finanztest* aus dem Dezember 2016.[295]

Darin beschäftigen sich Redakteure zum ersten Mal mit dem Phänomen Robo-Advisor. Dafür vergleicht das Magazin 18 Angebote auf dem Markt. Diese werden eingeteilt danach, wie sich ihre Konzepte unterscheiden und welche Kosten sie verursachen.

1. *Self-Service Robo-Advisors* sind reine Tippgeber. Die Kunden können die Vorschläge umsetzen, ablehnen oder ignorieren. Sie müssen zwingend selbst und eigenverantwortlich investieren.
2. Unter *Half-Service* fasst der Artikel Angebote zusammen, die Vorschläge für das Depot unterbreiten und Anlageprodukte vermitteln. Späteren Umschichtungen muss der Kunde aber explizit zustimmen.
3. Mit *Full-Service* betiteln die Redakteure solche Robo-Advisors, die von der Finanzaufsicht Bafin überwacht sind. Diese unterbreiten Kunden Anlagevorschläge. Anschließend betreuen diese Systeme die Geldanlage ohne weiteres Zutun des Anlegers, solange seine Angaben zur Risikoneigung eingehalten werden.

Die Kosten steigen, je mehr Dienstleistung angeboten wird. Aber nicht über den Kostenaspekt stolpern Frank und Alex. Sie interessiert, wie die Journalisten die Robo-Advisors kategorisieren. Die Gründer in spe sehen plötzlich, wo sie ihre Idee ansetzen können. Die Aufteilung bringt sie auf die Idee zu fragen: »Wie könnte sich die Funktion eines Robo-Advisors weiterentwickeln?« Darin erkennen sie Potenzial.

Schon mehrmals haben Alex und Frank in ihrem Leben Entscheidungen getroffen, die alles umkrempelten: Informatik oder Sinologie studieren? In Koblenz bleiben oder nach Frankfurt umziehen? Eine Karriere an der Universität anstreben oder nach dem Studium in die freie Wirtschaft wechseln? Sichere Arbeitsplätze behalten oder mit der Unsicherheit eines Start-ups tauschen? Auf solche Fragen soll ihr Robo-Advisor Antworten liefern helfen, um daraus wie von selbst Finanzfragen abzuleiten, die direkt zum Angebotsportfolio einer Großbank führen. Die Gründer in spe erkennen: Finanzinstitute stehen bereit, um für die finanziellen Konsequenzen auf Lebensfragen Angebote zu unterbreiten. Denn jeder Finanz- und Vermögensplanung muss eine Lebensentscheidung vorausgehen – bisher allerdings ohne Robo-Advisor. Frank erinnert sich an den Slogan einer Bank aus seiner Kindheit: »Wir machen den Weg frei.«[296] Ein Finanzinstitut hilft also, Wege frei zu machen, aber es legt nicht fest, welcher Weg das überhaupt sein könnte.

Im Jahr 2016 gründen Alex und Frank das FinTech brightFutures. Sie vertiefen sich immer weiter in ihre Idee: Kein Bankkunde kann seine Zukunft prognostizieren, aber jede finanzielle Erwägung folgt der Annahme, dass die Lebensentscheidung gut und richtig war. Stellt sie sich als falsch heraus, verpuffen auch alle Gedanken an die finanziellen Folgen. Banken garantieren finanzielle Sicherheit und federn persönliche Risiken ab. Die Lebensfrage muss der Kunde selbst beantworten. Aber leider kann niemand die Zukunft vorhersagen. Die Entscheidung kann richtig oder falsch sein. Das trübt die Freude an der Entscheidung und erzeugt Unsicherheit. Die Gründer bringen ihre Idee auf den Punkt: »Wie könnte man Menschen helfen, ihre Unsicherheit zu verringern, wenn sie eine Lebensentscheidung treffen?«

Alex hatte sich in der Produktentwicklung bei der KoinBank bereits mit einem Denkinstrument beschäftigt, um besser mit der Zukunft umzugehen: Mit der Szenariotechnik wappnet man sich für das Unbekannte, ohne es vorhersagen zu müssen.[297] Unternehmen schauen auf diese Weise schon jahrzehntelang in die Zukunft und sind erfolgreich damit. Denn die Szenariotechnik liefert ein bewährtes Verfahren, um besser auf die Zukunft vorbereitet zu sein. Ihre Prognosefähigkeit ist überraschend hoch.[298] Sie sagt die Zukunft nicht voraus, aber sie hilft, robuste Strategien zu haben, um sich auf jede mögliche Version vorzubereiten.

Die beiden Gründer schlussfolgern: Wenn man die Szenariotechnik auch für Bankkunden verfügbar machte, könnte das die Idee des Robo-Advisors in die Zukunft führen. Und sie fragen sich: »Wenn diese Idee so offensichtlich ist, warum hat das noch niemand ausprobiert?« Die Antwort finden sie schnell. Die Szenariotechnik funktioniert, birgt aber Nachteile: Es braucht Zeit und Geduld, um sie zu exerzieren. Anfänger stolpern über Denkblockaden und es dauert lange, bis Resultate sichtbar werden.[299] Das Vorgehen der Szenariotechnik ist also sperrig, jeder Schritt verlangt kognitive Mühen und zum Teil wird es dabei abstrakt. Das erhöht die Denklast weiter. Die Gründer stoßen auf ein Sammelsurium an Gründen, warum die Szenariotechnik bisher nur in Konzernen und auf Regierungsebene eine Rolle spielt.[300] Dennoch: Die Szenariotechnik ist für die Wirtschaft ein Mittel der Wahl geworden, um sich für unwägbare Zukünfte zu rüsten. Nur benötigt sie eine mentale Anstrengung, die nicht jeder aufbringen kann oder will. Ein Robo-Advisor könnte diese kognitive Last für Einzelpersonen mindern.

Frank erinnert sich an die Einführungskurse in Linguistik und Seminare über Chatbot-Dialoge: »Das Problem könnten wir lösen, wenn wir den Robo-Advisor trainieren, ein Coach für wichtige Entscheidungen im Leben zu werden.« Die Gründer mutmaßen, dass künstliche Intelligenz die kognitiven Hürden senken würde, damit ein Chatbot als Assistent hilft, Lebensfragen zu beantworten. Sie wollen ein wirklich neues Bankprodukt schaffen. Sie konzipieren und entwickeln einen Prototypen und feilen an ihrem Geschäftsmodell.

Die Gründer glauben, ihre Lösung könnte in eine neue Ära des Kundendialogs führen: Heute füllen Anleger einen Fragebogen aus, der ihr Risikoprofil widerspiegeln soll. Zukünftig könnte ein Chatbot helfen, über die Zukunft nachzudenken, zu reflektieren und sie zu gestalten. Wichtige Einschnitte in Lebensbiografien werden greifbar, für die die Kunden finanzielle Verpflichtungen eingehen wollen.

Einen Namen für ihren Robo-Advisor haben sie auch schon. Eine junge Klientel soll angesprochen werden. Sie ist offen für post-kulturelle Anspielungen auf die Hip-Hop-Kultur. Deshalb heißt ihr Robo-Advisor »Beef«[301]: Ein Robo-Advisor, der digitalaffinen Bankkunden assistiert, Entscheidungen in ihrer Lebensbiografie zu treffen, aus denen sich finanzielle Konsequenzen ableiten werden.

Der Start ist holprig. Alex und Frank sind froh, überhaupt Kontakte ansprechen zu können, um die Geschäftsidee zu platzieren. Aber sie stellen fest: Ihr Status hat sich geändert und damit das Interesse anderer, mit ihnen Kontakt aufzunehmen oder in Kontakt zu bleiben. »Jetzt verstehe ich erst, welche Wirkung das Logo auf meiner Visitenkarte hatte«, meint Alex. Früher reichte es, auf einer Konferenz den Namen des Arbeitgebers beiläufig zu erwähnen, und Visitenkarten wechselten die Hände. Aber brightFutures ist keine Marke. Niemand verspricht sich Vorteile, sondern sieht lediglich Gründer auf der Suche nach Anschlussfinanzierung. Das Start-up ist eines von Hunderten, die um die knappen Budgettöpfe für Investitionen in FinTechs buhlen, und die Konkurrenz schläft nicht. Über 400 FinTechs agieren auf dem deutschen Markt.[302] Allein für das Segment Finanzierung und Vermögensberatung steht ein Marktvolumen von 2,2 Milliarden Euro.

BrightFutures muss sich also einerseits gegen Mitbewerber behaupten, die es auf die Innovationstöpfe der Finanzinstitute abgesehen haben. Anderseits gilt es, das Alleinstellungsmerkmal von Beef herauszustellen, in Kundengesprächen die besseren Argumente zu haben, die Marktdynamik schneller und besser zu antizipieren als Hunderte andere, die wichtigen Punkte ihres Produkts herauszustellen und auf die Bedürfnisse des Zielmarkts auszurichten.

Die Gründer arbeiten hart. Sie leben von Pizza, Energy-Drinks und ihren Ersparnissen. Sie beteiligen sich an FinTech-Wettbewerben, akquirieren Kundenkontakte. Aber auch nach einem Jahr und etlichen Überstunden treten sie auf der Stelle. Gleichzeitig schrumpfen die Barreserven. Noch bleiben ihnen zwölf Monate. Wenn bis dahin kein Umsatz generiert wird, müssen die beiden die Segel streichen – und planen schon die Publikation eines Buchs über das Glück des Scheiterns in der digitalen Ökonomie.

Alex und Frank präsentieren ihr Produkt auf Fachmessen, sie halten Vorträge auf Konferenzen. Einige Kundentermine kommen zustande. Doch in keinem Fall geht es über den ersten Schritt hinaus. Zwar lernen die Gründer bei jeder Gelegenheit dazu und ihre Auftritte werden geschmeidiger. Ihr Alleinstellungsmerkmal gewinnt von Mal zu Mal an Klarheit und das erste Interesse der Zuhörer bleibt groß. Doch niemand ist überzeugt genug, um in das junge Unternehmen zu investieren.

Die Banken stecken in einem Dilemma: Minuszinsen ab dem ersten Euro zermahlen ihr Investitionskapital, treue Bankkunden, die bisher durch Angebote mit hoher Rendite umworben werden, wandern ab zu FinTechs, und Kunden mit hoher digitaler Affinität starten ihre Finanzgeschäfte direkt bei einer Digitalbank. Die FinTechs spielen die Skaleneffekte technischer Plattformen aus. Banken spüren den kalten Hauch der Digitalisierung im Nacken, wie sie an ihnen vorbeizieht. Dennoch zögern sie, mutige Schritte zu gehen, um ihren Platz im neuen Ökosystem der

Finanzwelt zu erstreiten. Das Beharrungsvermögen ist groß, die Angst vor dem Risiko auch. Und der Leidensdruck ist noch nicht groß genug.

Alex und Frank sind angeschlagen. Sie fragen sich, wie sie Beef verkaufen können. Ob und wie sie brightFutures anschieben können – oder aufgeben müssen. Nach den gängigen Theorien des Unternehmertums haben sie alles richtig gemacht. Doch sie sehen die Geldreserven schmelzen. Sie müssen reagieren. Dann haben sie ihr Aha-Erlebnis.

BrightFutures hatte sich bereits früh um eine Mitgliedschaft bei Bitkom[303] bemüht, denn es wollte von den Angeboten und der Reichweite eines großen Interessenverbands profitieren. Bitkom strukturiert sich in Arbeitskreise, in denen Mitgliedsunternehmen sich austauschen, ihre Positionen vertreten und sich unterstützen, um Geschäftsfelder zu bestellen. BrightFutures arbeitet im Arbeitskreis Artificial Intelligence mit. Regelmäßig besuchen Alex oder Frank die Veranstaltungen. Wie viele andere ist auch dieser Arbeitskreis auf der Suche nach Methoden, wie sich Unternehmen das Thema künstliche Intelligenz leichter erschließen können. Die Mitglieder wollen Organisationen in die Lage versetzen, sich die Potenziale der künstlichen Intelligenz in der Praxis zu erschließen. Im Februar 2017 kündigt die Arbeitsgruppe eine Publikation an. Ihr Titel lautet: *Künstliche Intelligenz verstehen als die Automation des Entscheidens*.[304] Die Lektüre bringt den Durchbruch für brightFutures' Geschäftsidee.

Beef im Selbstmord-Quadranten

»Yo sé quien soy. (Ich weiß, wer ich bin.)«

– DON QUICHOTTE

Drei Monate hat Frank gebraucht, um einen vorzeigbaren Prototypen zu bauen, der die Prinzipien der Produktidee erklärt. Er heißt *Beef*[305]. Der Name steht für die Provokation, die brightFutures sucht, um im Markt der Robo-Advisors aufzufallen: Beef hilft Bankkunden dabei, wichtige Lebensentscheidungen zu treffen, die finanzielle Konsequenzen nach sich ziehen.

Doch es läuft schlecht für brightFutures. Die Gründer schlurfen über Finanzmessen. Sie tummeln sich auf Konferenzen, immer auf der Suche nach potenziellen Interessenten. Alex geht seine Kontaktliste durch. Der Markt der Robo-Advisors wächst unentwegt weiter. Ein Verdrängungswettbewerb der Anbieter wird unausweichlich. Niemand wartet auf die nächste Generation eines Robo-Advisors, wenn die jetzige noch nicht Fuß gefasst hat.

BrightFutures sieht aber die Beratungslücke, die kein anderer Robo-Advisor schließen kann und die das Tor zu einer neuen Art von Vermögensberatung aufstoßen könnte. Doch die Finanzinstitute scheinen gesättigt, ihr Verständnis von Robo-Advisory scheint vollständig. Niemand sucht jetzt eine Antwort darauf, wie sich ein Robo-Advisor substanziell von einem anderen abheben könnte. Zwar gehen die Visitenkarten zur Neige, aber vereinbarte Anrufe verlaufen sich. Es fehlen Folgetermine. Das Frustbarometer steigt. Potenzielle Kunden bestätigen gleichzeitig, wie innovativ die Idee sei: »Sehr vielversprechend. Ein wirklich neuer Ansatz!« Die Ansprechpartner zeigen sich interessiert: »Das könnte gut in unsere Strategie passen! Mein Assistent vereinbart einen Termin.« Aber nichts passiert. Warum hört niemand zu? Warum bleibt jede Akquise bereits im Ansatz stecken?

Die Kunden lassen auf sich warten, und Frank schleppt sich auf ein Gründerseminar. Er lässt sich auf einen Stuhl fallen und will den Tag leidlich überstehen. Doch dann ist er hellwach. Der Einführungsvortrag präsentiert eine Antwort, warum brightFutures kein Gehör erhält: Beef ist im falschen Quadranten gelandet.

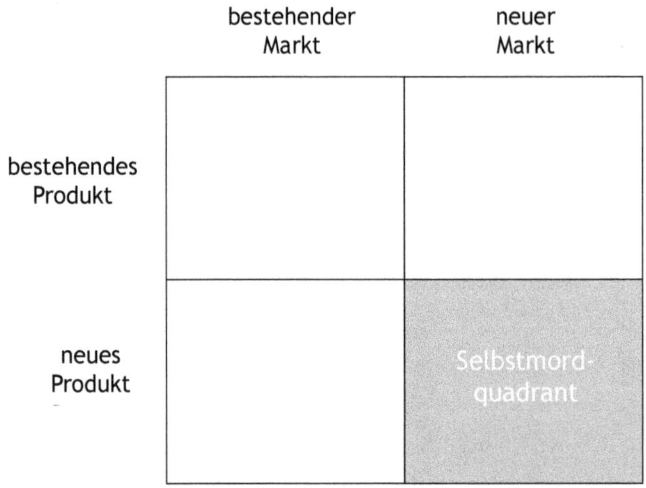

Abbildung 21: Der Selbstmord-Quadrant, angelehnt an Sarasvathy, 2003, S. 206

Referent Leon Lauch, Geschäftsführer eines Start-up-Inkubators für Banken und Versicherungen aus München, erläutert gerade den »Selbstmord-Quadranten« (siehe Abbildung 21).[306] Er führt aus: »Im Quadrant oben links können bekannte Produkte am einfachsten in bekannten Märkten positioniert werden. In den Quadrant oben rechts lassen sich manchmal existierende Produkte in neue Märkte verschieben. Auch lassen sich in den Quadrant unten links neue Produkte in bestehenden Märkten verankern. Aber der Quadrant unten rechts ist der Selbstmord-Quadrant. Warum? Der Markt existiert noch gar nicht, auf dem ein unbekanntes Produkt sich beweisen könnte. Marketingexperten und versierte Wagniskapitalgeber vermeiden deshalb tunlichst, mit ihren Angeboten ausgerechnet dort zu landen.«

Frank erkennt plötzlich, dass brightFutures für jeden Quadranten eine andere Geschichte erzählen muss und dass sich das Produkt wie auch der Markt für verschiedene Quadranten ändern können. Jedes Narrativ zahlt auf eine andere Motivlage und die Bedürfnisse von potenziellen Kunden ein. Und diese hören zu, weil sie Beef in ihren Begriffswelten erklärt bekommen.

In der Folge schreiben die Gründer vier Varianten über das Produkt und den Markt, in dem Beef eine Rolle spielen kann. Jede Geschichte unterlegen sie mit dem Subtext der Metapher von der Automation des Entscheidens (siehe Tabelle 14).

	bestehender Markt	neuer Markt
bestehendes Produkt	Beef ist ein Robo-Advisor. Er führt zu besseren Allokationen des Anlageportfolios.	Beef ist ein Robo-Advisor, der berät, wenn schwierige Entscheidungen im Alltag gefällt werden, die finanzielle Konsequenzen nach sich ziehen.
neues Produkt	Beef ist ein Robo-Advisor. Er hilft, Vermögen anzulegen. Dafür berücksichtigt er Lebensziele.	Beef ist ein Coach-Advisor. Er senkt das Risiko, wichtige Entscheidungen im Leben zu bereuen.

Tabelle 14: Beef verorten für verschiedene Märkte

Schlagartig wird den beiden klar, dass Beef nicht nur für die Finanzbranche funktioniert (die linken Quadranten). Beef kann auch dabei helfen, eine Entscheidung über den richtigen Bildungsweg zu treffen oder über den Zweck und Nutzen einer medizinischen Therapie (die rechten Quadranten).

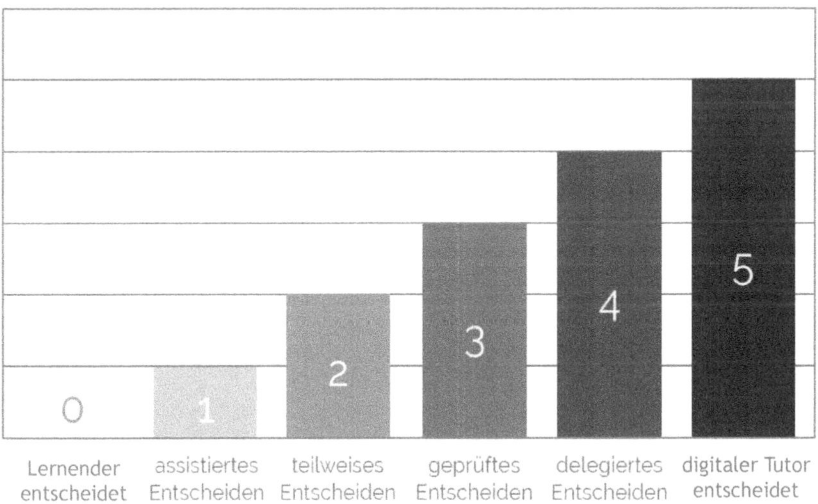

Abbildung 22: Automation des Entscheidens für Pädagogik

Noch in derselben Woche recherchieren sie, wo und wie sie mit Beef für Krankenhäuser und Krankenkassen sichtbar werden könnten. Außerdem sehen sie auch die Möglichkeit, Beef als Lernwerkzeug für kritisches Denken[307] in Schulen und Universitäten zu platzieren.

Bald zahlt sich aus, dass die beiden ihren Blick für die möglichen Einsatzzwecke von Beef erweitert haben. Im Jahr 2018 wird Beef als innovatives Lerninstrument auf der Lernmesse Didacta[308] ausgezeichnet. Die Projektleiter eines Forschungsprojekt der Universität Düsseldorf werden auf ihre Ideen aufmerksam. Beide Parteien loten die Möglichkeiten aus, Beef als Lernwerkzeug in den Forschungsverbund über digitales Lernen einzubringen.

Was macht Beef?

»Ultra-tragbarer MP3-Musikplayer für 1000 Lieder in der Hosentasche.«

– STEVE JOBS

BrightFutures betritt die große Bühne. Im Publikum sitzen über 200 Entscheidungsträger aus der Finanzwirtschaft. Frank ist Gastredner auf der Digital Finance von Bitkom über die digitale Zukunft des Finanzwesens. Vor ihm sitzen Entscheider aus Banken und Versicherungen und er darf als Dritter präsentieren.

Die Zuhörer haben bereits harten Tobak konsumiert: Der erste Redner, Kirikos Krastillos, CTO eines Start-ups namens BlockShock, erschreckt mit der Behauptung, eine nicht näher erläuterte Technik, die irgendetwas mit Blöcken und Ketten zu tun hat, würde das Kreditgeschäft auslöschen. Bis zum Schluss bleibt er die Antwort schuldig, warum ein Stück Software dazu in der Lage sein sollte.

Den zweiten Vortrag hält Gerald Grattoni von Intel. Er präsentiert eine Studie, die die Zukunft des Bankenwesens bis zum Jahr 2030 in den Blick nimmt.[309] Er erklärt, Banken befänden sich in einem radikalen Umbruch, und thematisiert vier sehr unterschiedliche, mögliche Zukunftsvisionen, auf die sich Finanzdienstleister besser vorbereiten sollten. Leider reserviert er keine Zeit, um zu erklären, wie genau sie das anstellen sollten. Zum Schluss reicht es aber zu der Aussage, dass die Prozessoren und Dienste von Intel in jeder Zukunft unumgänglich seien.

Nun ist Frank an der Reihe. Kaum betritt er die Bühne, geht eine Frage an das Publikum: »Wenn Sie in die Pause gehen: Trinken Sie Kaffee oder Tee?« Eine Entscheidungsfrage. Für jede Option gehen sofort Hände hoch. Frank kalkuliert die Verteilung und zeigt die Resultate einer Umfrage[310]: 46 Prozent trinken Kaffee, 24 Prozent trinken Tee. Nächste Frage: »Wenn Sie keine Kinder haben: Wie viele wollen Sie?« Wieder gehen die Hände hoch. Diesmal jedoch zögernd und weniger. Frank zeigt die Resultate einer weiteren Umfrage: 53 Prozent wollen ein Kind oder mehrere, 27 Prozent ein Kind, 21 Prozent sind sich nicht sicher.

Frank schaut in fragende Gesichter. »Was unterscheidet die erste Frage von der zweiten?« Nach einer Kunstpause liefert er die Antwort: »Die zweite Entscheidung würden Sie bereuen, wenn ihre Entscheidung falsch war.« Frank wartet noch einmal und lässt die Unsicherheit wirken. Worauf will er hinaus? »Unser Robo-Advisor Beef hilft Ihren Bankkunden, die besten Entscheidungen für ihr Leben zu treffen. Um deshalb Ihre Finanzprodukte zu kaufen. Beides werden diese Kunden nicht bereuen.« Das Eis ist gebrochen. Jeder versteht, warum Beef eine neue Generation von Robo-Advisors einläuten könnte. Nun ordnet Frank den Robo-Advisor in die sechs Stufen der Automation des Entscheidens ein. Das Problem und die Lösung sind offensichtlich.

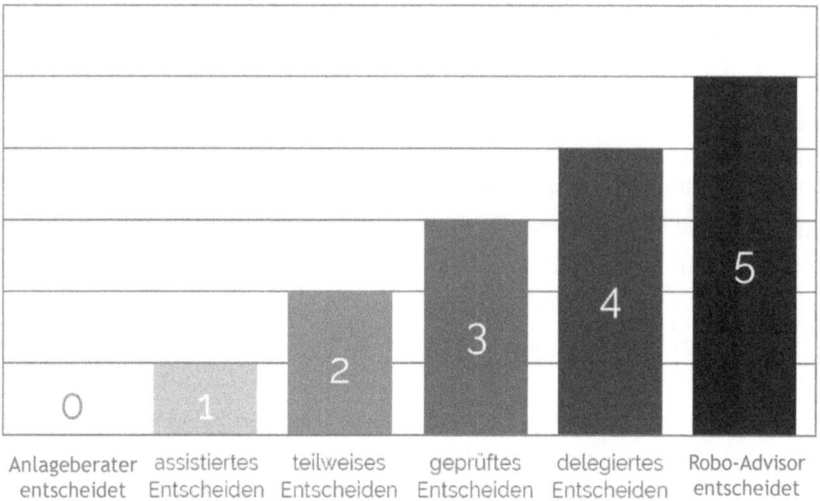

Abbildung 23: Beef im Kundendialog einer Bank

Für das Publikum ist Beef anschlussfähig an die Versuche vieler Finanzinstitute, ihren angestaubten Portfolien neue, digitale Ideen einzuhauchen. Interessiert hören sie den Details der technischen Umsetzung zu. Aber das brauchen sie schon längst nicht mehr zu verstehen, um den Nutzen von Beef zu verinnerlichen.

Der Vortrag ist zu Ende, es geht in die Pause. Eine Zuhörertraube umringt Frank. Der Vertreter eines Venture-Capital will mehr Information zur Technik und vereinbart einen Besuchstermin, mehrere Banken sind interessiert. Die Pause verbringt Frank mit weiteren Einzelgesprächen. Für Kaffee bleibt keine Zeit.

Die Metapher der Automation des Entscheidens war die Initialzündung. Damit kommt brightFutures ins Gespräch über den Nutzen und Einsatz künstlicher Intelligenz.

Von Beef zu BOnco

Alex hat ein Auge auf dem Markt der Robo-Advisors. Dort tummelt sich die Konkurrenz von brightFutures. Viele FinTechs versuchen ihr Glück. Die Dynamik ist unglaublich hoch.[311] Die Gründer haben die Vision von brightFutures vor Augen und arbeiten hart dafür. Aber natürlich fehlt die Zeit, den Markt ständig zu beobachten oder permanent zu recherchieren, was die Mitbewerber umtreibt. Andererseits ist es unklug, Risiken im Markt oder der Technik zu verpassen, auf die brightFutures reagieren muss, oder Chancen zu übersehen, das Angebot im Markt zu positionieren.

Eine Agentur mit dieser Aufgabe zu betrauen, kostet jedoch Geld, das die Gründer nicht haben. Außerdem brauchen sie keinen Pressespiegel, der lediglich Schlagworte und Technikblasen wiederkäut, denn das hat selten Neuigkeitswert. Wenn sie in ihrer Filterblase bleiben, kommen keine neuen Einsichten; sie hören lediglich das Echo der aktuellen Verhältnisse und würden sich vielleicht unberechtigt bestätigt fühlen. Die Gründer wollen kein Opfer einer *deformation professionelle*[312] werden.

Die Gründer stellen sich folgende Fragen: Wie können wir den Markt im Blick behalten, ohne zu viel Zeit zu investieren? Wie bekommt brightFutures wichtige Informationen, um Beef stetig weiterzuentwickeln und besser am Markt zu platzieren? Wo eröffnen sich neue Gelegenheiten? Wo drohen Gefahren? Wie erhält brightFutures diese Information zu geringen Kosten?

Google Alerts[313] ist ein Angebot aus Google Suite. Wenn der Benutzer Stichworte festlegt, liefert der Dienst ausgewählte Internetquellen, sobald diese sich ändern, zum Beispiel auf Webseiten, in Zeitungsartikeln, Presseverteilern, Blogs oder wissenschaftlichen Papieren. Die Auswertung erhält der Benutzer in festgelegten Intervallen, etwa täglich oder wöchentlich.

Hier kommt den Gründern die Metapher der Automation des Entscheidens zu Pass. Sie setzen sich zusammen und beraten, nach welchen Begriffen sie das Internet durchkämen lassen wollen. Neben offensichtlichen Wortsuchen wie »Robo-Advisor« oder »Wealth Management« fügen sie auch Begriffe aus dem Kosmos der Automation des Entscheidens ein. Womöglich liefern diese neue Hinweise auf potenzielle Einsatzgebiete von Beef oder unerwartete Ideen für das Weiterentwickeln ihres Produkts.

Decision-Making OR »Decision Making«
»Human in the Loop« OR »Human on the Loop« OR »Mensch in der Schleife«
Levels of Automation OR LoA
»Paradox of Choice« OR Auswahlparadox
...

Tabelle 15: Beispiele für Suchworte um das Konzept der Automation des Entscheidens

Alex bestückt Google Alert mit den Suchbegriffen und schaltet die Benachrichtigungsschleife ein. Täglich landet ab sofort eine Übersicht in seiner Mailbox. Er geht Quellen nach, die Neuigkeitswert versprechen, und besonders denen, die ihn auf abwegige, aber möglicherweise plausible Ideen bringen. Nach kurzer Zeit zahlt sich das Prozedere aus. In einer Zusammenfassung stößt Alex auf den Begriff *Shared Decision-Making* (partizipative Entscheidungsfindung)[314]. Es ist eine Methode, die das wertschätzende Gespräch des Arztes mit dem Patienten erklärt, um diagnostische und therapeutische Fragen zu beantworten. Alex hat noch nie davon gehört, aber er erkennt sofort den Nutzen und ein Einsatzgebiet von Beef jenseits des Finanzwesens.

Den nächsten Präsentationstermin von Beef vereinbart Alex im Universitätsklinikum Tübingen. Das Publikum der onkologischen Station ist skeptisch. Es fragt sich, was Beef mit Medizin zu tun haben soll. Alex erklärt den Robo-Advisor: »Beef ist ein digitaler Coach für die partizipative Entscheidungsfindung.« Als der Begriff fällt, dreht sich die Stimmung, ab sofort hört das Publikum zu. Denn ein bekanntes Stichwort ist gefallen, die Zuhörer fühlen sich abgeholt. Frank erläutert, dass die partizipative Entscheidungsfindung sich in ein Stufenmodell übertragen lässt.

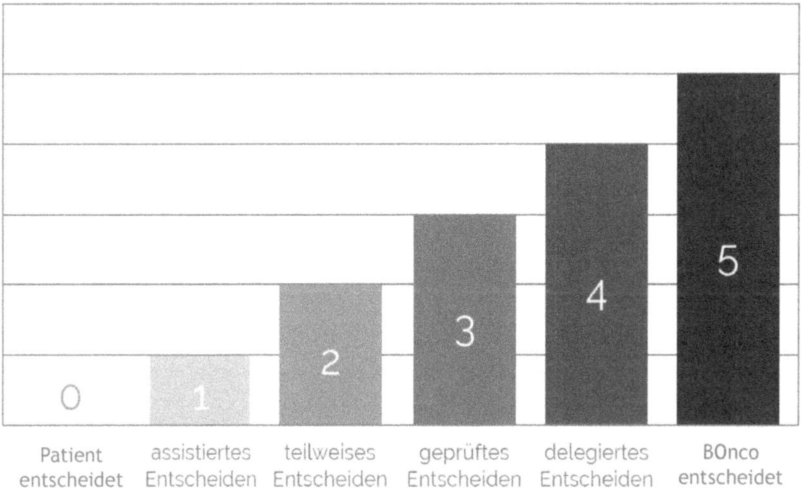

Abbildung 24: Automation des Entscheidens für die partizipative Entscheidungsfindung in Anlehnung an BITKOM, 2017, S. 14

Prof. Lutz Loover, Leiter der Onkologie und Apple-Fan, möchte mit Beef die Chancen und Risiken von Chemotherapien besser abwägen. Er lädt brightFutures ein, zusammen mit dem Klinikum den Prototypen BOnco, kurz für Beef for Oncology, zu entwickeln. Natürlich für sein Apple iPad. Der Prototyp bewährt sich. Sechs Monate später ist BOnc im klinischen Probeeinsatz. Die Studie wird zeigen, dass die Kosten der stationären Behandlung sinken. Krebspatienten wägen das Für und Wider besser ab und akzeptieren deshalb eher die Konsequenzen ihrer Chemotherapie. Das begeistert die Krankenkassen. Sie wollen vorschlagen, BOnc in den Leistungskatalog der gesetzlichen Krankenkassen aufzunehmen.

Wie hast Du's mit der künstlichen Intelligenz?

»Erkenne dich selbst.«

– ORAKEL VON DELPHI

Julia Jellinek ist genervt. Gerade wurde sie in der Fix Fairsicherung auf den Posten einer Gruppenleiterin Entwicklung KFZ-Schaden gehievt – und schon liegt eine schwierige Aufgabe auf ihrem Schreibtisch. Der Verwaltungsrat hat den CTO Marius Marks gebeten, auf der kommenden Betriebsversammlung ein paar Worte zum Stand der künstlichen Intelligenz im Unternehmen zu verlieren. Er braucht dringend eine Idee, wie er das sperrige Thema präsentieren kann. Marks dachte, eine Bestandsaufnahme über den Stand der künstlichen Intelligenz in der Fix Fairsicherung wäre sicher ein guter Anfang. Daraus würde sich dann schon das Material für einen blumigen Foliensatz zusammenklauben lassen. Dann erinnert er sich an Julia, deren Beförderung er erst vor Kurzem unterschrieben hatte. Kurzerhand beauftragt der CTO sie damit, die Bestandsaufnahme anzufertigen. Denn sie habe doch mal etwas mit künstlicher Intelligenz an der TU Darmstadt zu tun gehabt ...

Beim Alumni-Stammtisch trifft Julia auf Frank und klagt ihr Leid: »Wie soll ich denn den Status von künstlicher Intelligenz erheben, wenn sich nicht mal die Projektleiter einig sind, welche Projekte unter diesem Schlagwort laufen?«

Frank hört aufmerksam zu, runzelt die Stirn, reibt sich die Nase und sagt: »Ich hab's! Vergiss die Projektliste. Was du brauchst, ist eine Erhebung über die Automation des Entscheidens.«

Julia hört aufmerksam zu, runzelt die Stirn, reibt sich die Nase und sagt: »Äh?«

Frank erklärt Julia, wie die Metapher der Automation des Entscheidens brightFutures geholfen hat, das eigene Produkt besser zu verstehen, eingängiger zu präsentieren und zu verkaufen. Mit einem Fragebogen an alle Mitarbeiter könnte die Erhebung starten. Am nächsten Wochenende sitzen beide bei Starbucks zusammen.

Julia bestellt zwei Frozen Frappuccino und Frank erklärt den Zweck des Fragebogens: »Mal angenommen, künstliche Intelligenz ist die Automation des Entscheidens: Dann würde man im Umkehrschluss etwas über den Einsatz oder Nutzen von künstlicher Intelligenz erfahren, wenn klar wäre, wie bei euch in der Fix Fairsicherung die Entscheidungen heute fallen.«

Zuerst überlegen sie, welchen Kriterien ein Fragebogen genügen muss, um von Nutzen zu sein:

- Jeder sollte den Fragebogen beantworten können – egal ob er bereits Vorkenntnisse über künstliche Intelligenz hat oder nicht.
- Je mehr Mitarbeiter antworten, desto glaubwürdiger und plausibler wäre die Auswertung. Das Ausfüllen sollte demnach maximal 5 Minuten in Anspruch nehmen, sonst macht sich keiner die Mühe.
- Die Fragen sollten auf der Automation des Entscheidens beruhen, ohne dass die Metapher dafür erklärt werden muss.
- Die Auswertung muss Zahlen liefern, die man leicht in Balkendiagramme gießen kann. Denn Zahlen sind seriös.

Nachdem sie sich über die Kriterien einig sind, entscheiden Julia und Frank, dass die Auswertung der Antworten in einem Reifegradmodell landen soll, das etwas über den Stand der Automation des Entscheidens im Unternehmen aussagt.
Sie werden geschlossene Fragen stellen. Jedermann kann sie anhand einer einfachen Likert-Skala beantworten: 1 (selten), 2 (ab und zu), 3 (häufig), 4 (ständig). Dann überlegen sie sich Kategorien, mithilfe derer sie die Fragen sortieren könnten. Nach zwei weiteren Iced Caffè Latte und drei Chocolate Chips Cookies bleiben drei übrig: 1. Entscheidungen herbeiführen, 2. Entscheidungen verantworten, 3. Entscheidungen unterstützen. Anschließend formulieren sie ihre Fragen (siehe Tabelle 16).

1. Entscheidungen herbeiführen				
Verschiebst du Entscheidungen, weil es zu viele Optionen gibt oder dir die Alternativen unklar sind?				
Führen unterschiedliche Meinungen zu Konflikten, deretwegen eine Entscheidung gar nicht oder zu spät fällt?	1	2	3	4
Kannst du bei Unklarheit mangels Regeln keine Entscheidung treffen?	1	2	3	4
Bist du mit der Qualität deiner Entscheidungen insgesamt unzufrieden?	1	2	3	4
Was willst du sonst noch sagen?				
2. Entscheidungen verantworten				
Werden Entscheidungen eher von Software allein (Dunkelverarbeitung) als von dir allein getroffen?	1	2	3	4
Ignorierst du Informationen, wenn eine Entscheidung nötig ist, weil sonst keine fällt?	1	2	3	4
Läuft dir die Zeit davon, um angemessene Entscheidungen zu treffen?	1	2	3	4
Fallen Entscheidungen, ohne dass klar ist, wer die Verantwortung dafür trägt?	1	2	3	4
Was willst du sonst noch sagen?				
3. Entscheiden unterstützen				
Überfordert dich die Software, die du brauchst, um Entscheidungen zu treffen?	1	2	3	4
Bist du die einzige Person, die spezielle Entscheidungen treffen kann?	1	2	3	4
Fehlt dir andere Unterstützung, um Entscheidungen zu treffen?	1	2	3	4
Brauchst du Zugriff auf mehr oder andere Daten, um bessere Entscheidungen zu treffen?	1	2	3	4
Was willst du sonst noch sagen?				

Tabelle 16: Fragebogen zur Ermittlung des Reifegrads der Automation des Entscheidens

Julia führt die Umfrage durch. Innerhalb einer Woche erhält sie 32 Prozent Rückläufer – eine zehnfach höhere Quote als üblich für solche Umfragen bei der Fix Fairsicherung. Mit den Daten füttert sie ein Reifegradmodell und erklärt dem CTO die Automation des Entscheidens. Marks ist beeindruckt und ordnet sofort den Foliensatz an.

Bei der Betriebsversammlung beginnt er seine Präsentation mit der Automation des Entscheidens. Dann nimmt er Bezug auf die Auswertung des Fragebogens. Die Belegschaft ist gebannt. Endlich erklärt jemand in einfachen Worten, was sich hinter dem Terminus »künstliche Intelligenz« verbirgt. Während Marks in zufriedene Gesichter blickt und weiterredet, denkt er, Julia könnte sicher auch das neue Pilotprojekt eines Chatbots für das automatische Erfassen von KFZ-Schäden leiten.

Im Kalender des CTO steht für übernächsten Montag ein Termin mit brightFutures, einem jungen Start-up, das einen Chatbot entwickelt haben will, um die Zufriedenheit der Kunden beim Abwickeln von KFZ-Schäden dramatisch zu verbessern.

Beef und BitKoin 2030

Frank steht im 49. Stockwerk einer Bank in Frankfurt. Er ist zu Besuch bei der KoinBank, seinem früheren Arbeitgeber. Sein Blick schweift über den Hauptbahnhof, das Mainufer, den Stadtteil Sachsenhausen. Ehemalige Kollegen hatten den Auftritt von brightFutures auf der Bitkom Digital Conference aufmerksam registriert und eine Präsentation für das FinTech eingefädelt. Auf dem sehr langen Mahagonitisch drängen sich silberne Kaffeekannen, naturtrübe Biolimonaden und Kekse mit Schokoüberzug. Eine Riege von Abteilungsleitern räkelt sich in den Stühlen. Frank kennt die meisten. Die meisten kennen Frank nicht.

Vor zwei Jahren hatte der Vorstand die Strategie BitKoin 2030 ausgerufen. Darin sollten Robo-Advisors eine zentrale Rolle spielen. Das Projekt startete, aber ein unfähiger Marketingvorstand, dessen Name inzwischen allen entfallen ist, hatte es in den Sand gesetzt und das Haus dennoch mit einer hohen Abfindung verlassen.

Allerdings verschärft sich die Marktdynamik zusehends, immer mehr Konkurrenz drängt sich am Markt. Der Druck steigt, nicht nur ein vergleichbares Produkt zu positionieren, sondern ein Allstellungsmerkmal in petto zu haben. Die Zeit arbeitet für die Digitalisierung – aber inzwischen gegen die KoinBank. Die Zuhörer sind daher sensibilisiert, bleiben aber skeptisch, ob ausgerechnet ein Robo-Advisor dazu beitragen kann, ihre offensichtlichen Probleme zu lösen.

Frank ist vorbereitet. Der Intel-Vortrag auf der Digital Conference von Bitkom hat ihn inspiriert. Zuerst erklärt er die Idee von Szenarien[315]: »Wir sagen die Zukunft nicht voraus. Aber wir können uns Zukünfte vorstellen, die plausibel und möglich sind.« Dann führt er weiter aus: »Wenn sich die Bank auf die unwahrscheinlichen, aber möglichen Zukünfte vorbereitet, dann ist sie nicht nur für die wahrscheinlichen gewappnet, sondern auch für viele plausible, aber unwahrscheinliche.«

Frank erklärt, warum Beef keine leere Wette ist, sondern eine Investition in die Zukunft – egal was passieren wird. Denn, macht er weiter klar: »Ein Robo-Advisor wie Beef kann in allen Szenarien eine Rolle spielen, die ich Ihnen gleich präsentiere.« Er erklärt zwei Dinge, die für Banken bis zum Jahr 2030 sehr wichtig sein werden: »Erstens, der Automationsgrad nimmt weiter zu. Immer mehr Funktionen werden von Maschinen übernommen. Es gibt kein Zurück.« Frank schlägt zustimmendes Nicken entgegen. Die Zuhörer teilen seine Einschätzung. Einige rollen mit den Augen. Diese Feststellung ist ihnen zu trivial. »Zweitens: Das klassische

Geschäftsmodell der Banken kann sich mehr oder weniger stark verändern.« Wieder Kopfnicken und Augenrollen. Nun zündet Frank seine Pointe: »Jetzt stellen Sie sich vor, dass sich beide Möglichkeiten in entgegengesetzte Richtungen entwickelt haben: Die Automation bleibt überraschend niedrig oder wird sehr, sehr hoch. Arbeiten werden weiterhin von Menschen ausgeführt wie heute – oder sehr viele von Maschinen. Und das Geschäftsmodell ändert sich eher wenig – oder radikal. Viel mehr, als Sie heute vielleicht zu denken wagen.«

In der Präsentation fügen sich Linien und Texte durch eine Animation zusammen. Zu sehen ist eine 2×2-Matrix mit vier Quadranten. Jeder Quadrant steht für eine plausible, wenn auch unwahrscheinliche Zukunft des Finanzwesens (siehe Abbildung 25). Diese Szenarien verteilen sich auf zwei Achsen. Die X-Achse beschreibt, ob das Geschäftsmodell der Banken schwach oder stark automatisiert sein wird (Mensch oder Maschine?). Die Y-Achse beschreibt, wie stark sich die zukünftigen Geschäftsmodelle von den heutigen abgrenzen könnten (Evolution oder Revolution?).

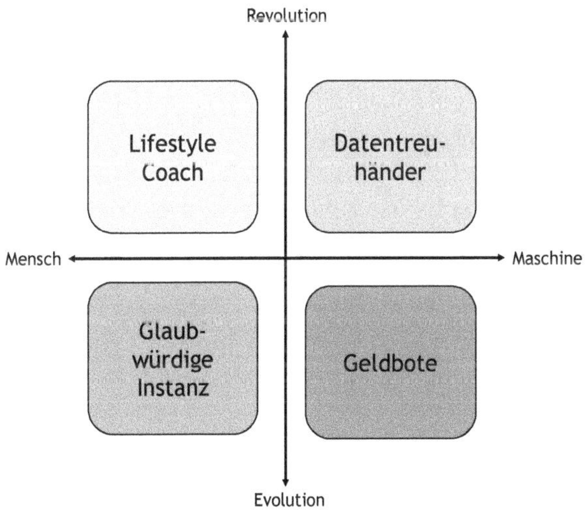

Abbildung 25: 2×2-Matrix für Szenarien des Finanzwesens im Jahr 2030

Frank teilt eine Kurzbeschreibung der Szenarien aus (siehe Tabelle 17). Vier Untergruppen finden sich und denken sich in die Perspektiven hinein. Jede Gruppe soll sich dieselbe Frage stellen: »Welche Rolle spielt die Automation des Entscheidens in unserem Szenario?«

Name	Beschreibung
Lifestyle-Coach	Banken verwandeln sich zum persönlichen Berater. Sie coachen Kunden, um wichtige Entscheidungen im Leben vorzubereiten und abzuwickeln. Banken verwandeln sich zu einem Heer persönlicher Assistenten, die Menschen so gut kennenlernen, dass sie alleine aufgrund der Interpretation der Daten passgenaue Optionen in vielen Situationen in Echtzeit unterbreiten können. Dafür hat sich der natürlichsprachliche Dialog mit Maschinen, zum Beispiel Siri, Alexa oder Cortana, weiterentwickelt. Die meisten Menschen können die dadurch möglichen Dienste ohne Vorkenntnisse nutzen. Mit den Daten, die Banken sammeln, erhalten sie einen immer besseren Einblick in das Leben ihrer Kunden, denn fast alle Lebensbereiche hängen in entwickelten Industriestaaten sehr eng mit Finanzthemen zusammen. Finanzielle Transaktionsdaten der Kunden haben sich zum Goldstandard für passgenaue Kundenerlebnisse entwickelt. Sie gewähren im Jahr 2030 mehr Einblick in Wünsche und Gewohnheiten von Menschen als jede andere Art der Interaktion mit digitalen Diensten. Banken haben verstanden, den Datenschatz zu versilbern, auf dem sie bereits lange saßen. Globaler Wettbewerbsdruck drängte die Politik, den regulatorischen Spielraum für die Nutzung dieser Daten weit zu öffnen. Nach Jahren der Auseinandersetzung mit gesellschaftlichen und politischen Anspruchsgruppen wurden in den letzten zehn Jahren die Voraussetzungen dafür geschaffen. Die Banken ersetzen die frühere durch eine moderne Plattform, die so konzipiert ist, dass sie die Analyse großer Datenmengen erlaubt.
Datentreuhänder	Banken genießen dank ihrer Erfahrung im Umgang mit sensiblen Daten traditionell einen Vertrauensvorschuss bei ihren Kunden. Im Jahr 2030 treffen Banken aufgrund einzigartiger Zugänge zu Kundendaten hochwertige Voraussagen über das Entscheidungsverhalten von Kunden. In einem Diskurs von Politik, Wirtschaft und Gesellschaft erhalten Banken das Monopol, diese Daten mit staatlichen

	Organisationen und Wirtschaftsunternehmen zu teilen. Die Banken entwickeln, administrieren und verwalten dafür eine staatlich genehmigte »Föderation von Bankdaten«. Sie profitieren von ihrer Vertrauensstellung, denn es kommt einzig und allein auf den Datenschutz und die Datensicherheit an. Ihre große Herausforderung besteht darin, technische und organisationale Architekturen zu etablieren, die diese föderierte Dateninfrastruktur ermöglichen.
Glaubwürdige Instanz	Banken werden zum Mediator für das Regulieren der Kapitalmärkte. Marktvorteile bauen sich durch die Asymmetrie von Information auf: Wenn jemand etwas weiß, das jemand anderes nicht weiß, kann er diesen Vorteil zu Geld machen. Allerdings kann Information falsch sein (Fake News). Wenn aufgrund falscher Informationen Entscheidungen getroffen werden, kann das zu Verwerfungen im Markt führen. Die Politik hegt deshalb großes Interesse daran, dass Informationen wahrheitsgemäß bleiben und alle Marktteilnehmer darauf vertrauen können. Banken adressieren diesen Bedarf: Sie mausern sich zu Anbietern von Diensten, die die Asymmetrie von Information beseitigen, falsche Informationen entlarven und jedem Marktteilnehmer Zugang zu Informationen bieten. In welchem Umfang und zu welchen Konditionen verifizierte Informationen zusammengetragen, aggregiert und angeboten werden, spiegelt sich in vielen erfolglosen Versuchen wider, ein valides Erlösmodell zu etablieren. Schließlich gelingt die Transformation durch ein Portfolio von Angeboten, die dank der Fortschritte in der künstlichen Intelligenz zu konkurrenzfähigen Diensten führen, die sich von vergleichbaren Informationsdiensten deutlich abheben. Der internationale Handel wird stärker öffentlich zugänglich gemacht. Dank künstlicher Intelligenz, die hilft, mehr Vertrauen in die Entscheidungsfindung zu gewinnen, das Risiko von Transaktionen zu reduzieren, was aber zu niedrigeren Gewinnen und einem weniger lukrativen Markt für Investmentbanken führt.

Geldbote	Banken verlieren ihre an Kunden orientierte Infrastruktur. Sie schließen Filialen, fahren digitale Dienste herunter, nehmen Apps vom Markt und entlassen viele Mitarbeiter. Sie entwickeln sich zum vollständigen Infrastrukturanbieter und konzentrieren ihre Kräfte auf Dienstleistung rund um die Transaktion, das Finanzieren von Kapital und Krediten sowie das Abwickeln der Transaktionen. Ihre Stärke ist, dass sie sich auch um alle Aspekte der Regulierung kümmern, die wichtig für Transaktionen sind. Andere Unternehmen nutzen diese Dienste, um Angebote für Endkunden bereitzustellen, die derartige Transaktionen benötigen. Banken wandeln sich faktisch zu einem Anbieter von Dienstleistungen zwischen Unternehmen. Zugunsten dieses Alleinstellungsmerkmals geben sie die Interaktion mit den Kunden auf. Kontakt zu den Kunden halten jene Unternehmen, die das Kundenerlebnis als Brot-und-Butter-Geschäft beherrschen gelernt haben, wie Facebook, Amazon, Apple oder Google. Dank sensationeller Fortschritte in der künstlichen Intelligenz haben sie ihre Fähigkeiten noch gesteigert, sich Daten über das Kundenverhalten zunutze zu machen. Und sie wissen, wie sie das Beste aus diesen Daten machen können. Die Banken dagegen haben zwar über Jahrzehnte wertvolle Daten gesammelt, es aber nach vielen Versuchen aufgegeben, diese zu monetarisieren. Die wichtigsten technischen Entscheidungen, die Banken im Jahr 2030 zu treffen haben, betreffen Infrastruktur und Sicherheit.

Tabelle 17: Vier Szenarien zur Zukunft des Finanzwesens (angelehnt an Grattoni, 2017)

Einigen Teilnehmern fällt diese Übung schwer. Sie springen immer wieder aus dem gedachten Szenario und hinterfragen die Annahmen. Aber eine halbe Stunde später ist klar: Robo-Advisors bisheriger Couleur werden nicht in jedem der gedachten Szenarien eine Zukunft haben.

Nach 45 Minuten hitziger Diskussion bringt Frank die Untergruppen wieder zusammen. Er erläutert das Stufenmodell und entlässt die Gruppe zurück in die Gruppenarbeit. In jeder Gruppe entbrennt sofort ein Diskurs, wie sich der bisherige Gesprächsstand auf das Stufenmodell übertragen ließe. Alle Teilnehmer des

Workshops sind aufmerksam. Jeder bringt seine Perspektive ein. Alle können mitreden, kein Beitrag geht verloren.

Zurück im Plenum zeigt Frank eine Demo von Beef und nimmt Bezug zu den Ausarbeitungen der Untergruppen. Zum Schluss erläutert er, welche Rolle der Robo-Advisor von brightFutures in jedem Szenario spielen könnte. Der Gruppe wird klar: Eine Investition in Beef wäre eine vielversprechende Option, um sich auf sehr viele Szenarien vorzubereiten – selbst auf solche, die man noch gar nicht im Detail kennen kann.

In der folgenden Woche erhält brightFutures das Angebot, den Robo-Advisor Beef im Inkubator der KoinBank weiterzuentwickeln. Die Bank sichert sich dafür bereits ein paar exklusive Rechte, sollte brightFutures mit Beef auf dem Markt durchstarten.

Augmentieren statt Automatisieren

Bei brightFutures knallen die Sektkorken: Nach drei Monaten im Inkubator bei der KoinBank darf Beef ein Pilotprojekt starten. Zum Nachfolger von Mark Melchert wurde inzwischen der engagierte Quereinsteiger Quirin Quant berufen, Absolvent der renommierten Universität St. Gallen. Natürlich erkennt Quant sofort, dass die Bank einen Trend verschlafen hat. Sie muss den Kunden schnell mehr bieten als bisher. Im KoinBank-Inkubator ist er fündig geworden und präsentiert den weiterentwickelten Prototypen von Beef dem Vorstand. Letzterer wusste schon immer, dass die Investition in den Inkubator sich irgendwann auszahlen würde, und zeigt sich verwundert, dass nicht längst ein Projekt in diesem Sinne lanciert worden ist. Nichtsdestotrotz erwarten Alex und Frank Widerstand. Der Betriebsrat hat bereits angekündigt: »Wir werden nicht zulassen, dass durch den Robo-Advisor die Anlageberater ihren Job verlieren. Mit uns nicht!«

Ein Workshop soll helfen, die Gemüter zu beruhigen und das Pilotprojekt zu erklären. Die für den Pilotbetrieb ausgesuchten Mitarbeiter sind ebenfalls eingeladen. BrightFutures weiß, worum es geht. Die Funktionalität von Beef ist nebensächlich; die Zuhörer dieser Veranstaltung treiben andere Fragen um: Wird Beef ihnen den Arbeitsplatz streitig machen? Werden sie vielleicht überflüssig?

Die Teilnehmer versammeln sich. Ausgewählte Anlageberater und Vertreter des Betriebsrats haben sich eingefunden. Gespannte Stille herrscht, alle sind uninformiert und skeptisch. Über künstliche Intelligenz haben sie in den Medien gelesen. Ihr Plan ist einfach: Das FinTech aus der Deckung angreifen, sobald sich eine gute Gelegenheit dazu bietet. Alex steigt in den Workshop ein, ohne den Begriff Robo-Advisor oder Beef zu erwähnen. Stattdessen erklärt er das Modell der Zuordnung von Tätigkeiten zwischen Mensch und Maschine.[316]

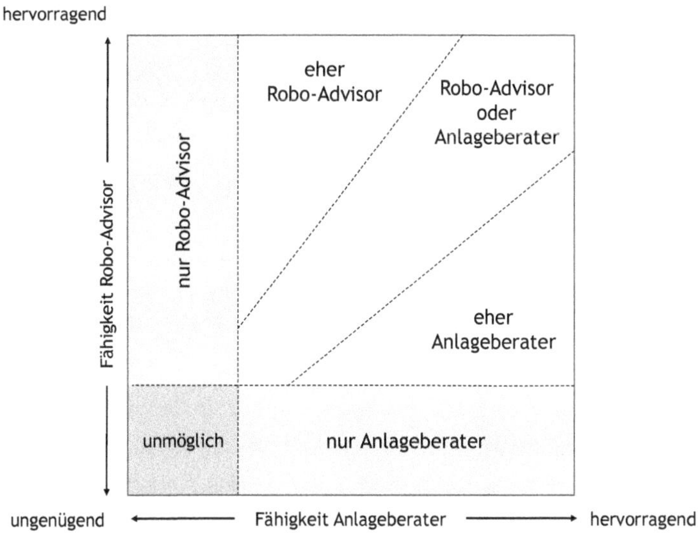

Abbildung 26: Tätigkeiten der Anlageberatung für Anlageberater und Robo-Advisor (in Anlehnung an Price H. E., 1985, S. 37)

Alex greift zurück auf ein Modell, das wir uns bereits im Kapitel »Von ungenügend bis hervorragend« angeschaut haben. Er erklärt: »Jede Anlageberatung setzt sich zusammen aus verschiedenen Tätigkeiten. Alle zusammen führen zum Resultat der erfolgreichen Anlageberatung. Einige dieser Tätigkeiten gehen Anlageberatern leicht von der Hand, andere weniger.« Er sprintet an die Flipchart und beginnt zu zeichnen: Die Tätigkeiten des Anlageberaters lassen sich auf der X-Achse verorten (unbefriedigend bis hervorragend), dasselbe gilt für eine Maschine auf der Y-Achse (siehe Abbildung 26).

Die einzelnen Tätigkeiten der Anlageberatung unterscheiden zwei Typen von Tätigkeiten, nämlich kognitive und emotionale. Es braucht das Wissen um den Markt, Kaufoptionen und Prognosen, um kluge Empfehlungen abzugeben. Aber es braucht vor allem die Fähigkeit, sich in die Bedürfnisse des Anlegers hineinzudenken: Fühlt er sich wohl im Risiko oder ist er ängstlich? Kann er seine Wünsche äußern oder braucht er Ansprache, um sich zu erklären?

Für alle Tätigkeiten kann man nun fragen, ob sie von einem Robo-Advisor oder einem Anlageberater ausgeführt werden können, wenn man sie etwa nach Kriterien wie Glaubwürdigkeit, Geschwindigkeit oder Verlässlichkeit bewertet. Für jede Teiltätigkeit eines Anlageberaters lässt sich einzeln ermitteln, wie gut sie ein

Mensch (Punkt auf der X-Achse) oder eine Maschine (Punkt auf der Y-Achse) erledigen kann (zum Beispiel historische Kursverläufe ermitteln, Nebenkosten kalkulieren, Vorhersagen über die Vermögensentwicklung treffen). Also repräsentiert eine X-Y-Koordinate den Punkt, an dem erkennbar ist, inwieweit eine Teiltätigkeit der Anlageberatung von einem Mensch oder einer Maschine zufriedenstellend geleistet werden kann.

Nun erklärt Alex die sechs Felder im Diagramm (Abbildung 26): Damit lassen sich sechs Bereiche voneinander abgrenzen, die jeweils unterschiedliche Konsequenzen für die Automation des Entscheidens haben. An Tätigkeiten, die ins Feld **unmöglich** fallen, scheitern sowohl Anlageberater als auch Robo-Advisor, zum Beispiel die korrekte Vorhersage der Aktienkurse über die nächsten 12 Monate. Für Tätigkeiten im Feld **nur Maschine** ist der Anlageberater derart schlecht, dass diese von einem Robo-Adivsor übernommen werden sollten (zum Beispiel das Ermitteln historischer Aktienverläufe). Dagegen sind Tätigkeiten, die ins Feld **nur Mensch** fallen solche, die von einem Robo-Advisor nicht zufriedenstellend geleistet werden (zum Beispiel Einfühlungsvermögen gegenüber den Bedürfnissen eines Klienten). Die drei verbleibenden Felder lassen mehr Wahl zu: Die Felder **eher Mensch** oder **eher Maschine** umfasst Tätigkeiten, die tendenziell zugeordnet werden können, je nachdem, welche anderen Kriterien eine Rolle spielen. Im Feld Mensch oder Maschine schließlich liegen Tätigkeiten, die wahlfrei einem Mensch oder einer Maschine anvertraut werden können. Hier fehlen plausible Gründe, warum der eine oder die andere bevorzugt werden sollte. Entscheidungen für den Einsatz eines Menschen oder einer Maschine für solche Tätigkeiten sollten getroffen werden auf Basis von Kriterien, die auf jeden Fall nichts mit der Qualtiät ihrer Abarbeitung zu tun haben. Das Aufteilen von Tätigkeiten zwischen Mensch und Maschine unterstützt den Anlageberater, effizienter zu arbeiten und die Zufriedenheit seiner Kunden zu steigern.

Alex weiß, jetzt muss er die Schlüsselaussage setzen: »Beef ist eine solche Maschine. Er wird Ihre Arbeit nicht ersetzen. Er wird Ihnen das abnehmen, was sie ohnehin nicht wollen oder können.« Die Anlageberater lächeln gequält. »Beef wird Ihren Arbeitsplatz nicht abschaffen, sondern aufwerten«. Die Mienen der Betriebsräte zucken unmerklich. Leises Grummeln erfüllt den Raum. Bis vor Kurzem skeptische Gesichter werden weicher, die Aufmerksamkeit steigt. Alle wollen wissen, wie Alex dieses Versprechen einlösen will.

Nun fordert Alex die Gruppe auf, typische Tätigkeiten in der Anlageberatung zu sammeln, die sie besonders gut können. Und im zweiten Schritt solche, die sie ungern verrichten, die ihnen schwerfallen oder derer sie sich gerne entledigen würden, wenn das möglich wäre. Alle Antworten lässt Alex auf Moderationskarten verschlagworten und in der Matrix an der Flipchart verorten.

Noch während sich die Flipchart mit den Karten füllt, entsteht in den Köpfen der Gruppe ein neues Bild von künstlicher Intelligenz. Die Zuhörer verstehen, dass künstliche Intelligenz nicht der ultimative Vernichter ihrer Arbeitsplätze sein muss. Der Prozess ist umkehrbar und lässt sich in eine andere Richtung gestalten: Künstliche Intelligenz kann ihre Tätigkeit aufwerten, indem sie ihnen zur Hand geht. Sie kann helfen, Kundenwünsche schneller zu erkennen und in mehr Situationen Entscheidungen herbeiführen, die Kunden später weniger bereuen. Die Gruppe erkennt allmählich: Beef ist ein nimmermüder Assistent, den ein Anlageberater in seine Beratung einbeziehen kann – er muss es aber nicht –, während er selbst sich auf den Kunden konzentriert.

Nun ist die Gruppe überzeugt. Zum Abschluss des Workshops vereinbaren Alex und Frank einen Folgetermin, um das Pilotprojekt zu starten. Noch vor dem nächsten Treffen erhält Quant mehrere Anfragen. Anlageberater haben von einem neuen Werkzeug gehört, das die Qualität der Anlageberatung dramatisch verbessern könnte. Das würden sie gerne mal ausprobieren ...

Dialoge über die künstliche Intelligenz

»Think Different.«

– WERBEKAMPAGNE VON APPLE 1997

Im Jahr 1985 erscheint ein merkwürdiges Buch über das Denken.[317] Der Kreativitätsforscher Edward de Bono stellt darin die These auf, das menschliche Gehirn könne auf besondere Art stimuliert werden, kluge Gedanken zu spinnen. Dafür unterscheidet er sechs Arten, wie man Gedankengänge ordnen könnte, um ein Problem besser zu durchdringen. Seine Annahme ist, das Gehirn sei besonders wahrnehmungsfähig, wenn es im Vorfeld darauf eingestimmt werde, eine spezielle Perspektive einzunehmen, zum Beispiel durch ein Bauchgefühl, eine pessimistische Einschätzung oder neutrale Fakten.

Um seine Idee zu verkaufen, nutzt de Bono die Metapher der farbigen Hüte. Je nachdem aus welcher Perspektive sich jemand mit einem Thema beschäftigt, solle er einen anderen Hut aufsetzen. Die Hüte spiegeln keine natürliche Art des Denkens wider, sondern zwingen lediglich dazu, eine Zeit lang in einem Denkstil zu verharren. Doch jeden Hut soll man nur eine gewisse Zeit tragen, denn es provoziere inneren Widerstand und Unwohlsein, sich willentlich auf nur eine Perspektive einzulassen.

Die 6-Hüte-Methode entwickelt sich in den folgenden Jahrzehnten zu einem einfachen Moderationsprozess. Dieser hilft Gruppen, produktiver zu sein, den Fokus auf das ehrliche Beantworten einer Frage zu legen und sich geistreich einzubringen.

Der Bademodenhersteller Speedo wird bekannt dafür, die 6-Hüte-Methode besonders erfolgreich eingesetzt zu haben. Nach den Olympischen Spielen im Jahr 2008 verbannen die Funktionäre den Schwimmanzug LZR, den 98 Prozent der Medaillengewinner tragen und damit eine Flut von Rekorden schwimmen. Dies nimmt der Sportartikelhersteller prompt zum Anlass, für die nächsten Olympischen Spiele eine Kollektion von Schwimmanzügen zu entwickeln, die an diese Erfolge anknüpfen sollen.[318]

De Bono wollte das Gehirn stimulieren, jeweils auf eine andere Art zu denken. Wir werden mittels der Automation des Entscheidens ähnliche Arten kennenlernen, um anders über künstliche Intelligenz nachzudenken und in der Folge leichter darüber zu reden. Das Ergebnis ist ein Instrument, um Gespräche über künstliche Intelligenz in Gang zu bringen, zu moderieren und in ein greifbares Resultat zu verwandeln: Die Automation des Entscheidens ist dieses Instrument.

Die in den letzten Kapiteln gezeigten Beispiele machen den Mehrwert der Automation des Entscheidens als Instrument des Denkens und Kommunizierens über die künstliche Intelligenz sichtbar. Alle basieren auf ähnlichen Prinzipien. In diesem Kapitel wird es darum gehen, dass Sie eigene Anwendungsskizzen für die Automation des Entscheidens entwerfen. Ich werde Sie in die Lage versetzen, dieses Denkinstrument für eigene Zwecke zu nutzen.

Es gibt vier gute Perspektiven, aus denen ein Unternehmen seine Sicht auf die künstliche Intelligenz schärfen kann. Sie lauten *Verstehen, Untersuchen, Erproben* und *Umsetzen*. Mit jedem dieser Zugänge nimmt es einen anderen Aspekt von künstlicher Intelligenz unter die Lupe. Alle basieren auf der Automation des Entscheidens, dennoch ist keiner dieser Blickwinkel exklusiv oder erschöpfend. Manchmal verschwimmen die Details und die Übergänge sind fließend.

Ein Beispiel: Während eine Gruppe damit beschäftigt ist, die Metapher der Automation des Entscheidens zu verstehen, können bereits Ideen auftauchen, was man ausprobieren könnte – oder welche Aspekte schon lange übersehen wurden und dringend analysiert werden sollten.

In der richtigen Kombination und Reihenfolge eröffnen Verstehen, Untersuchen, Erproben und Umsetzen ein Potpourri an Einblicken in die künstliche Intelligenz, die sonst oft verborgen bleiben. Mit der Automation des Entscheidens können Sie Gruppengespräche in Gang bringen. Und damit Entscheidungen kanalisieren und manifestieren, die durch künstliche Intelligenz möglich, wünschenswert oder nötig werden.

Dieses Vorgehen lindert einen Schmerz, den viele Projekte fühlen, die sich in die künstliche Intelligenz verstiegen haben. Oft wird nur die rosarote Brille aufgesetzt, die Vorzüge der Technik werden herausgestellt und die Chancen von künstlicher Intelligenz für interessierte Kreise herausgeputzt. Bei klugen Rückfragen werden dagegen die Risiken marginalisiert, organisationale Rahmenbedingungen kleingeredet oder Einzelinteressen überbetont. Nicht ohne Grund tauchen »rosarote Brillen« öfter in der Literatur auf, die den Wert von Projektmanagement zum Thema macht.[319]

Aus diesem Grund bleibt die rosarote Brille in der Schublade. Wir arbeiten mit einem anderen optischen Gerät. Einem, mit dem wir jederzeit die Perspektive auf künstliche Intelligenz wechseln können.

Das Perspektivenprisma

Künstliche Intelligenz ist wie ein Strahl aus weißem Licht – sehr, sehr hell. Wenn wir hineinschauen, erkennen wir nichts. Nur die Augen tun uns weh. Ein Prisma aber spaltet das weiße Licht in Spektralfarben (siehe Abbildung 27). Diese können wir einzeln wahrnehmen und vor allem unterscheiden: Rot, Gelb und Blau sind die Grundfarben. Aus den Grundfarben setzen sich alle anderen Farben zusammen. Deshalb verteilen sie sich gleichmäßig auf dem Regenbogen des Farbspektrums. Ihre Prägnanz signalisiert, welche Farben besonders wichtig sind. Ihr Abstand zeigt uns, dass Wellenlängen weit auseinanderliegen. Grundfarben stehen also für besonders klar unterscheidbare Differenzen.

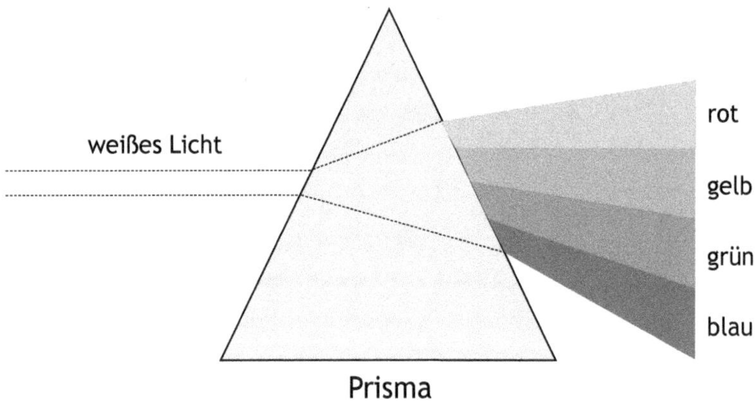

Abbildung 27: Ein Prisma bricht Sonnenlicht in Spektralfarben

Genau diese Eigenschaften eines Prismas nutzen wir, um auch deutlich unterscheidbare Perspektiven auf die künstliche Intelligenz zu erhaschen. Unser Prisma ist die Automation des Entscheidens (siehe Abbildung 28). Sie bricht die vielen mögliche Perspektiven zur künstlichen Intelligenz auf Spektren herunter, die für den praktischen Einsatz bedeutsam sind. Sicher gibt es noch andere, aber vier sind besonders prägnant: Verstehen, Untersuchen, Erproben, Umsetzen.

Entscheiden wir uns für eine Perspektive, lassen wir alle anderen außen vor – zumindest für den Moment. Das hilft uns, unsere Gedanken zu strukturieren. Wir konzentrieren uns auf diese eine Perspektive und suchen möglichst viele Antworten auf alle Fragen des gewählten Blickwinkels (siehe Fragenkatalog im Anhang).

Die vier prägnantesten Perspektiven auf die Automation des Entscheidens liegen weit voneinander entfernt und umfassen daher viele Zwischentöne. Deshalb fangen sie viele der Fragen ein, die künstliche Intelligenz aufwerfen könnte. Durch diesen Trick unterlaufen wir die Verzerrung einer einseitigen Wahrnehmung. De Bono hat es uns mit den sechs Hüten vorgemacht. Wir sehen durch dieses Prisma mehr als einfach nur grelles, weißes Licht. Und vor allen Dingen nehmen wir mehr wahr als nur Rosarot. Auf diese Weise lernen wir Dinge und erhalten Einsichten, die wir ohne das Prisma der Automation des Entscheidens womöglich übersehen hätten.

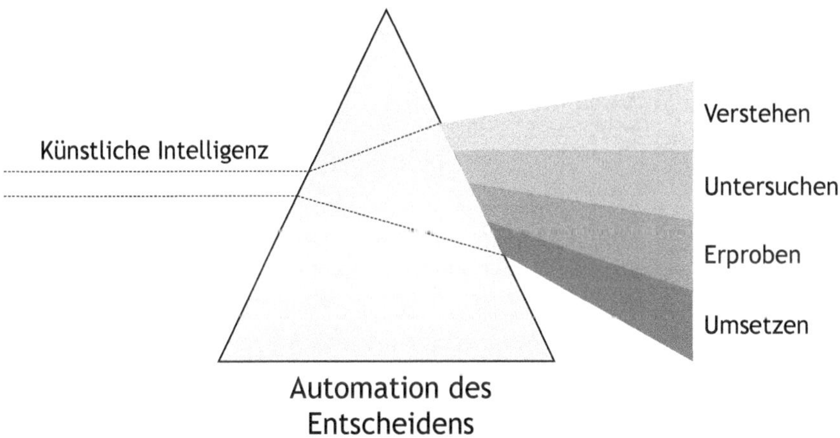

Abbildung 28: Vier Perspektiven auf die Automation des Entscheidens

Jede Perspektive steht für einen Aspekt, um etwas Bestimmtes über künstliche Intelligenz zu verstehen, zu vertiefen oder zu gestalten (siehe Tabelle 18). Andere Perspektiven lassen wir aber nicht einfach wegfallen, wir blenden sie nur eine Zeit lang aus, bis wir dieses Spektrum gut genug verstanden haben.

Verstehen	Diese Perspektive zeigt, was die Automation des Entscheidens ist und wie man sich im Stufenmodell bewegt. Es geht darum, die Metapher zu verstehen, den Nutzen zu erkennen, aber auch ihre Grenzen in Demut zu akzeptieren. Wenn eine Gruppe mit der Automation des Entscheidens arbeiten will, ist es notwendig, dass sie eine Zeit lang diese Perspektive einnimmt. Denn nur wenn die Metapher von allen verstanden wird, kann sie ihre Wirkung als Denkinstrument entfalten. Ist die Metapher einer Gruppe bereits bekannt, braucht es lediglich eine kurze Wiederholung. Ist die Gruppe bereits geübt im Gebrauch, erübrigt sich dieser Schritt.
Untersuchen	Diese Perspektive ist der Blick auf ein Problem des Entscheidens. Alle Gespräche drehen sich an dieser Stelle darum, einem Problem wirklich auf den Grund zu gehen. Oft zeigt sich zum Beispiel, dass vermeintliche Probleme eigentlich andere Ursachen haben als gedacht. Beim Untersuchen geht es darum, eine Situation aus der Perspektive der Automation des Entscheidens anzuschauen und mit deren Worten und Begriffen zu analysieren.
Erproben	Bei dieser Perspektive wird darüber spekuliert, welche Möglichkeiten sich aus einer Situation von Entscheidung entwickeln lassen. Der Ausgangspunkt aller Ideen ist der Grad der Automation im Entscheidungsprozess. Alles andere entfaltet sich aus der Vielzahl an Varianten, die sich durch das Zuteilen von Tätigkeiten für eine Entscheidung zwischen Mensch und Maschine ergeben. Jede mögliche Kombination kann potenziell in Betracht gezogen werden, wenn sie technisch (Maschine) oder organisatorisch oder psychologisch (Mensch) möglich und plausibel ist.
Umsetzen	Diese Perspektive hilft, den Weg von vagen Vermutungen und interessanten Ideen hin zur handfesten Umsetzung in die Praxis zu gehen. Dafür werden Aktivitäten festgelegt, Verantwortung delegiert und Zeiten der Umsetzung oder Fertigstellung vereinbart.

Tabelle 18: Vier Perspektiven auf die Automation des Entscheidens

Jede Perspektive steht für einen anderen Blick, der das Gesamtbild der Automation des Entscheidens ergänzt. Wie wendet man diese Perspektiven nun im Einzelnen an?

Ein Beispiel: Sie wollen verstehen, wie der Mitbewerber der N2070-Bank seinen Robo-Advisor NewVisions auf dem Markt platziert hat. Die Verkaufsprospekte liegen Ihnen vor. Ihre Mitarbeiter haben NewVisions bereits ausprobiert und in einem Workshop führen Sie das Wissen zusammen:

- Mit der Perspektive *Verstehen* erläutern Sie allen Beteiligten, was die Automation des Entscheidens ist und wie man sich in den Stufen bewegt.
- Mit der Perspektive *Untersuchen* sezieren Sie aus allen verfügbaren Informationen, welche Merkmale NewVisions auszeichnen und welchen Anteil künstliche Intelligenz dabei spielen könnte.
- Mit der Perspektive *Erproben* suchen Sie nach Ideen, was Ihr Unternehmen diesem Angebot entgegensetzen könnte.

Das Arbeiten mit den Perspektiven setzt voraus, dass die Gruppe sich am Finden und Beantworten von Fragen abarbeiten kann. Dabei kann es keinen Standard geben, welche Fragen hilfreich sind. Aber es ist sehr wohl möglich, Beispiele zu finden, welche Fragen es sein könnten. Im Anhang und in Tabelle 20 finden Sie einen Fragenkatalog, der einen guten Einstieg in diese Gespräche liefern könnte.

Doch wie lassen sich verschiedene Dialoge über die Automation des Entscheidens moderieren? Das zeige ich Ihnen jetzt.

Dialoge gestalten

Wie bringen Sie mit nur vier einfachen Perspektiven auf die Automation des Entscheidens die künstliche Intelligenz in Ihrem Unternehmen voran? Führen Sie Dialoge mit denjenigen, die etwas zur Lösung dieser Probleme beitragen können! Es braucht den direkten Diskurs mit Experten, Mitarbeitern und Betroffenen. Nehmen Sie Menschen mit, um über die Chancen künstlicher Intelligenz aufzuklären, einen Aspekt der künstlichen Intelligenz zu vertiefen oder die Belegschaft dafür einzunehmen, einen strategischen Plan zum Einsatz von künstlicher Intelligenz zu unterstützen.

Die Stärken eines Unternehmens liegen im Wissen und der Erfahrung vieler Mitarbeiter. Nicht die Technik ist der Schlüssel, um dieses Wissen mit künstlicher Intelligenz zu heben, sondern gut geführte Dialoge über das Phänomen künstliche Intelligenz, um den Einsatz von künstlicher Intelligenz zu steuern, die Erwartungen von Gestaltern zu erfüllen und die Befürchtungen der Betroffenen ernst zu nehmen.

Es gibt viele vertraute Formate, um mit Mitarbeitern und Anspruchsgruppen zu kommunizieren. Der Wirtschaftswissenschaftler Henry Mintzberg errechnete in den 1970er-Jahren, dass Manager etwa 59 Prozent ihrer Zeit in geplanten Sitzungen verbringen und zusätzliche 10 Prozent in ungeplanten.[320] Das hat sich bis heute vermutlich kaum geändert. Also sollte jede Art von Sitzung auch heute Gelegenheiten bieten, künstliche Intelligenz für ein Unternehmen zu erschließen.

Wenn Sie jedoch in jedem dieser Dialog- und Diskursformate unbedarft künstliche Intelligenz auf die Agenda stellen und die Frage lautet: »Wie steigern wir den Profit mit Chatbots und Robotern?«, werden Sie oft leere Gesichter anschauen. Denn für dieses Thema scheint ein offenes Sitzungsformat zu versagen. Die Frage ist unklar, das Thema sperrig, dazu anspruchsvoll und emotionsgeladen. Denn viele spüren, dass künstliche Intelligenz auch ihnen im Nacken sitzt. Sie wissen nur noch nicht, wie, wann und warum eigentlich.

Deshalb sollten Gespräche über künstliche Intelligenz gut vorbereitet sein. Ohne Struktur lassen Sitzungen, in denen das Schlagwort künstliche Intelligenz unreflektiert in den Raum geworfen wird, meist Wünsche offen. Stattdessen steigt die Unsicherheit, dem Thema gewachsen zu sein. Wahlweise werden Entscheidungen deshalb vertagt – oder es entsteht blinder Aktionismus.

In Gesprächen über komplexe Sachverhalte – wie es die künstliche Intelligenz nun einmal ist – schälen sich aus Sicht von versierten Wissensexperten vier Probleme heraus, die mit Kommunikation zu tun haben:[321]

1. **Gespräche entwickeln eine Eigendynamik, die die Sachinhalte hintanstellen.** Bewusste und unbewusste Regeln bestimmen den Gesprächsverlauf. Statt sich am Thema abzuarbeiten, werden Partikularinteressen durchgeboxt. Aus Wissens- und Verständnisperspektive sind permanentes Unterbrechen, einseitiges Argumentieren oder dominante Gesprächsanteile wenig hilfreich. Auch Gruppendenken und der Wunsch nach Harmonie gefährden einen gewünschten Diskurs, um viele Blickwinkel einzufangen.
2. **Rigidität und Beharren auf Bekanntem führen dazu, dass Ideen gar nicht geboren werden – oder augenblicklich wieder sterben.** Das Wissen anderer ist nicht zwingend die Stimulanz für das radikale Weitertreiben von Dingen. Bedenkenträger dominieren das Gespräch und ersticken frische Ideen. Kritik dominiert den Dialog.
3. **Gespräche folgen dem Lauf der Gedanken.** Zu einer Zeit kann immer nur eine Sache besprochen werden. Das macht es schwierig, Alternativen zu erkennen oder Optionen zu bewerten. Das wird überlagert durch Missverständnisse, die nicht ausgesprochen werden, unterschiedliche Fachexpertisen oder das Verwenden unverständlicher Begriffe und Kriterien.
4. **Gespräche sind vergänglich.** Das macht es schwer, einen Sachverhalt plausibel zu dokumentieren. Manchmal kennen nur diejenigen das Resultat einer Sitzung, die anwesend waren. Das zeitigt fatale Folgen: Ein relevantes Problem wird vielleicht klar erkannt, es wird verstanden, aber die Lösung bleibt aus, nur weil die Sitzung mangelhaft dokumentiert wurde. Neues Wissen, das im Dialog entstanden ist, findet keinen Weg in die praktische Umsetzung.

Wie können wir diesen Problemen begegnen, um gute Gespräche zur künstlichen Intelligenz zu führen? Der Schlüssel liegt darin, sich auf bestimmte Aspekte der Automation des Entscheidens zu konzentrieren und dann bewusst und gezielt die jeweilige Perspektive zu wechseln (siehe Abbildung 29).

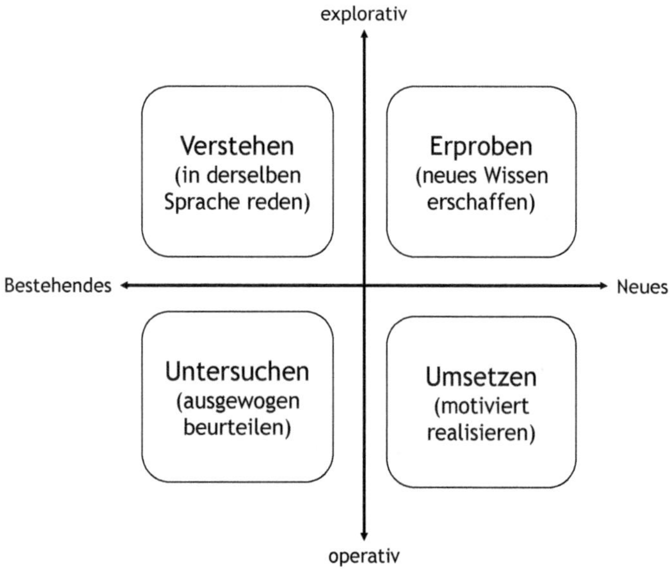

Abbildung 29: Vier Dialogtypen über die künstliche Intelligenz in Anlehnung an Eppler & Mengis, 2004, S. 18

Die X-Achse bestimmt, ob es im Gespräch darum geht, eine bestehende Situation zu verstehen (im Uhrzeigersinn Quadrant 1 und 3) oder ob eine Gruppe sich zur Suche nach Neuem aufmacht (Quadrant 2 und 4). Die Y-Achse legt fest, ob sich ein Gespräch in eine strategische Richtung bewegt (Quadrant 1 und 2) oder im Gegensatz dazu einen praktischen Aspekt beinhaltet (Quadrant 3 und 4).

Die Kommunikationswissenschaftler Martin Eppler und Jeanne Mengis sprechen in dieser Typologie von »Wissensdialogen« und meinen damit den gezielten Austausch von Wissen in Gruppen.[322] Dafür unterscheiden sie vier Dialogtypen, in denen Gruppen über ein Thema ins Gespräch kommen können. Jeder Typ verfolgt ein anderes Ziel. Aufbauend auf diesen Wissensdialogen entwickelten die Forscher weitere Instrumente[323,324,325], um Wissensdialoge zu halten.

Die Idee der vier Wissensdialoge von Eppler und Mengis bilden die Grundlage der vier Perspektiven auf künstliche Intelligenz. Sie helfen, das Wissen jedes Einzelnen zum Nutzen der Sache einzubringen und den Wissensstand insgesamt zu vergrößern. Jeder Dialog kreist dabei um die Metapher der Automation des Entscheidens.

Vier Perspektiven auf die Automation des Entscheidens

Diese vier Dialogtypen helfen, vielfältigen Zugang zur künstlichen Intelligenz über die Automation des Entscheidens zu finden. Jeder Wissensdialog verfolgt dabei einen anderen Zweck, weswegen auch jeder eine andere Moderation braucht. Welche das ist, erfahren Sie hier:

1. Mit einem Dialog des Verstehens führen Sie die Metapher ein. Das ist immer nötig, wenn die Mehrzahl Ihrer Zuhörer die Metapher noch nicht kennt und mühelos referenzieren kann. Dieser Dialog klärt, wie sich eine Gruppe in der Metapher zurechtfindet, jederzeit weiß, wo sich die Diskussion befindet oder wohin man sich bewegen will oder sollte. Sie spielt eine große Rolle, um zum Beispiel zu erkennen, wann sich eine Beschreibung von einem Ist- in einen Sollzustand bewegt.
2. Dialoge des Untersuchens finden statt, um einem Problem auf den Grund zu gehen. Die Fragen des Untersuchens sind darauf angelegt, das Kernproblem zu erkennen, aufzudecken und in seiner Tiefe und Trageweite zu erfassen. Sie helfen dabei, etwaige Randbedingungen zu beachten oder Abhängigkeiten zwischen verschiedenen Disziplinen auszuleuchten.
3. Mit Dialogen des Erprobens öffnen Sie den Erfahrungsraum der Gruppe. Diese Perspektive erlaubt es, mithilfe der Metapher mögliche Optionen für die Lösung eines Problems zu erkunden und abzuwägen. Diese Dialoge schaffen erst die Voraussetzung, um eine von mehreren möglichen Lösungen tatsächlich für die Umsetzung in die Praxis ins Auge zu fassen.
4. Bei Dialogen des Umsetzens geht es darum, aus dem Ungefähren ins Konkrete zu wechseln. Hier sammeln sich die Fragen und Antworten nach einer umsetzbaren Lösung eines Problems mittels künstlicher Intelligenz. Damit stehen viele Optionen nicht lediglich zur Wahl, sondern eine schlägt sich in einem Resultat nieder, wenn zum Beispiel der Start eines Projekts vereinbart wird.

Für alle Dialogtypen gilt: Der Moderator bleibt neutral, er gestaltet den Ausgang jedes Gesprächs ergebnisoffen. Dafür versteht er sich als Katalysator des Prozesses, der durch das Zusammenbringen geballten Wissens der Gruppe ins Laufen kommt. Das verlangt den Willen und die Fähigkeit, auch Experten unterschiedlichen Kalibers moderieren zu können, wenn Temperamente aufeinanderprallen und Meinungen vielleicht laut, aber abwegig sind.

Dialoge am Stück

Jeder der vier Wissensdialoge steht für sich und erzielt bereits Resultate. Aber eine größere Wirkung ergibt sich, wenn mehrere aneinandergereiht werden. Dafür gehen Sie folgendermaßen vor:

1. Klären Sie, welche Frage der künstlichen Intelligenz es zu bearbeiten gilt, zum Beispiel: »Die Kosten unseres Callcenters sind sehr hoch. Könnte ein Chatbot helfen, die Kosten zu senken?«
2. Überlegen Sie, wen Sie zu Wissensdialogen über die Automation des Entscheidens einladen sollten. Zum Beispiel den Coach, der vor Kurzem den Konflikt im Vorstand auflösen konnte, einige Callcenter-Mitarbeiter und deren Teamleiterin, die Herren Schmidt und Schmitt aus der IT-Abteilung, weil es höchstwahrscheinlich Sicherheitsbedenken geben wird, die Diplomandin, die vor drei Wochen den Vortrag über die Zukunft von Chatbots gehalten hat, Dr. Moser aus der Rechtsabteilung, der arbeitsrechtliche Aspekte von Chatbots gut einschätzen kann. Je vielfältiger das Wissen über den Problembereich, den Sie angehen wollen, desto besser werden die Ergebnisse des Wissensdialogs ausfallen.
3. Nun stecken Sie eine Sequenz von Wissensdialogen ab. Eine Agenda für den Wissensdialog könnte so aussehen wie in Tabelle 19 beispielhaft skizziert.

Uhrzeit	Agenda	Dialogtyp
09:00–09:15	Thema klären: Worum geht es heute?	
09:15–10:15	Was ist die Automation des Entscheidens? Kurze Einführung mit vielen Beispielen	Verstehen
10:30–12:00	Bestandsaufnahme: Wo und wie entstehen heute bei einem Kundenkontakt die Kosten? Wie lassen sich diese auf Entscheidungsprozesse zurückführen?	Untersuchen
12:00–13:00	Mittagspause	
13:00–14:30	Kurzvortrag: Was ist ein Chatbot? Wie könnten wir Chatbots auf den sechs Stufen der Automation einbauen? Wie würde das jeweils die Kostenstruktur verändern?	Erproben
14:30–15:00	Kaffeepause	
15:00–16:30	Projektplanung	Umsetzen

Tabelle 19: Beispielagenda für einen Wissensdialog mit der Automation des Entscheidens

Auf dem Weg durch diese Agenda wächst in der Gruppe ein gemeinsames Verständnis über künstliche Intelligenz, denn alle bedienen sich nun der Metapher der Automation des Entscheidens. Sie zieht sich als roter Faden durch die Veranstaltung. Jede Perspektive auf die Automation des Entscheidens erzeugt eine Menge neuer Informationen, um künstliche Intelligenz besser zu verstehen. Je geschickter ein Moderator verschiedene Sichtweisen zur Geltung bringt, desto größer sind die Einsichten und Optionen.

So lässt die Gruppe eine Zeit lang eigenes Vorwissen, Interpretationen oder Erwartungen außen vor und akzeptiert ein kleines Vokabular allgemein verständlicher Begriffe. Daraus erwächst eine gemeinsame Bedeutung über den Gegenstand der Betrachtung.[326] Ausgehend von diesem Verständnis entwickeln die Beteiligten neue Perspektiven, akzeptieren und begrüßen das Wissen der anderen und erkennen und akzeptieren eher ihre blinden Flecken. Darüber hinaus stellen sie sich eher der Komplexität von künstlicher Intelligenz, indem sie Alternativen und Optionen ent- und aufdecken, die sonst in einer Kakophonie von Partikularinteressen untergegangen wären.

Natürlich funktionieren Wissensdialoge nicht in jedem Fall. Alle Beteiligten sollten den Willen und den Wunsch teilen, den Problemen und Herausforderungen durch künstliche Intelligenz ernsthaft ins Auge zu blicken. Wird der Diskurs von Einzelinteressen überlagert, scheitert auch die Moderation. Nehmen Sie deshalb die Moderation sehr ernst! Es reicht nicht, an der Oberfläche von Problemen zu kratzen. Bedienen Sie sich der Instrumente erfolgreicher Gesprächsführung in Sitzungen wie Agenda, Kommunikationsregeln und Protokoll der Zwischenergebnisse und Resultate.[327]

Im besten Fall bieten Wissensdialoge über die Automation des Entscheidens eine Erkenntnisreise und ein kognitives und emotionales Erlebnis. Sie decken neue Perspektiven für den organisationalen Einsatz von künstlicher Intelligenz auf und helfen dabei, Widersprüche und Mehrdeutigkeiten, um diesen schillernden Begriff aufzulösen.

Fragen statt Antworten

Hinter jeder Brechung des Lichts steht ein Katalog von Fragen, der genau diesen Aspekt der Automation des Entscheidens ausleuchtet. Je besser der Fragenkatalog ist, den es zu beantworten gilt, desto klarer wird das Verständnis von künstlicher Intelligenz. Aus einem unendlich großen Spektrum möglicher Fragen lassen sich deshalb Fragenkataloge ableiten, die bestimmte Problemkategorien einkreisen. Jeder steht für eine besondere Perspektive auf die Automation des Entscheidens. Alle zusammen ergänzen sich zu einem Bild über künstliche Intelligenz, das den Problemkorridor sehr tief ausleuchtet.

Eine Perspektive auf die Automation des Entscheidens einzunehmen, ist die eine Sache. Eine andere ist, die richtigen Antworten zu finden. Fallen Sie nicht der Hoffnung anheim, es gäbe eine Checkliste mit den zehn wichtigsten Antworten, welche genau die zehn Fragen beantworten, die Sie umtreiben. Das ist unrealistisch, denn die Umstände Ihrer Organisation sind einzigartig und hängen von Bedingungen und Variablen ab, die niemand außer Ihnen kennt.

Obwohl wir also keine allgemeingültigen Antworten finden, hindert dies uns nicht, die richtigen Fragen zu stellen. Wenn Einstein recht hatte, dann liefert die richtige Frage bereits 90 Prozent der Antwort. Im Gegensatz zu Antworten bleiben Fragen universell, denn die prinzipiellen Chancen und Risiken durch künstliche Intelligenz betreffen uns alle. Fragen leuchten den Raum aus, den die Automation des Entscheidens eröffnet. Das Stufenmodell arbeitet dabei wie eine Sonde, die Sie überall dort hineinsetzen können, wo sie Antworten suchen.

Perspektive	Typische Fragen
Verstehen	Was ist die Automation des Entscheidens? Was ist eine Stufe in der Automation des Entscheidens? Wie unterscheiden diese sich im Kontext der Abteilung? Was bedeutet jede der sechs Stufen für den konkreten Anwendungsfall?
Untersuchen	Wie ist die Zuteilung von Entscheidungen heute geregelt? Welche Person trägt Verantwortung? Gibt es Abschnitte im Prozess von Entscheidungen, in denen die Verantwortung nicht eindeutig geregelt ist? Wie viele Instanzen für eine Entscheidung hat dieser Prozess, den wir gerade anschauen? Haben wir Instanzen vergessen, die wir besser berücksichtigen sollten? In welcher Zeit fallen Entscheidungen? Reicht das aus oder muss es schneller gehen?
Erproben	Wie könnten wir die Schritte zu einer Entscheidung neu verteilen? Welche Zuteilung wäre wünschenswert? Warum und für wen? Wo liegen die technischen Grenzen der Delegation von Verantwortung an eine künstliche Intelligenz? Wo die organisatorischen? Wo die moralischen? Wo die ethischen? Welche Konsequenzen hätte eine bestimmte Allokation?

Perspektive	Typische Fragen
Umsetzen	Wer ist bei uns zuständig für die Allokation der Entscheidung? Wer muss beteiligt werden, damit wir die Idee ausprobieren können? Wie überzeugen wir Benutzer, die von uns präferierte Allokation von Entscheidungsverantwortung zu akzeptieren? Welche Risiken entstehen bei der Umsetzung? Welche Versprechungen können wir geben? Was passiert, wenn wir sie nicht einhalten würden? Könnten wir mit der Antwort leben?

Tabelle 20: Beispielfragen aus den vier Perspektiven auf die Automation des Entscheidens

Es gibt keine einfachen Rezepte, um die komplexen Fragen der künstlichen Intelligenz zu beantworten, aber Tabelle 20 zeigt typische Fragen, die sich für die vier Perspektiven eignen. Kluge Fragen entziffern die Automation des Entscheidens für ihre Zwecke. Je besser die Fragen sind, desto besser werden die Antworten sein.

Eine Auswahl weiterer Fragen finden Sie im Anhang, aber Sie können und sollten sich selbst auf die Suche nach guten Fragen begeben, die für Ihr Unternehmen passen. Ihre Experten, Betroffenen und Anspruchsgruppen werden Ihnen dabei helfen. Einige der hier genannten Fragen mögen in der Kultur Ihres Unternehmens eine große Rolle spielen oder gar überlebenswichtig sein, andere spielen hingegen womöglich gar keine Rolle.

Als Nächstes zeige ich Ihnen, wie Sie jeden dieser vier Dialogtypen moderieren können.

Dialoge des Verstehens

»Es hört doch jeder nur, was er versteht.«

– JOHANN WOLFGANG VON GOETHE

Im Radio von SWR3 gibt es eine witzige Rubrik:[328] Hörer sind aufgefordert, Textzeilen aus Liedern zu nennen, die man falsch verstehen kann. Die meisten dieser Lieder sind fremdsprachig, meist auf Englisch, Spanisch oder Italienisch. Für einen deutschen Muttersprachler hören sich Passagen manchmal so an, als wenn sie eine deutsche Phrase enthielten. Dieses Phänomen des Verhörens entstand, weil viele Menschen durch Rundfunk und Musikträger immer mehr fremdsprachige Texte hörten, und wurde im Jahr 1954 zum ersten Mal aktenkundig.[329]

Interessant ist die Konsequenz eines Verhörers. Wenn wir den Verhörer zum ersten Mal erkannt haben, amüsiert uns das kurz. Doch danach passiert etwas Eigenartiges: Unser Gehirn hat ein neues Muster erkannt, das jedes Mal Aufmerksamkeit erzeugt, sobald das Lied wieder erklingt ...

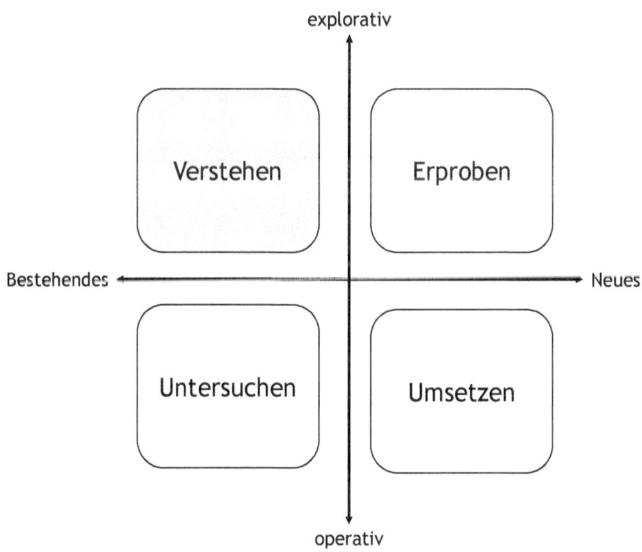

Abbildung 30: Verstehen erklärt die Metapher

Damit kommen wir zu einer Herausforderung, die Sie umtreiben sollte, wenn sie eine Gruppe von Menschen zusammenbringen, um mittels der Automation des Entscheidens über künstliche Intelligenz zu reden und von diesem Denkinstrument zu profitieren: Menschen interpretieren Dinge nicht zwingend so, wie der Interpret sie meint. Sie verbinden das Gehörte, Gesehene und Gesagte mit eigenem Wissen, eigener Erfahrung und eigenen Gedanken. Das bleibt unausweichlich und ist erstmal gut. Aber in unserem Fall ist es von Vorteil, dass alle Assoziationen sich in die Grammatik der Automation des Entscheidens einbetten lassen. Die Metapher wird der gemeinsame Nenner für alle Beiträge oder Ideen.

Wenn wir mit vielen Menschen über künstliche Intelligenz sprechen und jeder wird gebeten, sein eigenes Wissen zum Nutzen der Sache verfügbar zu machen, prallen viele Interpretationen aufeinander. Jeder erklärt künstliche Intelligenz mit den Worten, die ihm aus dem Glossar seiner Fachsprache zur Verfügung stehen und ihn ansprechen. Er ist wenig resonanzfähig für andere Blickwinkel und das macht ihn vielleicht blind für andere Sichtweisen. Gerade wenn der Diskurs um künstliche Intelligenz Angst einflößt, schalten viele in einen Abwehrmodus. Dagegen helfen Dialoge, die geführt werden, um das Wissen Einzelner über viele Aspekte der künstlichen Intelligenz in eine Gruppe zu holen.

Die Metapher der Automation des Entscheidens ist der rote Faden dafür: Jeder Teilnehmer kann die Diskussion mit seinen Themen in seinem Wortschatz bereichern, doch die Automation des Entscheidens bleibt die Ultima Ratio, die alle Gesprächsinhalte anschlussfähig macht. Sie bietet ein Gerüst, um Gedanken zu sichten und zu verorten. Auf diese Weise reduzieren Sie das Risiko, wichtige Informationen zu übersehen oder zu marginalisieren. Die Automation des Entscheidens bietet für jede Art von Information einen Anknüpfungspunkt, um das Wissen des Einzelnen als Gruppenwissen verfügbar zu machen.

Sprechen mit Lego-Steinen

Kennzeichnend für Dialoge des Verstehens ist eine große Bereitschaft, sich als Einzelner in den Gruppenprozess einzubringen, um das eigene Verständnis der Dinge anderen darzulegen. Die Methode *Lego Serious Play* unterstützt Teilnehmer, ihren Beitrag einer Sachlage auszudrücken und damit für die Gruppe nachvollziehbar zu machen.[330] So lassen sich mit Lego Serious Play etwa Produkte und Dienste der künstlichen Intelligenz wie der intelligente Lautsprecher Alexa oder das Roboterauto Tesla erklären.[331] Auf diese Weise entsteht ein breites Verständnis aus vielen Blickwinkeln auf ein Thema.

Dialoge des Verstehens sind wichtig. Besonders nützlich ist die Anschlussfähigkeit der Metapher an die Erfahrungswelt des Einzelnen. Wenn jeder seinen eigenen Zugang zur Automation des Entscheidens findet und mit eigenen Beispielen verknüpfen kann, wird das Modell glaubwürdig, weil es sich in der Praxis bewähren muss. Das aus solchen Reflexionen gewonnene Verständnis ist die Grundlage der weiteren Arbeit. Die Gruppe profitiert davon, wenn sie implizites Wissen (für den Wissensträger selbst schwer zugänglich) hervorholen hilft, um es in einer Gruppe sichtbar zu machen.[332]

Moderatoren spielen in Dialogen des Verstehens eine große Rolle. Sie führen die Metapher ein und lassen die Teilnehmer an Beispielen ihre Plausibilität prüfen. Sie beantworten Fragen (»Warum unterscheiden sich die Stufen nicht eindeutig voneinander?«), gehen auf kritische Kommentare ein (»Künstliche Intelligenz ist doch mehr als Entscheiden!«) und animieren zur Reflexion (»Unter welchen Umständen kann ich der künstlichen Intelligenz trauen?«). So kristallisiert sich heraus, ob die Automation des Entscheidens von allen verstanden wird. Darüber hinaus kann ein Moderator auch den Fortschritt des Prozesses anregen: Er vermittelt zwischen verschiedenen Ideen, paraphrasiert das Gesagte oder formuliert Ziele, die aus dem Dialog des Verstehens folgen könnten.

Die Perspektive des Verstehens hat zum Ziel, einer Gruppe Sicherheit zu vermitteln. Sie soll die Metapher gut verstanden haben und mit ihr sicher spielen. Die Kunst besteht darin, den Rezipienten lediglich die Basis für das Verstehen der Metapher zu vermitteln, aber nicht inhaltlich vorzugreifen. So versetzen Sie die Gruppe in die Lage, über die weiteren Dialoge Untersuchen, Erproben und Umsetzen eigene Expertise und Erfahrung zum Wohle der Sache für andere sichtbar zu machen.

Dialoge des Verstehens dienen dazu, sich zwei Dinge bewusst zu machen: Es ist wertvoll, jeden Diskurs zu jeder Zeit auf ein gemeinsames Verständnis zurückführen zu können. Wenn die Diskussion zu hitzig wird, kann der Moderator auf die sechsstufige Skala der Automation des Entscheidens verweisen: »An welche Stelle passt der Diskurs, den wir gerade führen? Und könnte uns das helfen, eine Lösung zu finden?«

Mit Dialogen des Verstehens klärt sich auch, entlang welcher Dimensionen sich ein Diskurs entwickelt: Werden Details der algorithmischen Umsetzung besprochen (Technik)? Geht es um Angst bei den Mitarbeitern, deren Arbeitsplatz durch den Chatbot bedroht ist (Psychologie)? Oder verändern Algorithmen die Vorhersagefähigkeit für das Marktgeschehen (Strategie)?

Sollten die Gruppenmitglieder die Metapher aus den Augen verlieren, führen Sie als Moderator sie zurück auf die Kernbegriffe. Helfen Sie den Teilnehmern, sich zu besinnen, wie andere Teilnehmer gerade auf das Thema schauen und ob das zielführend ist. Oder konfrontieren Sie sie mit Fragen, durch die klar wird, wie viele Perspektiven das Problem hat, wo die Gruppe derzeit steht oder wie nahe sie einer Lösung ist.

Besitzen Experten bereits eine sehr klare Vorstellung von künstlicher Intelligenz, sind sie weniger bereit, ihr Wissen in einem neuen Kontext zu verankern. Vielleicht lehnen sie die vermeintlich kindische Metapher sogar ab. In diesem Fall müssen Sie als Moderator klarstellen, dass es eben nicht darum geht, künstliche Intelligenz in der Expertennische zu verhandeln. Stattdessen soll ein für alle Teilnehmer verständliches Medium etabliert werden, um ins Gespräch zu kommen oder zu bleiben. Haben die Teilnehmer dagegen noch kein konsistentes Verständnis über künstliche Intelligenz entwickelt, akzeptieren sie die Metapher eher. Sie hilft ihnen weiter und plausible Alternativen fehlen.

Auf den ersten Blick scheint die Automation des Entscheidens zu trivial zu sein, um ein komplexes Thema wie künstliche Intelligenz angemessen zu erklären. Bei genauem Hinsehen aber entfaltet sich ein Panoptikum, um auch sehr schwierige Fragen zur künstlichen Intelligenz aufzugreifen und zu beantworten.[333]

Fragen des Verstehens

Mit Antworten auf eine Verstehensfrage signalisieren Rezipienten, ob sie die strukturelle Metapher verstanden haben und ihre Grenze erkennen. Gute Verstehensfragen vermitteln, dass die Automation des Entscheidens auf wenigen durchdachten Annahmen beruht. Sie vermitteln das Gefühl von Sicherheit, die Metapher durchdrungen zu haben und sie einsetzen zu können, um ein beliebiges Thema der künstlichen Intelligenz daran zu spiegeln. Gute Verstehensfragen sollten eine Einladung liefern, sich anschließend noch weiter auf die Komplexität und Tiefe der Metapher einlassen zu wollen.

Das Hauptaugenmerk bei Verstehensfragen liegt darauf, ein Verständnis dafür aufzubauen, sich auf andere Perspektiven einlassen zu wollen. Ein Moderator sollte nicht zu viele Fragen selbst anbringen, sondern eher jene aus der Gruppe aufnehmen. Vermutlich haben Sie schon mehr Erfahrung darin, sich in komplexen Aufgabenstellungen zurechtzufinden, als einige der anderen Teilnehmer. Vielleicht haben Sie auch mehr Gefühl dafür, wie weit Sie schon gekommen sind. Wenn Sie als Moderator mit zu vielen Fragen Zweifel sähen, könnte die Gruppe nervös werden.

Verstehensfragen bestimmen den Kurs des Dialogs. Sie zeigen, wie gut eine Gruppe die Metapher verstanden hat. Sie korrigieren Fehler, falls Diskurse aus dem Ruder laufen oder in einer Sackgasse zu enden drohen.

Aber vor allem geben Verstehensfragen den Takt vor für alle weiteren Perspektiven. Denn diese können nur funktionieren, wenn die Automation des Entscheidens von der Gruppe akzeptiert und gut verstanden wurde und damit die Grundlage der folgenden Kommunikation ist.

Dialoge des Untersuchens

»Wenn ich eine Stunde Zeit hätte, um ein Problem zu lösen, würde ich 55 Minuten damit verbringen, über das Problem nachzudenken, und fünf Minuten über die Lösung nachdenken.«

– ALBERT EINSTEIN

Paralyse durch Analyse

Die *Paralyse durch Analyse*[334] beschreibt ein Paradox, in das jeder geraten kann, wenn er einen Sachverhalt genau verstehen will. Sehr genau. So genau, dass das Resultat der Analyse unbrauchbar wird, weil die Vielzahl an Daten keine Deutung mehr zulässt. Die Komplexität und Verschränktheit vieler Aspekte der künstlichen Intelligenz sind eine Steilvorlage für die Paralyse durch Analyse. Gleichzeitig gilt sie oft als Königsweg, um wichtige Entscheidungen zu verschieben, wenn es schwerfällt, überhaupt eine Entscheidung zu treffen.[335]

Dialoge des Untersuchens dienen der Ergründung einer Sache – aber nicht um den Preis der Paralyse durch Analyse. Es geht darum, den Dingen so weit auf den Grund zu gehen, dass für alle Prozessbeteiligten neue und wertvolle Einsichten entstehen. Es sollen viele Aspekte einer Sache aufgedeckt werden, die anschließend objektiv und kompetent diskutiert und bewertet werden. Und das alles, ohne dass jemand sein Gesicht verliert oder das Resultat lediglich die Einzelinteressen bestimmter Teilnehmer widerspiegelt. Argumentationen sollten zum Beispiel durch Fakten belegt sein, damit sie glaubwürdig sind.[336]

Um die Qualität oder Relevanz bestimmter Vermutungen nachvollziehbar zu machen, verständigt man sich auf Kriterien, wie mögliche Alternativen bewertet werden.[337] So bleiben Optionen sichtbar, bis sie in der Gruppe auf Brauchbarkeit und Nützlichkeit evaluiert worden sind.

Denken mit Lego

Mit *Lego Serious Play* zum Beispiel kann das gesammelte Wissen einer Gruppe systematisch abgeschöpft werden, um dadurch tiefe Einsichten in einen Aspekt der Automation des Entscheidens zu bekommen.[338] Die SWOT-Analyse[339] ist ein anderes Instrument, um in dieser Phase viele Seiten eines Problems zu betrachten.[340] Mit einer *Nutzwertanalyse*[341] werden verschiedene Interpretationen einer Sachlage vor dem Hintergrund ihrer Bedeutung für ein Unternehmen verglichen.[342]

Ihnen als Moderator obliegt dabei die Aufgabe, den Prozess des Untersuchens anzuleiten und zu gestalten. Dafür sammeln Sie Material ein, das aus den vielen Perspektiven der Teilnehmer ein Problem charakterisiert. Die Grundlage dieser Sammlung bildet das Stufenmodell der Automation des Entscheidens.

Die Gruppe sammelt alle Details, die das gegebene Problem beschreiben, und Sie verorten jede Information im Stufenmodell. So entsteht einerseits eine sichtbare Zusammenstellung aller Beiträge, andererseits kann die Gruppe erkennen, an welchen Stellen möglicherweise Antworten für das zugrunde liegende Problem zu finden sind. Sammeln sich beispielsweise viele Fragen an einer Stelle im Stufenmodell, spiegelt dies wider, dass dort möglicherweise Schlüsseltreiber liegen, um die man sich kümmern könnte. Stehen technische Fragen im Vordergrund? Oder braucht es eine Kategorie, um die Akzeptanz der Beteiligten und Betroffenen eines Problems zu berücksichtigen? Kristallisieren sich strategische Themen heraus, die man durch eine Kategorie rahmen sollte? Für welche Orte im Stufenmodell entstehen viele Themen, an welchem Ort wenige oder gar keine? Im besten Fall helfen die Kriterien, dass in der Gruppe Konsens über die Interpretation des Problems entsteht, die sich im Stufenmodell abbildet, im schlechteren Fall gibt es zumindest deutliche Hinweise auf Sollbruchstellen, an denen man arbeiten sollte.

Ihre Aufgabe als Moderator ist, dafür zu sorgen, dass alle Gruppenteilnehmer sich einbringen können. Um den Diskurs zu stimulieren, könnten Sie beispielsweise einer Person die Rolle des *Advocatus Diaboli*[343] verleihen. So tauchen auch Themen an der Oberfläche auf, die vielleicht sonst im Gruppenkonsens unterdrückt worden wären.

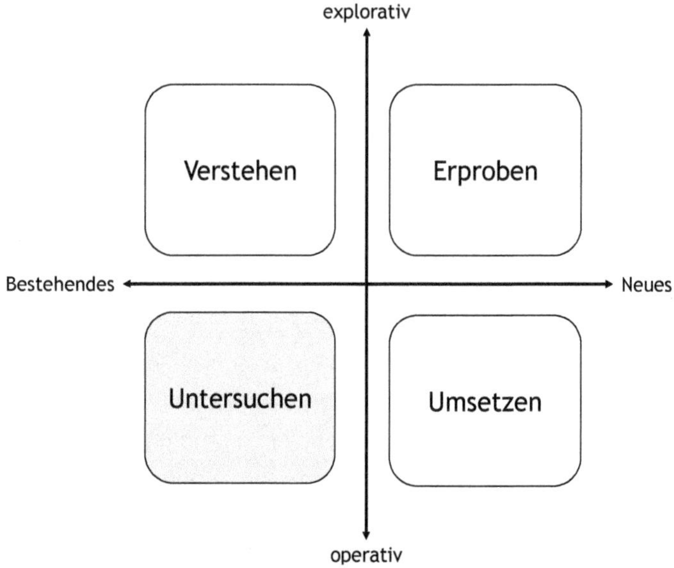

Abbildung 31: Dialoge des Untersuchens gehen dem Verhältnis von Mensch und Maschine auf den Grund

Fragen des Untersuchens

Um etwas zu untersuchen, schaut man am besten aus der Nähe darauf. Eine Frage des Untersuchens dient demnach als Lupe: Sie vergrößert Details und zeigt Eigenschaften, die leicht zu übersehen sind. So wird Abstraktes konkret; es wird messbar und beschreibbar. Die Gruppe zieht sich zurück auf die Rolle eines Detektivs, der einfach nur registriert: Was ist genau passiert? Wie ist es entstanden? Warum eigentlich?

Jedes Untersuchen beginnt am besten damit, Grundannahmen anzuzweifeln. Es kann von besonderer Bedeutung sein, Glaubenssätze zu hinterfragen. Mit »Denken in ersten Prinzipien« *(1st principle reasoning)*[344] lässt sich zum Beispiel überprüfen, ob die Automation des Entscheidens eine Metapher ist, die das anstehende Thema tatsächlich adäquat beschreiben kann. Das Denken in ersten Prinzipien ist ein Lackmustest, ob und wo in einem Sachverhalt überhaupt Entscheidungen stecken. Wenn keine Entscheidungen entstehen, sondern etwas ganz anderes, braucht es keinen Diskurs, um Entscheidungen zu automatisieren.

Natürlich würde sich dann auch der Einsatz künstlicher Intelligenz erledigen. Auf der anderen Seite: Sobald klar wird, welcher Art die Entscheidungen sind, die getroffen werden, können diese sofort im Stufenmodell verortet werden.

Mögliche Fragen, um der Automation des Entscheidens auf die Spur zu kommen, lauten:

- Auf welcher Stufe passieren heute Entscheidungen?
- Wie grenzen sich die fünf Stufen voneinander ab?
- Wo liegen die technischen Grenzen der Automation des Entscheidens?
- Wer trägt die letzte Verantwortung für Entscheidungen?
- Wie bewährt sich die heutige Entscheidungsallokation im organisationalen Alltag?

Je mehr Fragen und Antworten die Gruppe findet, desto besser wird sie vorbereitet sein, um den nächsten Schritt zu gehen: sich eine Welt vorzustellen, in der die Verantwortung für Entscheidungen zwischen Mensch und Maschine neu verhandelt werden könnte.

Dialoge des Erprobens

»Komplexität für andere Menschen schafft wunderbare Gelegenheiten für Unternehmer, etwas zu vereinfachen.«

– DAN SULLIVAN

Angst, Wichtiges zu verpassen

Das Internet schafft neue Zivilisationskrankheiten, eine davon ist der Handydaumen. »Beim einhändigen Bedienen des Smartphones wird der Daumen überbeansprucht. Das verstärkt sich mit zunehmender Größe der Handydisplays – und mit dem Drang, ununterbrochen in den sozialen Netzen unterwegs zu sein«, sagt Handchirurg Dr. Stefan Langer.[345] Einseitige Nutzungsmuster auf Smartphones landen also manchmal im Operationssaal.

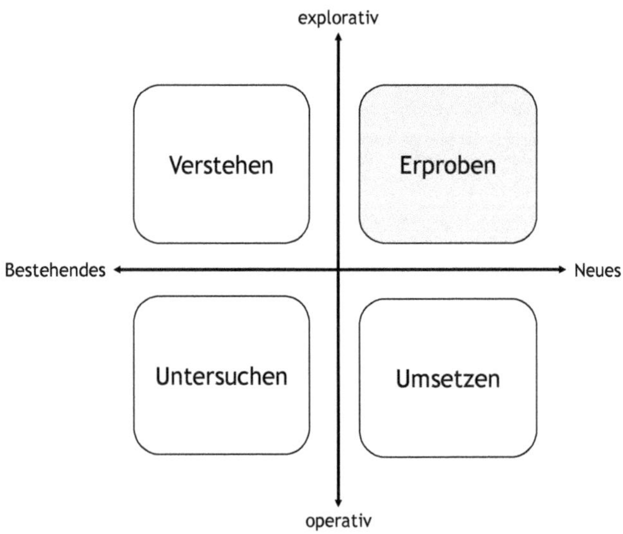

Abbildung 32: Dialoge des Erprobens loten die Möglichkeiten der Mensch-Maschine-Interaktion aus

Aber diese Krankheiten enden nicht ausschließlich in der orthopädischen Ambulanz. Eine, die nichts mit Knochen zu tun hat, hat einen Namen bekommen. Es ist die

»Angst, etwas zu verpassen«, auf englisch *Fear of Missing Out*, kurz FoMO.[346] Dabei handelt es sich um die Sorge, andere könnten Spaß haben – und man ist selbst nicht dabei. Betroffene verspüren etwa den unstillbaren Wunsch, immer online zu sein, weil sie sonst etwas verpassen könnten. Permanenter Zugriff auf das Internet soll ihr Problem lösen, eine neue Erfahrung oder gute Gelegenheit zu verpassen, oder nicht dabei zu sein, wenn etwas stattfindet, das anderen gefällt. Dem liegt die Furcht zugrunde, falsche Prioritäten zu setzen und seine Zeit nicht gut einzuteilen.

Gier oder Genügsamkeit?

Ein ferner Verwandter von FoMO reicht zurück in die 1960er-Jahre. Damals stellt der Ökonom Herbert Simon fest, dass uns kognitive und emotionale Grenzen davon abhalten, immer die jeweils beste Wahl zu treffen.[347] Es ist unmöglich, in jeder Situation jede Option zu bewerten, die zur Auswahl steht. Simon widerspricht damit den gängigen ökonomischen Theorien des rationalen Verhaltens.

Um das Phänomen zu erklären, legt er seinen Gegenentwurf vor: Er nennt sie die »Theorie beschränkter Rationalität« *(bounded rationality)*. Der Logik der »Nutzenmaximierung« *(utility maximization)* stellt er eine des »Zufriedenstellens« *(satisficing)* gegenüber. Denn jemand, der zufrieden ist, braucht keine Auswahl aus allen Optionen. Er sucht nicht eine einzige, allerbeste Variante, sondern benügt sich mit einer ausreichend guten. Und das hat einen Vorteil: Sollte sich im Nachhinein herausstellen, dass es eine bessere Wahl gegeben hätte, bereut er seine Entscheidung weniger als jemand, der auf der besten Option besteht.

Und hier findet Simons Theorie ihren Weg in die Automation des Entscheidens: Die klassische Ökonomie argumentiert, dass Menschen rational denken und Entscheidungen immer darauf hinauslaufen, ihren materiellen Nutzen zu maximieren. Was würde das für eine Aufteilung von Entscheidungen zwischen Menschen und Maschine bedeuten? Entscheidungen sollten so weit wie möglich durch Maschinen gefällt werden, die ausgehend von perfekter Information die objektiv beste Entscheidung einer Sachlage treffen würden.

Aber das geht schon mal nicht, weil wir perfekte Information ohnehin nur in Ausnahmefällen voraussetzen dürfen (siehe »Künstliche Kunst«). Aber unabhängig von diesem Detail. Wie wir gerade gesehen haben, wären Menschen mit dieser Maximierung gar nicht zwingend zufrieden.

Gibt es einen anderen Weg? Der richtige Ansatz ist folgender: Wir suchen nach dem Maximum der Kombination von materiellem und immateriellem Nutzen.

Wie können wir Dinge automatisieren, die einem Menschen mit wenig kognitiver Eigenleistung Entscheidungsoptionen vorlegen, auf die er reagieren kann? Hier würde Automation also die Menschen von der Last befreien, selbst erschöpfende Recherchen anstellen zu müssen, alle möglichen Optionen gegeneinander abzuwägen, um danach in einem großen Einsatz von Zeit, Geduld und Nerven gar noch zu einer falschen Entscheidung zu gelangen.

Ein Beispiel: Adam ist Maximierer. Sein Smartphone ist auf den Boden gefallen, das Gorillaglas zerborsten, eine Reparatur unmöglich. Er braucht dringend Ersatz. Sein Budget ist begrenzt, aber das Abo garantiert unbegrenztes Datenvolumen. Als Maximierer will er das beste Preis-Leistungs-Verhältnis finden. Er sucht nach den neuesten Modellen und findet einige, die passen könnten. Aber Adam ist sich unsicher, ob er schon die beste Option gefunden hat. Vielleicht sollte er ein paar Tage warten, weil der Preis sich ändern könnte? Außerdem bieten neue Modelle inzwischen neue Funktionen, die er zwar bisher nicht brauchte, aber in Zukunft gebrauchen *könnte*. Warum also voreilig handeln? Adam hadert. Er kann sich nicht entscheiden.

Im Großen und Ganzen erzielen Maximierer bessere Resultate: Eine Studie fand heraus, dass College-Abgänger, die man als Maximierer einordnen würde, Jobangebote akzeptierten, deren Einstiegsgehälter 20 Prozent über denen von Genügsamen lagen. Allerdings waren sie weniger zufrieden mit ihrer Wahl. Warum? Weil sie als Maximierer natürlich ihre Entscheidung anzweifelten – denn vielleicht hätte es ja eine noch bessere Wahl gegeben, die ihnen lediglich entgangen war.[348]

Ein anderes Problem, das durch die Automation des Entscheidens nicht größer werden darf, ist das Auswahlparadox (siehe Kapitel »Marmeladen für Zweifler«):[349] Wenn die Automation dazu führt, dass eine Maschine lediglich eine Unmenge an Optionen vorlegt, werden Menschen, die eine finale Auswahl treffen sollen, unzufriedener sein als solche, die von der künstlichen Intelligenz nur wenige, aber sehr gut begründete Alternativen vorgelegt bekommen. Und sie sind wahrscheinlich zufriedener, obwohl die Auswahl kleiner war – selbst, wenn eine große Anzahl von Alternativen durchweg sehr gut begründet wäre. Wenn viele attraktive Alternativen nahe beieinander liegen, fällt es schwer, sich für eine bestimmte zu entscheiden (»Vielleicht wäre das schwarze Smartphone doch schöner gewesen?«).

Warum sind diese Ausflüge in die Psychologie des Entscheidens wichtig? Sie zeigen uns einen Weg, die Akzeptanz von Diensten mit künstlicher Intelligenz zu erhöhen: Diese tun gut daran, die psychologischen Präferenzen ihres Bedieners im Auge zu behalten und im Zweifel eher weniger als viele interessante Optionen anzubieten. Denn letztendlich sind Benutzer dann zufriedener mit ihrer Entscheidung.

Zuerst vereinfachen, dann vervielfältigen

Etwas erproben heißt nicht einfach, sich verrückte Dingen auszudenken – selbst, wenn sie möglich sind. Die Intention sollte einem anderen Kriterium folgen: etwas Schwieriges einfach zu machen, und das mithilfe der künstlichen Intelligenz. Denn die große Stärke von künstlicher Intelligenz besteht darin, Unübersichtlichkeit in einer Entscheidungssituation erträglich zu machen, zum Beispiel eine Vielzahl von Optionen auf wenige einzugrenzen.

Warum ist das eine plausible Annahme? Dahinter steckt ein großer Treiber der letzten Jahrzehnte: Die Komplexität von Arbeit und Alltag nimmt ständig zu. Der technische Fortschritt eilt davon und lässt Menschen oft ratlos zurück. Im 20. Jahrhundert war das Leben einfacher. Bürokratische Prozesse regelten vieles. Vieles war lange vorhersehbar. Es gab keinen Grund, sich schnell auf neue Umstände einzustellen. Doch mittlerweile ist in vielen Bereichen unseres Lebens die Komplexität gestiegen. Wir leben in einer Optionen-Gesellschaft. Darum muss immer mehr Information erfasst werden. Und muss verarbeitet werden. Wir müssen Entscheidungen fällen – oder genau das unterlassen. Heute sind wir mit einer Welt konfrontiert, die sich sehr schnell dreht. Andererseits mögen viele Menschen keine Veränderung. Denn die ist oft mit unangenehmen Erfahrungen verbunden. Sie bringt Komplexität mit sich, die es zu vermeiden gilt. Und damit zeigt sich immer deutlicher, wohin gute Ideen für das Erproben von künstlicher Intelligenz treiben können. Um in der Metapher der Automation des Entscheidens zu bleiben: Wann kann künstliche Intelligenz eine Entscheidung beschleunigen? Wo steigert sie die Qualität einer Entscheidung? Wie macht künstliche Intelligenz Entscheidungen überhaupt erst möglich, die vorher überhaupt nicht denkbar waren?

Sobald in einer Arbeits- oder Alltagssituation des Entscheidens Komplexität entsteht, ist das ein Einfallstor für künstliche Intelligenz. Dort tun sich Gelegenheiten auf, künstliche Intelligenz zum Nutzen eines Unternehmens einzusetzen. Und an diesen Stellen ist auch mit dem geringsten Widerstand bei Beteiligten oder Betroffenen zu rechnen.

Der amerikanische Coach Dan Sullivan unterscheidet zwei Tätigkeitsprofile, die man unterscheiden muss, um in dieser Situation den Nutzen von künstlicher Intelligenz zu verstehen:[350]

- »Vereinfacher« *(simplifier)* finden radikale Lösungen, um eine in der Welt herrschende Komplexität zu reduzieren. Künstliche Intelligenz kann der Schlüsselfaktor sein, um diese Vereinfachung Realität werden zu lassen.
- »Vervielfältiger« *(multiplier)* bringen diese Lösungen in den Markt, um sie groß zu machen. Deshalb ist die Maxime, Dinge radikal zu vereinfachen, ein guter Ausgangspunkt, um für ein gegebenes Problem kreative Lösungen zu finden, neue Ideen zu entwickeln oder Handlungsoptionen zu erarbeiten. In diesem Fall hilft künstliche Intelligenz dabei, die Reduktion von Komplexität möglichst einfach zu skalieren und damit für viele verfügbar zu machen.

Direkte Wertungen sollten beim Erproben unterbleiben. Im Gegenteil sollten Sie als Moderator dafür sorgen, möglichst viele Perspektiven, Ideen und Vorschläge kreativ zu kombinieren. Dafür eignet sich zum Beispiel das Ausfüllen des *morphologischen Kastens*.[351] Eine andere Möglichkeit ist das Denken in *Szenarien*[352], in denen Vorschläge eine Rolle spielen können. Wenn viel Zeit und Geld zur Verfügung steht, kann das Erproben auch systematisch erfolgen mit der *TRIZ-Methode*[353].

Fragen des Erprobens

Hier dreht sich alles darum, die Fantasie zu beflügeln und Neues zu erkunden, das aus einer Situation hervorgehen könnte. Was können wir machen, wenn sich eine Entscheidung durch eine Maschine automatisieren lässt? Welche Optionen ergeben sich daraus? Ist das wünschenswert oder nicht? Wem nutzt das und wen bedroht das? Diese und ähnliche Fragen dienen dazu, auf eine höhere Abstraktionsstufe zu gelangen. Sie sollen animieren, Ähnlichkeiten zwischen Dingen zu unterstreichen und unerwartete, nicht naheliegende Assoziationen herzustellen.

Sie als Moderator spielen die Rolle eines Coaches, der die Gruppe durch den Kreativprozess führt. Dominate Teilnehmer müssen Sie im Zaum halten; wer sich dagegen zurückhält, sollte stärker eingebunden werden. Die Qualität der Ergebnisse steigt, wenn viele unterschiedliche Blickwinkel zusammentreffen, aus denen tatsächlich Neues entsteht.

Wäre die Idee ein Chatbot, würde eine typische Frage des Erprobens lauten: »Was kann ein Chatbot machen, was nicht offensichtlich ist?« Er könnte zum Beispiel mit dem Benutzer im Duett singen, in alle Unendlichkeit zählen oder ständig alles wie ein Papagei wiederholen. Verheddern sich die Teilnehmer in den Details einer absurden Idee, sollten Sie sie wieder einfangen, aber ihre Fantasie weiter anregen, um wieder auf die Flughöhe vieler kreativer Einfälle aufzusteigen.

Dialoge des Umsetzens

»Machen ist wie Wollen. Nur krasser.«

– SPRICHWORT

Der Fuchs und die Katze

»Es trug sich zu, daß die Katze in einem Walde dem Herrn Fuchs begegnete, und weil sie dachte ›er ist gescheidt und wohl erfahren, und gilt viel in der Welt‹, so sprach sie ihm freundlich zu. ›Guten Tag, lieber Herr Fuchs, wie gehts? wie stehts? wie schlagt ihr euch durch in dieser theuren Zeit?‹ Der Fuchs, alles Hochmuthes voll, betrachtete die Katze von Kopf bis zu Füßen und wußte lange nicht ob er eine Antwort geben sollte. Endlich sprach er ›O du armseliger Bartputzer, du buntscheckiger Narr, du Hungerleider und Mäusejäger, was kommt dir in den Sinn? du unterstehst dich zu fragen wie mirs gehe? was hast du gelernt? wie viel Künste verstehst du?‹ ›Ich verstehe nur eine einzige‹ antwortete bescheidentlich die Katze. ›Was ist das für eine Kunst?‹ fragte der Fuchs. ›Wenn die Hunde hinter mir her sind, so kann ich auf einen Baum springen und mich retten.‹ ›Ist das alles?‹ sagte der Fuchs, ›ich bin Herr über hundert Künste und habe überdies noch einen Sack voll Liste. Du jammerst mich, komm mit mir, ich will dich lehren wie man den Hunden entgeht.‹ ›Indem kam ein Jäger mit vier Hunden daher. Die Katze sprang behend auf einen Baum und setzte sich in den Gipfel, wo Äste und Laubwerk sie völlig verbargen.‹ ›Bindet den Sack auf, Herr Fuchs, bindet den Sack auf,‹ rief ihm die Katze zu, aber die Hunde hatten ihn schon gepackt und hielten ihn fest. ›Ei, Herr Fuchs,‹ rief die Katze, ›ihr bleibt mit euern hundert Künsten stecken. Hättet ihr heraufkriechen können wie ich, so wärs nicht um euer Leben geschehen.‹«[354]

Mit Dialogen des Verstehens hat die Gruppe die Metapher der Automation des Entscheidens verstanden. Mit Dialogen des Untersuchens haben die Teilnehmer genauer hingeschaut, welches Problem überhaupt zu lösen ist. Mit Dialogen des Erprobens haben sie Optionen gesammelt, auf welche Art und Weise das Problem gelöst werden könnte. Sie haben also einen Sack an Wissen über die Automation des Entscheidens gefüllt – aber das nützt nichts, wenn sie dieses Wissen nicht wieder auspacken und in die Praxis bringen. Die Ideen und Vorschläge, die im Dialog und Diskurs der Gruppe entstanden sind, müssen ihren Weg in die Welt finden. Dazu braucht es einen Plan, handfeste Tätigkeiten und nächste Schritte. Die beste Idee soll die Praxis verändern. Denn Machen ist noch krasser als Wollen.

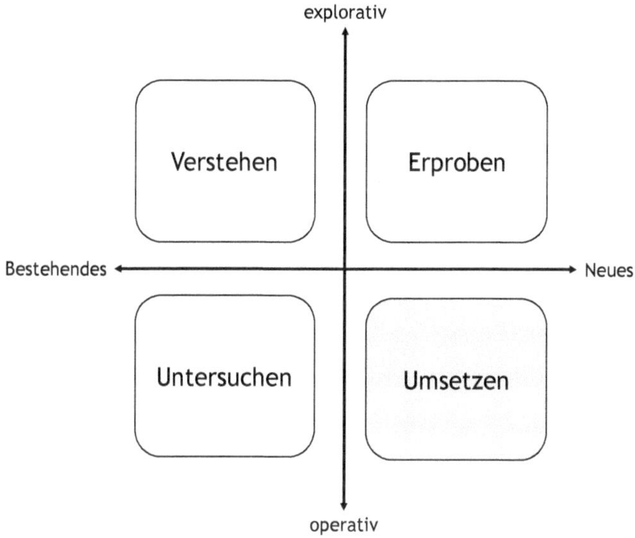

Abbildung 33: Dialoge des Umsetzens legen das Vorgehen fest, welche Optionen erprobt werden sollen

Nun gilt es für Sie als Moderator, Grundsatzdiskussionen im Keim zu ersticken. Entweder ist das notwendige Wissen beim Durchschreiten der anderen Dialoge sichtbar geworden. Oder die Gruppe fängt besser noch einmal von vorne an – am Besten in anderer Besetzung.

Jetzt geht es um die Umsetzung: Wer macht was? Bis wann? Und wie?

Stärken und Schwächen

An dieser Stelle greifen Sie zurück auf das wohltemperierte Repertoire bekannter Instrumente des Projektmanagements. Klären Sie zum Beispiel mit der *SWOT-Analyse*[355]: Welche Idee hat Stärken? Welche schwächelt? Durch welche Option eröffnen sich mehr Chancen? Wo liegen Risiken, über die wir während der Umsetzung einer Idee stolpern könnten?

Achten Sie darauf, dass die Ziele für alle Beteiligten klar formuliert werden. Dafür hilft zum Beispiel *SMART*[356]: Ein Ziel sollte spezifisch sein (nämlich einfach und erkennbar), messbar in seiner Wirkung, realistisch erreichbar, tatsächlich wichtig und durch Zeit und Aufwand bestimmt.

Behalten Sie im Auge, welche Abhängigkeiten zwischen den Tätigkeiten und Perspektiven auf die Automation des Entscheidens entstehen. Vieles kann Ihnen entgehen, wenn Probleme nicht offen angesprochen, verwässert oder wegdelegiert werden. So ist beispielsweise bekannt, dass viele Projekte mit künstlicher Intelligenz Ressourcen verschlingen, die gar nichts mit der technischen Umsetzung zu tun haben. Stattdessen gibt es Daten gar nicht in der nötigen Menge oder Qualität, von deren Existenz die Projektplaner wie selbstverständlich ausgegangen sind.

Beide Probleme lassen sich zwar oft noch lösen, aber sie verschieben die Kostenblöcke. Statistiken zeigen, dass etwa für das Aufbereiten von Daten regelmäßig bis zu 80 Prozent des Budgets benötigt werden.[357] Solche Änderungen sollten zu Beginn diskutiert werden, nicht erst nach dem offiziellen Start des Projekts.

Fragen des Umsetzens

Hier werden nun die Einsichten aller Perspektiven zur Automation des Entscheidens zusammengeführt, lose Fäden werden verbunden. Es wird entschieden, womit ein Projektteam beginnt und wie es weitergehen soll. All das sollte in sich stimmig und gut begründet sein. Es geht um Entscheidungen, Zusagen, Verantwortung und die praktische Umsetzung.

Der Reigen für Dialoge wurde eröffnet, indem wir eine mächtige Metapher eingeführt haben. Durch genaues Untersuchen haben wir verstanden, wo die Probleme liegen und was ihnen zugrunde liegt. Das Erproben öffnete uns die Augen, welche prinzipiellen Lösungen sich auftun. Die Automation des Entscheidens leitete uns beim Erproben an, mögliche Zuteilungen von Verantwortung zwischen Mensch und Maschine zu imaginieren. Jetzt muss festgelegt werden, welche dieser Optionen den Lackmustest in der Praxis erleben wird.

Vielleicht gibt es mehr interessante Ideen als Ressourcen, um jede umzusetzen. Das waren dennoch keine unnötigen Versuche, denn mit jedem Ausprobieren verstehen die Gesprächsteilnehmer ihr Denkinstrument besser, benutzen es selbstverständlicher. Deshalb werden sie beim nächsten Mal auf einem höheren Verständnisniveau von künstlicher Intelligenz in den Diskurs einsteigen.

Die Automation des Entscheidens ist zeitlos. Sie ist keinen Moden unterworfen und muss nicht nächstes Jahr über den Haufen geworfen werden. Dieses Denkinstrument bleibt nützlich, auch wenn der Fortschritt neue Optionen schafft. Die Technik mag sich ändern oder verschwinden, die Automation des Entscheidens bleibt.

Jedem Ende wohnt ein Anfang inne

Eine Studie aus der Medizin zeigt eindrücklich, mit welchem Verständnis man die Automation des Entscheidens nutzen sollte:[358] In Übungen für medizinische Notsituationen versuchten unerfahrene Ärzte, die Symptome von Patienten nach Schema einer Krankheit zuzuordnen. Sie ließen einfach Informationen unter den Tisch fallen, wenn diese ihrer Diagnose widersprachen. Eine zweite Gruppe probierte einfach aus, war ungeduldig, vermasselte Experimente und zog daraus falsche Schlüsse. Die erfolgreichsten Ärzte gingen jedoch anders vor: Sie waren jederzeit sensibel für neue Informationen, sie überstürzten nichts und blieben einer Behandlung treu, bis sie eine plausible Schlussfolgerung ableiten konnten. Sie blieben offen für das, was ist – nicht für das, was sie gerne gesehen hätten.

Die Automation des Entscheidens ist das Instrument für eine Differentialdiagnose der künstlichen Intelligenz: Sie können es nutzen, um unbedarft jede Herausforderung anzunehmen, neue Informationen einzubeziehen und damit erratisches Handeln zu vermeiden – oder zumindest zu verringern. Die Metapher der Automation des Entscheidens hilft dabei. Sie erhebt keinen Anspruch auf Wahrheit, sondern bleibt ein Instrument des Lehrens und Lernens für jeden Einzelnen sowie für Gruppen.

In einer Welt, die sich durch künstliche Intelligenz laufend ändert und immer komplexer wird, wo Ereignisse plötzlich auftreten und wir nur allmählich verstehen, wie diese Technik sich in immer mehr Bereiche unseres Lebens hineinzwängt, sollten wir besser alle einen sechsten Sinn entwickeln für das, was passiert. Wir sollten uns mit der Automation des Entscheidens um plausible Erklärungen für die künstliche Intelligenz bemühen. Diese müssen gar nicht präzise sein. Es reicht, wenn sie uns helfen, die Realität der künstlichen Intelligenz besser zu verstehen und als unser Gegenüber zu akzeptieren.

Das wird noch Jahrzehnte brauchen. Vermutlich werden wir erst dann für viele Herausforderungen der künstlichen Intelligenz brauchbare und nachhaltige Lösungen gefunden haben. Und wir werden vielleicht auch lange nicht wissen, wie nah wir einer Lösung schon waren oder sein werden.

Mit der Automation des Entscheidens kennen Sie nun vier Blickwinkel, aus denen Sie auf künstliche Intelligenz schauen können: Verstehen, Untersuchen, Erproben und Umsetzen. Finden Sie denjenigen, der Ihren Zwecken am besten dient. Planen Sie den Zeitpunkt und das Umfeld, um über diese Perspektive allein oder mit einer Gruppe in ein moderiertes Gespräch zu kommen. So können Sie sich gemeinsam den Bedenken und Sorgen über das Unbekannte stellen und das größte Abenteuer in diesem Jahrhundert erleben: Erfolgreich zu denken und zu handeln trotz der Ungewissheit durch künstliche Intelligenz.

Über den Autor

Stefan Holtel ist Informatiker, Theaterpädagoge, Yogalehrer, Vater, Wissensmanager und Trainer für Lego Serious Play. Er versteht künstliche Intelligenz als Phänomen, das sich nicht nur als technisches Wunder erklären und handhaben lässt. Seinen Zugang zur künstlichen Intelligenz fand er im Zusammenspiel mehrerer Teildisziplinen, aus deren Theorien, Ansätzen und Instrumenten er sich bedient. Dazu gehören die Theorie und Praxis der Informatik, die Technik- und Wissenssoziologie, aber auch die Kognitions- und Organisationspsychologie sowie die Philosophie.

Der Autor arbeitete unter anderem elf Jahre in der Forschung und Entwicklung von Vodafone und hält mehrere Patente. Regelmäßig präsentiert, publiziert und doziert er zu der Frage, wie Unternehmen die digitale Transformation angehen, gestalten und bewältigen können. Die Automation des Entscheidens ist ein Instrument, das sich aus dieser Arbeit entwickelt und seitdem im Praxiseinsatz bewährt hat.

Seit 2018 arbeitet der Autor als Kurator für digitalen Wandel bei PricewaterhouseCoopers. Dort leitet er ein Experiment im Bereich Finanzdienstleistungen. Auf Grundlage von *Effektuation*[359] entwickelt sein Team ein Vorgehen, um großen Organisationen den nachhaltigen Wandel in die digitale Transformation zu eröffnen. Die vorläufigen Ergebnisse zeigen: Nachhaltiger digitaler Wandel lässt sich gestalten. Und man kann ihn sogar messen und steuern.

Literaturverzeichnis

Alberdi, E., Povyakalo, L. S., & Ayton, P. (2009). Why Are People's Decisions Sometimes Worse with Computer Support? *COMPUTER SAFETY, RELIABILITY, AND SECURITY, PROCEEDINGS, 5775* (S. 18–31). City University of London.

Ancona, D. (2011). Sensemaking Framing and Acting in the Unknown. In D. Ancona, *The Handbook for Teaching Leadership: Knowing, Doing, and Being* (S. 4). SAGE Publications.

Anderson, L. W., & Krathwohl, D. R. (2001). *A Taxonomy for Learning, Teaching, and Assessing.* Pearson Education.

Awad, E., Dsouza, S., Kim, R., Schulz, J., Henrich, J., Shariff, A., . . . Rahwan, I. (2018). The Moral Machine experiment. *Nature, 59*(58), 59-64.

Badea, L. M. (2014). Predicting Consumer Behavior with Artificial Neural Networks. *Procedia of Economics and Finance, 15*, 238-246.

Bainbridge, L. (1983). Ironies of Automation. *Automatica, 19*(6), 775-779.

Bault, N., & Rusconi, E. (2020). The Art of Influencing Consumer Choices: A Reflection on Recent Advances In Decision Neuroscience. *Front. Psychology.*

Beer, S. (1959). *Cybernetics and Management.* Wiley.

Besse, P., Castets-Renard, C., Garivier, A., & Loubes, J.-M. (2018). *Can Everyday AI be Ethical? Machine Learning Algorithm Fairnes.* arXiv.org.

Billings, C. E. (1997). *Aircraft Automation: The Search for a Human-Centered Approach* . Mahwah, NJ: Lawrence Erlbaum Associates.

Binet, A., & Simon, T. (1916). *The Development of Intelligence in Children: (the Binet-Simon scale).* Vineland Research Laboratory.

Bloom, B., Englehart, M., Furst, E., W. Hill, W., & Krathwohl, D. (1956). *Taxonomy of educational objectives: The classification of educational goals.* New York, Toronto: Longmans, Green.

Boring, E. G. (1923). Intelligence as the Tests Test it. *New Republic*, 35-37.

Bostrom, N. (2016). *Superintelligence: Paths, Dangers, Strategies.* Oxford: Oxford University Press.

Bresnahan, T. F., & Trajtenberg, M. (1995). General purpose technologies 'Engines of growth'? *Journal of Econometrics*, 83-108.

Brynjolfsson, E., & McAfee, A. (2016). *The Second Machine Age: Work, Progress, and Prosperity in a Time of Brilliant Technologies.* W. W. Norton & Company.

Burk, A. W., Goldstine, H. H., & Neumann, J. v. (1946). *Preliminary Discussion of the Logical Design of an Electronic Computing Instrument.*

Chiantella, N. (1982). Achieving Integrated Automation Through Computer Networks. *Computer Integrated Manufacturing Series, 1*(2), 2-21.

Clark, A., & Chalmers, D. J. (1998). The Extended Mind. *Analysis*, 10-23.

Clausewitz, C. v. (2008). *Vom Kriege.* Nikol.

Curley, M. G., & Formica, P. (2013). *The Experimental Nature of New Venture Creation Capitalizing on Open Innovation 2.0.* Springer.

DARE2; Bloch & Ostergaard. (2016). *The Future of Work. International research study: Denmark, UK, USA.* DARE2, Bloch & Ostergaard.

Davenport, T. H., & Harris, J. G. (2005). *Automated Decision Making Comes of Age.* accenture.

de Bono, E. (1985). *Six Thinking Hats: An Essential Approach to Business Management.* Little Brown and Company (1811).

Dekker, S. W., & Woods, D. D. (2002). MABA-MABA or Abracadabra? Progress on Human–Automation Co-ordination. *Cognition, Technology & Work*, 240-244.

Dengler, K., & Matthes, B. (2015). *Substituierbarkeitspotenziale von Berufen. Wenige Berufsbilder halten mit der Digitalisierung Schritt.* Nürnberg: Institut für Arbeitsmarkt- und berufsforschung.

Dernovsek, M. Z., Prevolnik-Rupel, V., & Tavcar, R. (2007). Cost-Utility Anaylsis. In M. S. Ritsner, & A. G. Awad, *Quality of Life Impairment in Schizophrenia, Mood and Anxiety Disorders* (S. 373-384). Springer.

Devine, W. D. (1983). From Shafts to Wires: Historical Perspective on Electrification. *The Journal of Economic History*, 347-372.

Diehm, H., Kierkegaard, S., & Fauteck, H. (2005). *Entweder - Oder: Teil I und II (Deutsch).* dtv Verlagsgesellschaft.

Dogan, V. (2019). Why Do People Experience the Fear of Missing Out (FoMO)? Exposing the Link Between the Self and the FoMO Through Self-Construal. *Journal of Cross-Cultural Psychology*, 524-538.

Dreibelbis, R., K. A., Hossain, K., Venkatesh, M., & Ram, P. (2016). Behavior Change without Behavior Change Communication: Nudging handwashing among primary school students in Bangladesh. *Int J Environ Res Public Health, 13*(1).

Drucker, P. (1999). Knowledge Worker Productivity: The Biggest Challenge. *California Management Review*, 79-94.

Eisenhardt, K. M., Kahwajy, J. L., & III, L. J. (2000). How management teams can have a good fight. The absence of conflict is not harmony, it's apathy. *Harvard Business Review, 75*, 77-85.

Elwyn, G., Frosch, D., Thomson, R., Joseph-Williams, N., Lloyd, A., Kinnersley, P., . . . Carole Dodd MSc, S. R. (2012). Shared Decision Making: A Model for Clinical Practice. *Journal of General Internal Medicine*, 1361-1367.

Endsley, M. R. (1995). Toward a Theory of Situation Awareness in Dynamic Systems. *Human Factors, 37*(1), 32-64.

Endsley, M. R. (1997). Level of automation: Integrating humans and automated systems. *Proceedings of the 1997 41st Annual Meeting of the Human Factors and Ergonomics Society* (pp. 200-204). Albuquerque, NM: Human Factors and Ergonomics Society.

Endsley, M. R., & Kiris, E. O. (1995). The Out-of-the-Loop Performance Problem and Level of Control in Automation. *Human Factors, 37*(2), 381-394.

Eppler, M. J., & Kernbach, S. (2018). *Meet up!: Einfach bessere Besprechungen durch Nudging. Ein Impulsbuch für Leiter, Moderatoren und Teilnehmer von Sitzungen.* Schäffer-Poeschel.

Eppler, M. J., & Mengis, J. (2004). Wissensdialoge - Ein gesprächsbasierter Ansatz des Wissensmanagements. *OrganisationsEntwicklung*, 14-23.

Fazio, L. K., Brashier, N. M., Payne, B. K., & Marsh, E. J. (2015). Knowledge does not protect against illusory truth. *Journal of Experimental Psychology: General, 144*(5), 993-1002.

Fink, A., & Siebe, A. (2016). *Szenario-Management: Von strategischem Vorausdenken zu zukunftsrobusten Entscheidungen* . Campus Verlag.

Fitts, P. M. (1951). *Human Engineering for an Effective Air-Navigation and Traffic-Control System.*

Flynn, J. R. (2009). *What is Intelligence?: Beyond the Flynn Effect.* Cambridge, UK: Cambridge University Press.

Flyvbjerg, B. (2014). What You Should Know About Megaprojects and Why: An Overview. *Projekt Management Journal, 45*(2), 6-19.

Frey, C. B., & Osborne, M. A. (2013). *The Future of Employment: How Susceptible are Jobs to Computeraisation?* Oxford: University of Oxford.

Frohm, J., Lindström, V., Stare, J., & Winroth, M. (2008). Levels of Automation in Manufacturing. *Ergonomica, 30*(3).

Gartner, H. (2011). *Frames of Mind: The Theory of Multiple Intelligences.* Basic Books.

Gausemeier, J., Kespohl, H. D., & Pfänder, T. (2012). *Zukunftsszenarien in der Retrospektive - Was bringt die Szenario-Technik wirklich?* Paderborn: UNITY.

Gottfredson, L. S. (1994, Dezember 13). Mainstream Science on Intelligence. *Wall Street Journal*, pp. 13-23.

Gottfredson, L. S. (1997). Why g matters: The complexity of everyday life. *Intelligence, 24*(1), 79-132.

Grattoni, G. (2017). Intel: The Next Wave: 2, 5, and 15 Year Horizons. *Intel Industry Solutions Marklogic World 2017.* London, UK: Intel.

Gray, D., Brown, S., & Macanufo, J. (2010). *Gamestorming: A Playbook For Innovators, Rulebreakers, And Changemakers.* O'Reilly Media.

Grimm, B. (1857). *Kinder und Hausmärchen.* Göttingen: Dieterische Buchhandlung.

Groover, M. P. (2001). *Automation, Production Systems, and CIM.*

Gryc, W., Helander, M., Lawrence, R., & Liu, Y. (2009). Looking for Great Ideas: Analyzing the Innovation Jam. In *Advances in Web Mining and Web Usage Analysis* (S. 21-39). San Jose, CA.

Hasher, L., Goldstein, D., & Toppino, T. (1977). Frequency and the Conference of Referential Validity. *Journal of Verbal Learning and Verbal Behaviour*, 107-112.

Higginbotham, A. (2019). *Midnight in Chernobyl: The Untold Story of the World's Greatest Nuclear Disaster.* Simon & Schuster.

Hofstadter, D. R. (2008). *I Am a Strange Loop.* Douglas Hofstadter.

Hofstätter, P. R. (1966). Zum Begriff der Intelligenz. *Psychologische Rundschau*, 229-248.

Hogendorn, C., & Frischmann, B. (2020). Infrastructure and general purpose technologies: a technology flow framework. *European Journal of Law and Economics.*

Holtel, S. (2016). Artificial Intelligence Creates a Wicked Problem for the Enterprise. *ICKM 2016*, (S. 171–180). Wien.

ING-Diba. (2015). *Die Roboter kommen. Folgen der Automatisierung für den deutschen Arbeitsmarkt.* Frankfurt: ING-Diba.

Iyengar, S. S., & Lepper, M. R. (2000). When Choice is Demotivating: Can One Desire Too Much of a Good Thing? *Journal of Personality and Social Psychology, 79*(6), 995-1006.

Iyengar, S. S., Wells, R. E., & Schwartz, B. (2006). Doing Better but Feeling Worse: Looking for the »Best« Job Undermines Satisfaction. *Psychological Science*, 143-150.

Jocham, G. (2019). *Schneller Entscheidungen bekommen: Die besten Strategien und effektivsten Methoden.* München: Redline Verlag.

Kaber, D. B., Onal, E., & Endsley, M. R. (2000). Design of automation for telerobots and the effect on performance, operator situation awareness, and subjectoive workload. *Human Factors and Ergonomics in Manufacturing, 10*(4), 409-430.

Kahnemann, D. (2012). *Thinking, Fast and Slow.* Penguin.

Kowalczyk, M. (2019). *AI Perception Questionnaire - Vertrauensfördernde Merkmale in der Ausgestaltung von Künstlicher Intelligenz.* Hamburg: Hochschule Fresenius.

Krathwohl, D. R. (2002). A Revision of Bloom's Taxonomy. *Theory into Practice, 41*(4), 212-264.

Kristiansen, P. (2014). *Building a Better Business Using the Lego Serious Play Method.* Wiley.

Kuhn, T. S. (1996). *The Structure of Scientific Revolutions.* Chicago: University of Chicago Press.

Kurzweil, R. (2006). *The Singularity is Near.* Penguin Books.

Landmann, J., & Heumann, S. (2016). *Auf dem Weg zum Arbeitsmarkt 4.0: Mögliche Auswirkungen der Digitalisierung auf Arbeit und Beschäftigung in Deutschland bis 2030.*

Lange, S. (2015). Das Prinzip »Hoffnung« oder die »rosarote Brille«. In S. Lange, *Komplexität im Projektmanagement: Methoden und Fallbeispiele für erfolgreiche Projekte* (S. 9ff). Springer.

Lewis, R., & Lewis, B. (2015). *The Cognitive Enterprise.* MEGAN-KIFFER PR/EC CUBED.

Lickleder, J. C. (1965). The Size of the Body of Recorded Information. In J. C. Lickleder, *Libraries of the Future* (S. 17). Cambridge, Massachusetts: The MIT Press.

Lindblom, C. E. (1959). The Science of Muddling-Through. *Public Administration Review* , 79–88.

Linden, G., Smith, B., & York, J. (2003). Amazon.com Recommendations: Item-to-Item Collaborative FilteringG. *IEEE Internet Computing, 7*(1), 76-80.

McCarthy, J. (1990). Chess as the Drosophila of AI. In T. A. Marsland, & J. Schaeffer, *Computers, Chess, and Cognition* (S. 227-237). New York: Springer.

McCarthy, J. (2004). *What is Artificial Intelligence?*

McCarthy, J., Minsky, M. L., Rochester, N., & Shannon, C. E. (1955). *A Proposal for the Dartmouth Summer Research Project on Artifiical Intelligence.*

McLuhan, M., & Lapham, L. H. (1994). *Understanding Media: The Extensions of Man.* Cambridge, MA: The MIT Press.

Medina, E. (2001, 2004). *Cybernetic Revolutionaries: Technology and Politics in Allende's Chile* . The MIT Press.

Melcher, V., Rauh, S., Diedrichs, F., & Wildroither, H. (2015). Take-Over Requests for Automated Driving. *Procedia Manufacturing, 3*, 2867-2873.

Mintzberg, H. (1980). *The Nature of Managerial Work.* Prentice Hall College Division.

Mont, O., Lehner, M., & Heiskanen, E. (2014). *Nudging - A tool for sustainable behavior?* Stockholm: Swedish Environmental Protection Agency.

Morgan, G. (2006). *Images of Organization.* SAGE Publications.

Muhlhauser, L., & Helm, L. (2012). Intelligence Explosion and Machine Ethics. In A. Eden, J. Soraker, J. H. Moor, & E. Steinhart, *Singularity Hypotheses: A Scientific and Philosophical Assessment.* Berlin: Springer.

Muskalla, S. (2019). *Games with perfect information.* Braunschweig.

Panko, R. R. (2005). What We Know About Spreadsheet Errors. *Journal of End User Computing.*

Parasuraman, R., & Manzey, D. H. (2010). Complacency and Bias in Human Use of Automation: An Attentional Integration. *Human Factors, 52*(3), 381-410.

Parasuraman, R., Sheridan, T. B., & Wilkens, C. (2000). A Model for Types and Levels of Human Interaction. *IEEE Transactions on Systems, Man, and Cybernectics*, 286ff.

Patt, G. A. (2015). Is a Cambrian Explosion Coming for Robotics? *Journal of Economic Perspectives, 29*(3), 51-60.

Pea, R. D. (1985). Beyond Amplification: Using the Computer to Reorganize Mental Functioning. *Educational Psychologist, 20*(4), 167-182.

Perkins, D. N. (1993). Person-plus: a distributed view of thinking and learning. In G. Salomon, *Distributed Cognitions: Psychological and educational considerations* (S. 88-110).

Polyani, M. (1958). *Personal Knowledge. Towards a Post-Critical Philosophy.* London: Routledge.

Price, H. E. (1985). The Allocation of Functions in Systems. *Human Factors, 27*(1), 33-45.

Price, H. E., & Tabachinik, B. J. (1968). *A Descriptive Model for Determining Optimal Human Performance in Systems.* NASA.

Price, H., Smith, E., & Behan, R. (1964). *Utilization of acceptance data in a descriptive model for determining man's role in a system.* NASA CR-95, NASA.

Rastogi, N., & Trivedi, M. K. (2016). PESTLE Technique - A Tool to Identify External Risks in Construction Projects. *International Research Journal on Engineering and Technology, 3*(1), 384-388.

Ribeiro, M. T., Singh, S., & Guestrin, C. (2016). »Why Should I Trust You?«: Explaining the Predictions of Any Classifier. *arXiv.org*, 1-10.

Rittel, H. W., & Webber, M. M. (1973). Dilemmas in a general theory of planning. *Policy Sciences*, 155-169.

Roxburgh, C. (2009). The use and abuse of scenarios. *McKinsey & Company.*

Rudolph, J. W., Morrison, J. B., & Carroll, J. S. (2009). The Dynamics of Action-Oriented Problem Solving: Linking Interpretation and Choice. *Academy of Management Review, 34*(4).

Russell, S. J., & Norvig, P. (2015). *Artificial Intelligence: A Modern Approach.* Pearson.

Sammonicus, Q. S., & Vollmer, F. (kein Datum). Liber medicinalis. In *Corpus medicorum Latinorum.*

Sarasvathy, S. D. (2003). Entrepreneurship as a science of the artificial. *Journal of Economic Psychology*, 203-220.

Sarby, A. (2016). *SWOT-Analysis.* Spectaris.

Satchell, P. M. (1998). *Innovation and Automation.* London, UK: Ashgate.

Schwartz, P. (1996). *The Art of the Long View: Planning for the Future in an Uncertain World.* Currency.

Schwartzman, H. B. (1989). *The Meeting: Gatherings in Organizations and Communities.* Berlin: Springer.

Sheridan, T. B. (1980). Computer Control and Human Alienation. *Technology Review, 83*(1), 60-73.

Sheridan, T. B. (1997). Task Analysis, Task Allocation and Supervisory Control. In M. Helander, T. Landauer, & P. Prabhu, *Handbook of Human-Computer Interaction* (S. 87ff). Elsevier Science B.V.

Sheridan, T. B., & Verplank, W. L. (1978). *Human and Computer Control of Undersea Teleoperators.* Cambridge, MA: Naval Research.

Simon, H. A. (1982). *Models of Bounded Rationality, Volume 1: Economic Analysis and Public Policy.* Cambridge, MA: The MIT Press.

Simon, H. A., & Newell, A. (Jan/Feb 1958). Heuristic Problem Solving: The Next Advance in Operations Research. *Operations Research, 6*(1), 1-10.

Spearman, C. (1926). *The Ability of Man.* London: MacMillan and Co.

SPIEGEL, D. (1970). System Orakel. *DER SPIEGEL*, 41f.

Stern, W. (1914). *The Psychological Methods of Testing Intelligence.* Warwick & York.

Sullivan, D. (2020). *Simplifier-Multiplier Collaboration: Identify your fundamental value-creation activity and discover a world of collaboration opportunities.* Author Academy Elite.

Sundar, S. S. (2020). Rise of Machine Agency: A Framework for Studying the Psychology of Human-AI Interaction (HAII). *Journal of Computer-Mediated Communication*, 1-15.

Taleb, N. N. (2014). *Antifragile: Things That Gain from Disorder.* Random House Trade Paperbacks.

Tegmark, M. (2018). *Life 3.0: Being Human in the Age of Artificial Intelligence.* Vintage.

Thaler, R. H., & Sunstein, C. R. (2009). *Nudge: Improving Decisions Abouth Health, Wealth, and Happiness.* Penguin Books.

Thibodeau, P. H., & Boroditsky, L. (2011). Metaphors We Think With: The Role of Metaphor in Reasoning. *PLOS ONE*. Von https://journals.plos.org/plosone/article?id=10.1371/journal.pone.0016782 abgerufen

Turing, A. M. (1936). On Computable Numbers, with an Application to the Entscheidungsproblem. 230-265.

Turing, A. M. (1950). Computing Machinery and Intelligence. *Mind*, 433-460.

Varum, C., & Melo, C. (2010). Directions in Scenario Planning Literature: A Review of the Past Decades. *Futures*.

Vester, F. (1991). *Leitmotiv vernetzes Denken. Für einen besseren Umgang mit der Welt.* München: Heyne Verlag.

Wallach, W., & Allen, C. (2010). *Moral Machines: Teaching Robots Right from Wrong.* Oxford: Oxford University Press.

Wang, D., Khosla, A., Gargeya, R., Irshad, H., & Beck, A. H. (2016). Deep Learning for Identifying Metastatic Breast Cancer. *arXiv:1606.05718v1*, 1-6.

Wechsler, D. (1946). *The Wechsler-Bellevue Intelligence Scale, Form II: Manual for Administering and Scoring the Test.* Psychological Corporation.

Wegner, D. M. (1987). Transactive Memory: A Contemporary Analysis of the Group Mind. In B. Mullen, & G. Goethals, *Theories of Group Behaviors* (S. 185-208). New York, NY: Springer.

Weick, K. E. (1993). The Collapse of Sensemaking in Organizations: The Mann Gulch Disaster. *Administrative Science Quarterly, 38*, 638-652.

Weick, K. E. (1995). *Sensemaking in the Organizations.* Sage Publications.

Weick, K. E., Sutcliffe, K. M., & Obstfeld, D. (2005). Organizing and the process of sensemaking and organizing. *Organization Science, 16*(4), 409-421.

Wickens, C. D., & Hollands, J. G. (2000). Attention and Perception in Space. In C. D. Wickens, & J. G. Hollands, *Engineering Psychology and Human Performance* (S. 69ff). New Jersey: Prentice-Hall.

Williams, T. J. (1999). Establishment of the Place of the Human in Enterprise Integration. *14th Triennial World Congress* (pp. 157-162). Bejing, China: IFAC.

Wittgenstein, L., & Schulte, J. (1921, 1999). *Tractatus logico-philosophicus.* Suhrkamp.

Zamenhof, L. L. (1905). *Fundamento de Esperanto.*

Zhao, F., Bottjer, D. J., Hu, S., Yin, Z., & Zhu, M. (2013). Complexity and diversity of eyes in Early Cambrian ecosystems. *Sci Rep*, 3:2751.

Stichwortverzeichnis

M

N

O

P

Anhang

6-Stufen-Modell der Automation des Entscheidens

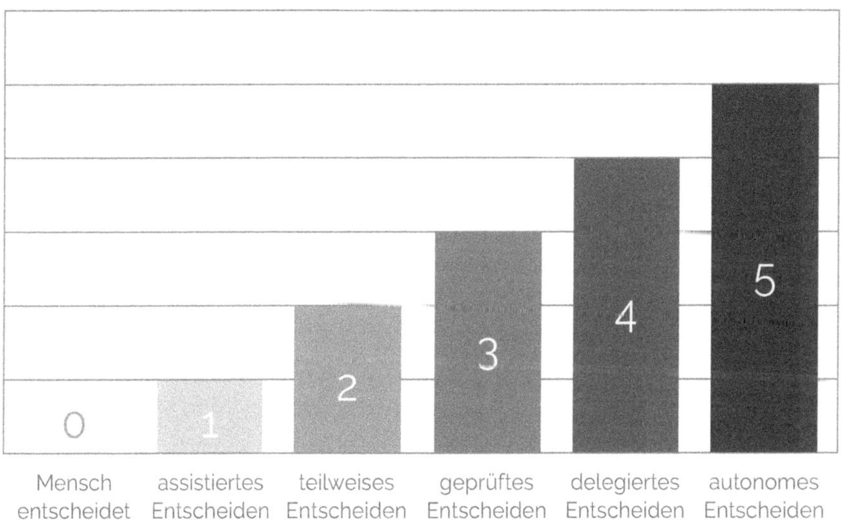

6-Stufen-Modell

Matrix der Entscheidungsallokation

	0	**1**	**2**	**3**	**4**	**5**
	Mensch entschei-det	Assistiertes Entschei-den	Teilweises Entschei-den	Geprüftes Entschei-den	Delegiertes Entschei-den	Maschine entschei-det
Erfassen	(1.1)	(1.2)	(1.3)	(1.4)	(1.5)	(1.6)
Verarbei-ten	(2.1)	(2.2)	(2.3)	(2.4)	(2.5)	(2.6)
Beurteilen	(3.1)	(3.2)	(3.3)	(3.4)	(3.5)	(3.6)
Reagieren	(4.1)	(4.2)	(4.3)	(4.4)	(4.5)	(4.6)

Weitere Fragen für Dialoge über die Automation des Entscheidens

Sie können die Automation des Entscheidens aus mehreren Perspektiven betrachten. Jede nimmt einen anderen Aspekt in den Fokus, um besser mit künstlicher Intelligenz umgehen zu können: Verstehen, Untersuchen, Erproben oder Umsetzen. Jede Perspektive stimuliert eine andere Art von Dialog, um ein Problem der künstlichen Intelligenz zu beantworten, und jede wird zu anderen Antworten führen. Stellen Sie die richtigen Fragen, steigen sowohl die Anzahl als auch die Qualität der Antworten.

Im Folgenden finden Sie typische Fragen für jeden Dialogtyp. Sie entstehen, wenn man sich vornimmt, sich eine Zeit lang auf einen bestimmten Aspekt zu konzentrieren. Je disziplinierter Sie zwischen diesen vier Perspektiven wechseln können, desto mehr wird Ihnen die Automation des Entscheidens dienen. Alle Fragen sind lediglich Beispiele, die Listen sind also nicht erschöpfend, sondern dienen als Anregung, um noch bessere Fragen zu finden, die Ihr Kernproblem wirklich beschreiben, für das künstliche Intelligenz eine Antwort liefern könnte.

Noch ein Hinweis: Gute Fragen zu finden ist wichtiger, aber auch sehr viel schwieriger, als gute Antworten zu liefern. Denn es ist egal, wie viele gute Antworten Sie auf falsche Fragen finden. Nur für gute Fragen sollten Sie sich überhaupt auf die Suche nach guten Antworten begeben! Je besser Sie erkennen, was das eigentliche Problem ist, das gelöst werden soll, desto leichter wird es Ihnen fallen, passende Antworten zu finden.

Verstehen

- Wie viele Stufen umfasst die Automation des Entscheidens?
- Was genau ist assistiertes/teilweises/bestätigtes/delegiertes Entscheiden?
- Welche vier Schritte umfasst jede Entscheidung?
- Wie grenzen sich die Stufen voneinander ab?
- Warum sind es so viele Stufen? Warum so wenige?
- Auf welcher Stufe befinden wir uns?
- Auf welche Stufe wollen wir springen?
- Was bedeutet die Automation des Entscheidens auf Stufe 0 bis Stufe 5?
- Was bedeutet das Zuteilen von Verantwortung?
- Warum ist eine Dampfmaschine ein Beispiel für die Automation des Entscheidens?
- Welche anderen Maschinen treffen automatisch Entscheidungen?
- Wie unterscheiden sich die Stufen der Automation des Entscheidens?
- Wie verändert sich das Zuteilen von Verantwortung über die sechs Stufen der Automation?
- Was beschreibt die Endpunkte des Kontinuums der Automation des Entscheidens?
- Was ist der Mensch in der Schleife *(human in the loop)*?
- Wie verändert sich das Vertrauen in die Automation des Entscheidens von Stufe 0 zu Stufe 5?
- Wie erklärt man die Automation des Entscheidens anhand eines Heizungsreglers?
- Was passiert, wenn man eine Stufe der Automation des Entscheidens überspringen würde?

Untersuchen

- Was ist genau (assistiertes, geprüftes, delegiertes, ...) Entscheiden, wenn es zwischen Mensch und Maschine aufgeteilt wird?
- Wer übernimmt Verantwortung für Entscheidungen?
- Wer delegiert Verantwortung? Wer präzisiert sie?
- Wie viele Stufen der Automation entsprechen unserem Bedarf? Eher drei oder eher zehn?
- Was passiert, wenn die Kontrolle im Ausnahmefall wieder an die Mitarbeiter übergeben wird?
- Was bedeutet es, eine Entscheidung an die Maschine zu delegieren?
- Welche Konsequenzen hat das heute?
- Was passiert nach einer Entscheidung?
- Was geht einer Entscheidung voraus?
- Was wird nicht entschieden? Warum?
- Gibt es Lücken für Entscheidungsprozesse? Organisationale? Psychologische? Moralische? Ethische? Kulturelle?
- Kann eine Maschine eine Entscheidung verantworten?
- Gibt es versteckte Annahmen über den Ablauf von Entscheidungen?
- Wie finden wir diese?
- Wie schließen wir aus, dass es welche gibt?
- Warum gibt es bei uns diese Zuteilung von Verantwortung für eine Entscheidung zwischen Mensch und Maschine?
- Sind diese Gründe plausibel? Wenn nein, warum nicht?
- Was wollen wir herausfinden?
- Haben wir ein Problem mit Entscheidungen oder mit etwas anderem?
- Wer hat das Problem mit Entscheidungen?
- Wie oft taucht es auf?
- Unter welchen Umständen?
- Wann ist es da? Und wann nicht?
- Welche Annahmen über Entscheidungen können wir bezweifeln?
- Welche Annahmen zu Entscheidungen sollten wir bezweifeln?

- Wo und wie wird entschieden, ohne dass es jemand merkt?
- Was ist eine schlechte und was ist eine gute Entscheidung?
- Wann ist eine Entscheidung mittelmäßig?
- Muss eine Entscheidung »die beste« sein, oder reicht eine mittelmäßige?
- Wer profitiert von Entscheidungen?
- Wer leidet darunter?

Erproben

- Auf welcher Stufe der Automation des Entscheidens sollten Mensch und Maschine idealerweise interagieren?
- Wie viel Verantwortung können wir einer Maschine übertragen?
- Was wäre maximal möglich?
- Was würde das bedeuten?
- Wie verändert sich das Vertrauen in Maschinen abhängig von der Stufe?
- Wer übernimmt Verantwortung, wenn eine Maschine Entscheidungen trifft, die sich im Nachhinein als falsch herausstellen?
- Was genau bringt uns die vollständige Automation dieser Entscheidung?
- Was ist das Schlimmste, was bei vollständiger Automation dieser Entscheidung passieren kann?
- Wollen wir die Konsequenzen wirklich tragen?
- Wie gehen wir mit einer automatischen Entscheidung um, die nicht eindeutig und nicht erklärbar ist?
- Muss eine Entscheidung im Nachhinein erklärbar sein, oder reicht es, dass sie getroffen wurde?
- Welche andere Entscheidung funktioniert genauso wie diese?
- Was könnten wir davon lernen?
- Was könnte passieren, wenn wir mit der Automation dieser Entscheidung falsch lägen?

- Wenn uns bereits alles eingefallen ist, um diese Entscheidung zu automatisieren: Was könnte uns noch eingefallen?
- Wie würde diese Entscheidung fallen, wenn wir eine Imbissbude betreiben würden? Oder ein Krankenhaus? Oder ein Theater?
- Was macht es mit Menschen, wenn diese Entscheidung zukünftig zum Teil von Maschinen abhängt?
- Wie verändert sich das Selbstverständnis von Menschen, wenn ihnen Verantwortung für diese Entscheidung abgenommen wird?
- Wie können wir das auffangen und thematisieren?
- Bringt uns mehr Automation dem Ziel der Entscheidungen näher?
- Haben wir unser Ziel aus den Augen verloren?
- Oder noch gar keines vor Augen gehabt?
- Sollten wir das Thema liegen lassen und später wieder aufgreifen?
- Können wir mehrere Schritte gehen, um die Entscheidung zu automatisieren?
- Wollen wir diese Entscheidung stückweise automatisieren oder einen radikalen Schnitt?
- Werden Benutzer das akzeptieren?
- Welche Stärken können Benutzer ausspielen, wenn wir Teile der Entscheidung automatisieren?

Umsetzen

- Welche Expertise benötigen wir, um das gesteckte Ziel zu erreichen?
- Was könnte der erste Meilenstein eines Projekts sein?
- Wollen wir in mehreren Schritten vorgehen?
- In welcher Zeit ist das Projekt umsetzbar?
- Wer übernimmt welche Aufgabe?
- Wie würde ein Experiment aussehen, um die Projektidee zu validieren?
- Welche Expertise benötigen wir, um unser Ziel zu erreichen?
- In welcher Zeit ist das machbar?

- Wie lange braucht es, um diese Entscheidung zu automatisieren?
- Wie lautet das minimale Ziel, um anzufangen? Welches ist das maximale?
- Was ist das Beste, was bei der Umsetzung passieren kann?
- Und das Schlimmste?
- Welche Voraussetzungen müssen wir schaffen, um diese Automation umzusetzen?
- Was ist der richtige Zeitpunkt, um zu beginnen?
- Sollten wir sofort umsetzen oder abwarten?
- Wen müssen wir überzeugen, um diese Entscheidung umzusetzen?
- Wer könnte dagegen sein?
- Wer würde uns unterstützen?
- Was müssen wir in der Organisation berücksichtigen, wenn diese Entscheidung automatisiert wird?
- Wie nehmen wir die von der Automation betroffenen Benutzer mit?

Anmerkungen

1 https://www.patmetheny.com/orchestrioninfo/
2 https://de.wikipedia.org/wiki/Orchestrion
3 (Kurzweil, 2006)
4 https://de.gimmemore.com/de/play/0E9VYU/complete/W6V2OPR4URLM
5 https://www.youtube.com/watch?v=Kc-jq06IKtk
6 https://de.wikipedia.org/wiki/Inselbegabung
7 https://ericveldkamp.wordpress.com/
8 (Spearman, 1926)
9 (Gartner, 2011)
10 (Wechsler, 1946)
11 (Binet & Simon, 1916)
12 (Stern, 1914)
13 (Hofstätter, 1966)
14 (Gottfredson, 1994)
15 (Boring, 1923)
16 https://www.ibmbigdatahub.com/blog/measuring-artificial-intelligence-quotient
17 https://de.wikipedia.org/wiki/Enigma_(Maschine)
18 https://de.wikipedia.org/wiki/Turingmaschine
19 (Turing, 1936)
20 (Turing, 1950)
21 https://www.bbc.com/news/technology-27762088
22 https://de.wikipedia.org/wiki/Terroranschl%C3%A4ge_am_13._November_2015_in_Paris
23 https://www.welt.de/politik/deutschland/article148969193/Ein-Teil-dieser-Antworten-wuerde-die-Bevoelkerung-verunsichern.html
24 https://futureoflife.org/ai-open-letter-german
25 »Das ist groß: Ein Robo-Autor führ gerade quer durchs Land.« (Übs.)
26 https://www.wired.com/2015/04/delphi-autonomous-car-cross-country/
27 »Die erste länderübergreifende, autonome Autoreise ist ein ethisches Minenfeld.« (Übs).
28 https://gizmodo.com/the-first-cross-country-autonomous-car-trip-is-an-ethi-1831214978
29 (Frey & Osborne, 2013, S. 1)
30 (ING-Diba, 2015)
31 (Dengler & Matthes, 2015)
32 https://www.assemblymag.com/articles/94982-lights-out-automation-fact-or-fiction
33 (Fitts, 1951)
34 (Dekker & Woods, 2002)
35 (Frey & Osborne, 2013)
36 (Frey & Osborne, 2013)
37 https://learningenglish.voanews.com/a/report-25-percent-of-us-jobs-at-risk-of-being-lost-to-machines/4765463.html
38 https://job-futuromat.iab.de/
39 (Curley & Formica, 2013)
40 (Taleb, 2014)
41 https://en.wikipedia.org/wiki/Archimedes_Palimpsest
42 (McCarthy, Minsky, Rochester & Shannon, 1955)
43 https://de.wikipedia.org/wiki/Dartmouth_Conference

44 »Wissenschaft und Technik der Herstellung intelligenter Maschinen.« (Übs.)
45 (McCarthy, 2004)
46 https://de.wikipedia.org/wiki/General_Problem_Solver
47 (Simon & Newell, 1958)
48 https://www.w.tu-berlin.de//erhard.k/pubg.html
49 https://de.wikipedia.org/wiki/KI-Winter
50 (Ribeiro, Singh, & Guestrin, 2016)
51 https://de.wikipedia.org/wiki/Fliehkraftregler
52 (Russell & Norvig, 2015)
53 https://en.wikipedia.org/wiki/Analytical_Engine
54 https://en.wikipedia.org/wiki/Z3_(computer)
55 https://www.ques10.com/p/15651/differentiate-between-general-purpose-machines-and/
56 https://www.lexico.com/definition/artificial_intelligence
57 https://www.sas.com/en_us/insights/analytics/what-is-artificial-intelligence.html
58 https://www.forbes.com/sites/bernardmarr/2018/02/14/the-key-definitions-of-artificial-intelligence-ai-that-explain-its-importance/#2ab180f94f5d
59 https://en.wikipedia.org/wiki/Weak_AI
60 https://en.wikipedia.org/wiki/Artificial_general_intelligence
61 (Muhlhauser & Helm, 2012)
62 (Bostrom, 2016)
63 (Flynn, 2009)
64 (Perkins, 1993, S. 92)
65 (Ribeiro, Singh, & Guestrin, 2016)
66 https://ana.blogs.com/maestros/2006/11/data_is_the_new.html & https://www.economist.com/leaders/2017/05/06/the-worlds-most-valuable-resource-is-no-longer-oil-but-data
67 https://www.amazon.science/the-history-of-amazons-recommendation-algorithm
68 (Linden, Smith, & York, 2003)
69 https://en.wikipedia.org/wiki/IPv4
70 https://de.wikipedia.org/wiki/IPv6
71 https://www.information-age.com/europes-artificial-intelligence-start-ups-123480055/
72 https://de.wikipedia.org/wiki/Agilit%C3%A4t_(Management)#:~:text=Agilit%C3%A4t%20ist%20ein%20Merkmal%20des,agieren%2C%20um%20notwendige%20Ver%C3%A4nderungen%20einzuf%C3%BChren.
73 https://en.wikipedia.org/wiki/Digital-to-analog_converter
74 (Rittel & Webber, 1973)
75 https://en.wikipedia.org/wiki/General_purpose_technology
76 https://hbr.org/2018/11/using-experiments-to-launch-new-products
77 https://de.wikipedia.org/wiki/Metropolis_(Film)
78 https://en.wikipedia.org/wiki/Colossus:_The_Forbin_Project
79 https://de.wikipedia.org/wiki/Blade_Runner
80 (Holtel, 2016)
81 (Gryc, Helander, Lawrence, & Liu, 2009)
82 (Kristiansen, 2014)
83 (Weick K. E., 1995)
84 (Lewis & Lewis, 2015)
85 (Lindblom, 1959)
86 (Landmann & Heumann, 2016)
87 https://www.history.com/topics/inventions/model-t#:~:text=Selling%20the%20Model%20T,-Released%20on%20October&text=The%20Model%20T%20was%20the,was%20to%20continue%20lowering%20prices.
88 https://myautoworld.com/ford/history/ford-t/ford-t.html#:~:text=Ford%20Model%20T%201908%20to%201927&text=Production%20of%20the%20Ford%20Model,its%20record%20in%20the%201970s.
89 http://www.henry-ford.net/deutsch/zitate.html

90 (Devine, 1983)
91 (Bresnahan & Trajtenberg, 1995), (Hogendorn & Frischmann, 2020)
92 https://en.wikipedia.org/wiki/Robert_Williams_(robot_fatality)#:~:text=Robert%20Williams%20(May%202%2C%201953,arm%20on%20January%2025%2C%201979.
93 https://en.wikipedia.org/wiki/Agency_(sociology)
94 https://en.wikipedia.org/wiki/Social_bot
95 https://archive.mishtalk.com/2016/05/16/teachers-assistants/
96 https://www.nationalgeographic.com/travel/destinations/asia/japan/in-japan--a-buddhist-funeral-service-for-robot-dogs/
97 https://www.japantimes.co.jp/news/2019/08/15/business/tech/kyoto-temple-robot-priest/#.XuE6LUUzZnI
98 https://thenextweb.com/artificial-intelligence/2019/08/27/developer-who-started-a-church-to-worship-ai-indicted-for-stealing-ai/
99 https://www.goethe.de/de/kul/wis/20365610.html#:~:text=Das%20%E2%80%9Eprometheische%20Gef%C3%A4lle%E2%80%9C,eigentlichen%20Subjekt%20der%20Geschichte%20geworden.
100 (Brynjolfsson & McAfee, 2016)
101 (Zhao, Bottjer, Hu, Yin, & Zhu, 2013)
102 (Patt, 2015)
103 (Hasher, Goldstein, & Toppino, 1977)
104 (Fazio, Brashier, Payne, & Marsh, 2015)
105 https://www.wired.com/2017/02/dont-believe-lies-just-people-repeat/
106 (Frey & Osborne, 2013)
107 (Kurzweil, 2006)
108 (Wallach & Allen, 2010)
109 https://ai100.stanford.edu/history-1
110 https://ai100.stanford.edu/
111 https://ai100.stanford.edu/2016-report
112 https://ai100.stanford.edu/workshop
113 https://ai100.stanford.edu/ai-index
114 (Lickleder, 1965, S. 17)
115 https://www.wired.com/2016/02/the-best-ai-still-flunks-8th-grade-science/
116 https://www.wired.com/2016/03/sadness-beauty-watching-googles-ai-play-go/
117 https://www.wired.com/2016/03/sadness-beauty-watching-googles-ai-play-go/
118 https://www.simscale.com/blog/2017/12/nasa-mars-climate-orbiter-metric/
119 https://www.worldometers.info/world-population/#:~:text=The%20current%20world%20population%20is,currently%20living)%20of%20the%20world.
120 https://www.who.int/whr/2006/06_chap1_en.pdf
121 https://www.bls.gov/oes/current/oes192011.htm
122 https://en.wikipedia.org/wiki/Labor_force_in_the_United_States
123 https://en.wikipedia.org/wiki/Groupthink#:~:text=Groupthink%20is%20a%20psychological%20phenomenon,or%20dysfunctional%20decision%2Dmaking%20outcome.
124 (Kuhn, 1996)
125 (McLuhan & Lapham, 1994)
126 (Rastogi & Trivedi, 2016)
127 (Muhlhauser & Helm, 2012), (Bostrom, 2016)
128 https://www.ifz-muenchen.de/veranstaltungen/termin/datum/2017/12/14/wer-miteinander-redet-schiesst-nicht-aufeinander/
129 (Zamenhof, 1905)
130 https://kristianmitk.wordpress.com/2016/10/22/kritik-an-esperanto-teil-1/
131 https://en.wikipedia.org/wiki/Butler_English
132 https://en.wikipedia.org/wiki/Eskimo_Trade_Jargon
133 https://en.wikipedia.org/wiki/International_Sign
134 (Thibodeau & Boroditsky, 2011)
135 https://journals.plos.org/plosone/article?id=10.1371/journal.pone.0016782

136 https://de.wikipedia.org/wiki/Wie_es_euch_gef%C3%A4llt
137 (Morgan, 2006)
138 https://de.wikipedia.org/wiki/Ich_bin_so_wild_nach_deinem_Erdbeermund
139 https://en.wikipedia.org/wiki/Tree_of_life_(biology)
140 (Clausewitz, 2008)
141 https://de.wikipedia.org/wiki/Datenautobahn#:~:text=Der%20Begriff%20Datenautobahn%20(auch%3A%20Datenhighway,verwendete%20Metapher%20f%C3%BCr%20das%20Internet.
142 https://de.wikipedia.org/wiki/Opium_des_Volkes
143 https://en.wikipedia.org/wiki/Gray_goo
144 https://de.wikipedia.org/wiki/Paretoprinzip
145 https://www.youtube.com/watch?v=iLu9XyZ55ol
146 https://optional.is/required/2020/02/19/material-misanthropic-principals-matt-jones/
147 (Tegmark, 2018)
148 (Hofstadter, 2008)
149 https://www.welt.de/print-welt/article652666/Computer-schlaegt-Kasparow.html
150 (McCarthy, 1990)
151 https://de.wikipedia.org/wiki/Drosophila_melanogaster
152 (Davenport & Harris, 2005)
153 (Muskalla, 2019)
154 https://de.wikipedia.org/wiki/Abz%C3%A4hlbare_Menge
155 https://www.schachbund.de/srk-downloads.html
156 https://en.wikipedia.org/wiki/Advanced_chess
157 https://medium.com/@ameet/cognitive-systems-and-artificial-intelligence-according-to-ibm-eb03f4d663b6
158 (Wegner, 1987)
159 https://www.ibm.com/watson/stories/creditmutuel/
160 https://www.theguardian.com/technology/2020/may/30/microsoft-sacks-journalists-to-replace-them-with-robots
161 https://link.springer.com/article/10.1186/s12544-018-0326-4
162 https://www.assemblymag.com/articles/94982-lights-out-automation-fact-or-fiction
163 https://www.assemblymag.com/articles/90173-automation-profiles--robots-help-philips-shave-assembly-costs-
164 https://www.assemblymag.com/articles/92436-assembly-plant-of-the-year-stihl-stays-a-cut-above-the-competition
165 https://www.fanuc.co.jp/en/profile/production/factory1.html#robotfactory
166 https://twitter.com/elonmusk/status/984882630947753984?lang=en
167 (Frey & Osborne, 2013), (ING-Diba, 2015)
168 (DARE2; Bloch & Ostergaard, 2016),
169 (Sammonicus & Vollmer)
170 https://airandspace.si.edu/exhibitions/america-by-air/online/heyday/heyday11.cfm
171 (Fitts, 1951)
172 (Fitts, 1951, S. 10)
173 https://www.sciencedirect.com/science/article/pii/S2351978915006423
174 (Price H. E., 1985, S. 35)
175 (Dekker & Woods, 2002)
176 (Sheridan, 1997)
177 https://en.wikipedia.org/wiki/Human-in-the-loop
178 https://www.theguardian.com/technology/2016/jun/30/tesla-autopilot-death-self-driving-car-elon-musk
179 https://www.forbes.com/sites/amitchowdhry/2014/03/18/facebooks-deepface-software-can-match-faces-with-97-25-accuracy/
180 https://www.idigitalhealth.com/news/ibm-watson-health-cancer-oncology-decision-making
181 (Wang, Khosla, Gargeya, Irshad, & Beck, 2016)
182 (Clark & Chalmers, 1998, S. 10)

183 (Wittgenstein & Schulte, 1921, 1999)
184 (Flyvbjerg, 2014)
185 https://apps.apple.com/us/app/dots-a-game-about-connecting/id632285588
186 https://scipol.duke.edu/content/very-human-problem-blocking-path-self-driving-cars
187 (Frohm, Lindström, Stare, & Winroth, 2008)
188 (Satchell, 1998)
189 (Price H. E., 1985, S. 37)
190 https://www.latimes.com/world/la-fg-norway-cruise-ship-sky-20190327-story.html
191 (Frohm, Lindström, Stare, & Winroth, 2008, S. 23)
192 https://spectrum.ieee.org/biomedical/diagnostics/how-ibm-watson-overpromised-and-underdelivered-on-ai-health-care
193 (Bainbridge, 1983, S. 776)
194 (Kaber, Onal, & Endsley, 2000)
195 (Endsley, 1997), (Parasuraman, Sheridan, & Wilkens, 2000)
196 (Higginbotham, 2019)
197 (Alberdi, Povyakalo, & Ayton, 2009), (Parasuraman & Manzey, 2010)
198 https://www.wired.com/2016/06/teslas-autopilot-first-deadly-crash/
199 (Dreibelbis, Kroeger, Hossain, Venkatesh, & Ram, 2016)
200 (Thaler & Sunstein, 2009)
201 (Mont, Lehner, & Heiskanen, 2014)
202 https://www.reuters.com/article/us-amazon-com-jobs-automation-insight/amazon-scraps-secret-ai-recruiting-tool-that-showed-bias-against-women-idUSKCN1MK08G
203 https://www.macrotrends.net/stocks/charts/AMZN/amazon/number-of-employees
204 (Weick K. E., 1995)
205 (Weick K. E., 1995)
206 (Weick, Sutcliffe, & Obstfeld, 2005)
207 (Ancona, 2011)
208 (Weick, Sutcliffe, & Obstfeld, 2005)
209 (Vester, 1991)
210 (Weick K. E., 1995)
211 (Diehm, Kierkegaard, & Fauteck, 2005)
212 https://en.wikipedia.org/wiki/Air_France_Flight_447
213 (Weick K. E., 1993)
214 (Bault & Rusconi, 2020)
215 (Bloom, Englehart, Furst, W. Hill, & Krathwohl, 1956)
216 (Anderson & Krathwohl, 2001), (Krathwohl, 2002)
217 (Parasuraman, Sheridan, & Wilkens, 2000, S. 288)
218 https://en.wikipedia.org/wiki/Murphy%27s_law
219 https://www.kurzweilai.net/googles-self-driving-car-gathers-nearly-1-gbsec
220 https://cneos.jpl.nasa.gov/pd/cs/pdc17/Chodas-Day2-Briefing.pdf
221 (Endsley & Kiris, 1995)
222 (Billings, 1997)
223 https://en.wikipedia.org/wiki/Boeing_737_MAX_groundings
224 (Medina, 2001, 2004)
225 (Beer, 1959)
226 (Medina, 2001, 2004, S. 85f)
227 (Medina, 2001, 2004, S. 87)
228 (Badea, 2014)
229 https://www.jstor.org/stable/2392088?seq=1
230 https://jorgdesign.springeropen.com/articles/10.1186/s41469-017-0024-z
231 (Weick K. E., 1995)
232 https://www.eisenhower.me/eisenhower-matrix/
233 https://www.itbusiness.ca/blog/hong-kong-vc-firm-appoints-ai-to-board-of-directors/48815

234 (SPIEGEL, 1970, S. 41)
235 (SPIEGEL, 1970, S. 41)
236 (SPIEGEL, 1970, S. 41)
237 https://www.nationalgeographic.com/science/space/universe/origins-of-the-universe/#:~:-text=A%20Belgian%20priest%20named%20Georges,from%20a%20single%20primordial%20atom.
238 (Iyengar & Lepper, 2000)
239 https://www.nielsen.com/us/en/insights/article/2019/choose-it-or-lose-it-media-choice-abounds-but-many-americans-stay-with-what-they-know/
240 https://bemanaged.com/the-surprising-paradox-of-choice-in-401k-plan/
241 http://www.economia48.com/deu/d/metaentscheidung/metaentscheidung.htm
242 (Morgan, 2006)
243 (Kowalczyk, 2019)
244 (Burk, Goldstine, & Neumann, 1946)
245 (Pea, 1985)
246 (Panko, 2005)
247 (Panko, 2005)
248 https://www.space.com/26593-apollo-11-moon-landing-scariest-moments.html
249 https://www.houston.org/news/houston-tranquility-base-here-eagle-has-landed
250 https://www.amazon.com/One-Giant-Leap-Untold-Story/dp/1501106295
251 https://www.space.com/26604-apollo-11-failure-nixon-speech.html
252 https://www.syfy.com/syfywire/why_armstrong_thought_the
253 (Sheridan & Verplank, 1978), (Frohm, Lindström, Stare, & Winroth, 2008)
254 https://de.wikipedia.org/wiki/Polytetrafluorethylen
255 https://en.wikipedia.org/wiki/Blade_Runner
256 https://bladerunner.fandom.com/wiki/Voight-Kampff_test
257 https://de.wikipedia.org/wiki/R.U.R.
258 (Chiantella, 1982),
259 (Frohm, Lindström, Stare, & Winroth, 2008)
260 (Sheridan, 1980)
261 (Billings, 1997)
262 (Endsley, 1997)
263 (Satchell, 1998)
264 (Parasuraman, Sheridan, & Wilkens, 2000)
265 (Groover, 2001)
266 (Groover, 2001)
267 https://ntrs.nasa.gov/search.jsp?R=19790007441
268 (Sundar, 2020)
269 https://www.abiresearch.com/press/abi-research-forecasts-8-million-vehicles-ship-sae-level-3-4-and-5-autonomous-technology-2025/
270 https://www.money4yourmotors.com/driving-features/tyre-testing-at-continentals-contid-rom/994
271 https://www.welt.de/motor/article158655634/Der-Mann-der-dem-Auto-das-Sehen-beibrachte.html
272 https://www.sae.org/news/press-room/2018/12/sae-international-releases-updated-vi-sual-chart-for-its-%E2%80%9Clevels-of-driving-automation%E2%80%9D-standard-for-self-dri-ving-vehicles
273 (Price H. E., 1985)
274 (Panko, 2005)
275 https://www.researchgate.net/publication/32231257_Beyond_Amplification_Using_the_Compu-ter_to_Reorganize_Mental_Functioning
276 https://www.eenewspower.com/news/ai-provides-predictive-maintenance-wind-turbines
277 (Melcher, Rauh, Diedrichs, & Wildroither, 2015)
278 (Endsley, 1995)
279 (Kahnemann, 2012)

280 (Price H. E., 1985)
281 (Williams, 1999)
282 https://www.smithsonianmag.com/science-nature/best-books-about-apollo-program-and-landing-moon-180972653/
283 (Price, Smith, & Behan, 1964)
284 https://www.bbc.com/news/business-52040532
285 (Price H. E., 1985)
286 (Price H. E., 1985, S. 33)
287 (Awad, et al., 2018)
288 (Price & Tabachinik, 1968)
289 https://en.wikipedia.org/wiki/Amazon_Alexa
290 https://de.wikipedia.org/wiki/Morphologische_Analyse_(Kreativit%C3%A4tstechnik)#:~:text=-Der%20morphologische%20Kasten%20ist%20eine,das%20Kernst%C3%BCck%20der%20morphologischen%20Analyse.
291 https://www.whu.edu/
292 https://www.whu.edu/de/programme/master-of-science-programme/master-in-finance/
293 https://www2.deloitte.com/de/de/pages/financial-services/articles/future-of-private-banking-and-wealth-management.html
294 https://de.wikipedia.org/wiki/Robo-Advisor
295 https://www.robo-advisor.de/wissen/stiftung-warentest-robo-advisor/#Stiftung_Warentest_Was_wurde_getestet
296 https://www.slogans.de/slogans.php?BSelect%5B%5D=379
297 (Schwartz, 1996), (Fink & Siebe, 2016)
298 (Gausemeier, Kespohl, & Pfänder, 2012)
299 (Roxburgh, 2009)
300 (Varum & Melo, 2010)
301 https://de.wikipedia.org/wiki/Beet
302 https://www.bundesfinanzministerium.de/Content/DE/Standardartikel/Themen/Internationales_Finanzmarkt/2016-11-21-Gutachten-Langfassung.pdf?__blob=publicationFile&v=3
303 https://www.bitkom.org/Bitkom/Mitgliedschaft/Get-Started-Mitglied-werden/index.jsp
304 https://www.bitkom.org/Bitkom/Publikationen/Kuenstliche-Intelligenz-verstehen-als-Automation-des-Entscheidens.html
305 https://de.wikipedia.org/wiki/Beet
306 (Sarasvathy, 2003, S. 206)
307 https://en.wikipedia.org/wiki/Critical_thinking
308 https://www.didacta.de/
309 (Grattoni, 2017)
310 https://today.yougov.com/topics/lifestyle/articles-reports/2014/09/23/poll-results-coffee-and-tea
311 https://medium.com/@micobo/develoments-of-the-robo-advisory-market-in-germany-2018-3821cf240da1
312 https://en.wikipedia.org/wiki/D%C3%A9formation_professionnelle
313 https://support.google.com/websearch/answer/4815696?visit_id=637261906389306891-702485463&rd=3
314 (Elwyn, et al., 2012)
315 https://de.wikipedia.org/wiki/Szenariotechnik#:~:text=Die%20Szenariotechnik%20ist%20eine%20Methode,zu%20analysieren%20und%20zusammenh%C3%A4ngend%20darzustellen.
316 (Price H. E., 1985, S. 37)
317 (de Bono, 1985)
318 https://www.smithsonianmag.com/science-nature/spanx-on-steroids-how-speedo-created-the-new-record-breaking-swimsuit-9662/
319 (Lange, 2015)
320 (Mintzberg, 1980), (Schwartzman, 1989)
321 (Eppler & Mengis, 2004, S. 16ff)
322 (Eppler & Mengis, bisher ohne Titel, 2004)
323 www.knowledge-communication.org

324 www.lets-focus.com
325 www.analyst-academy.org
326 (Weick K. E., 1995)
327 (Eppler & Kernbach, 2018)
328 https://www.swr3.de/musik/swr3-hr-malheur-diese-songs-verstehst-du-immer-falsch-100.html
329 https://de.wikipedia.org/wiki/Verh%C3%B6rer
330 (Kristiansen, 2014)
331 https://www.meetup.com/LSPmeetup/events/256201390/
332 (Polyani, 1958)
333 https://www.amazon.de/Reframe-Werkzeuge-Modell-Komplexit%C3%A4t-meistern/dp/3867745730
334 https://de.wikipedia.org/wiki/Paralyse_durch_Analyse
335 (Jocham, 2019)
336 (Eisenhardt, Kahwajy, & III, 2000)
337 (Gray, Brown, & Macanufo, 2010)
338 (Kristiansen, 2014)
339 https://www.mindtools.com/pages/article/newTMC_05.htm
340 (Sarby, 2016)
341 https://de.wikipedia.org/wiki/Nutzwertanalyse
342 (Dernovsek, Prevolnik-Rupel, & Tavcar, 2007)
343 https://de.wikipedia.org/wiki/Advocatus_Diaboli
344 https://fs.blog/2018/04/first-principles/
345 https://www.dzw.de/handydaumen-experten-geben-tipps
346 (Dogan, 2019)
347 (Simon, 1982)
348 (Iyengar, Wells, & Schwartz, 2006)
349 (Iyengar & Lepper, 2000)
350 (Sullivan, 2020)
351 https://de.wikipedia.org/wiki/Morphologische_Analyse_(Kreativit%C3%A4tstechnik)#:~:text=-Der%20morphologische%20Kasten%20ist%20eine,das%20Kernst%C3%BCck%20der%20morphologischen%20Analyse.
352 https://de.wikipedia.org/wiki/Szenariotechnik#:~:text=Die%20Szenariotechnik%20ist%20eine%20Methode,zu%20analysieren%20und%20zusammenh%C3%A4ngend%20darzustellen.
353 https://de.wikipedia.org/wiki/TRIZ
354 (Grimm, 1857)
355 https://www.mindtools.com/pages/article/newTMC_05.htm
356 https://www.mindtools.com/pages/article/smart-goals.htm
357 https://blog.ldodds.com/2020/01/31/do-data-scientists-spend-80-of-their-time-cleaning-data-turns-out-no/
358 (Rudolph, Morrison, & Carroll, 2009)
359 https://de.wikipedia.org/wiki/Effectuation